Verjagt aus Amt und Würden

Umschlag vorn:
Foto: *Fritz Citron mit Tochter Christa im August 1933 auf Rügen*
Privatbesitz (Renate Citron-Piorkowski).
Hintergrund: *Aktennotiz*, s. Seite 34.

Die Deutsche Nationalbibliothek verzeichnet diese Publikation in der Deutschen Nationalbibliografie; detaillierte Daten sind im Internet über https://portal.d-nb.de/ abrufbar.

Inh. Dr. Nora Pester
Wilhelmstraße 118, 10963 Berlin
info@hentrichhentrich.de
http://www.hentrichhentrich.de

Lektorat: Lisa Sophie Gebhard
Umschlaggestaltung: Michaela Weber
Satz: Barbara Nicol
Gesamtherstellung: Thomas Schneider, Jesewitz
Druck: Winterwork, Borsdorf

1. Auflage 2017

Printed in Germany
ISBN 978-3-95565-177-0

Renate Citron-Piorkowski
Ulrich Marenbach

Verjagt aus Amt und Würden

Vom Naziregime 1933 verfolgte Richter des Preußischen Oberverwaltungsgerichts

14 Lebensläufe

Inhalt

Besonderer Dank gilt unseren Familien sowie Dr. Thomas Kroner,
Franziska Lohmann und Prof. Dr. Flora Veit-Wild.

Renate Citron-Piorkowski und Ulrich Marenbach
Berlin, Januar 2017

Vorwort

„Man hat ihnen den Beruf genommen, das Besitztum gestohlen, sie durften nicht erben oder vererben, sie durften nicht auf Parkbänken sitzen oder einen Kanarienvogel halten, keine öffentlichen Verkehrsmittel benutzen, keine Restaurants, keine Konzerte, Theater oder Kinos besuchen, für sie galten bestimmte Rassengesetze, ihnen wurden sämtliche staatsbürgerlichen Rechte entzogen, die Freizügigkeit wurde ihnen genommen, ihre Menschenrechte und Menschenwürde wurden in den Staub getreten, bis sie ins Konzentrationslager deportiert wurden und in die Gaskammern kamen“.

Robert M. W. Kempners Beschreibung der Entrechtung der Juden in Deutschland steht über den 1723 eingravierten Namen der „Spiegelwand“, des Holocaust-Denkmals gegenüber dem Steglitzer Kreisel in Berlin. Nicht zufällig stellt Kempner, Verwaltungsjurist im preußischen Innenministerium und selbst Opfer nationalsozialistischer Verfolgung, die Berufsverbote an den Beginn seiner Aufzählung. Die ersten gesetzlichen Diskriminierungen waren die Gesetze „zur Wiederherstellung des Berufsbeamtentums“ und „über die Zulassung zur Rechtsanwaltschaft“, beide vom 7. April 1933, die sich gegen „Nichtarier“ und gegen Demokraten richteten, Mitglieder der SPD, des Zentrums und der Liberalen, der Liga für Menschenrechte, des Reichsbanners oder des Republikanischen Richterbundes. Die Berufe stehen auch deshalb obenan, weil die Juden sich die akademischen, besonders die juristischen Berufe gegen Immatrikulations-, Promotions- und Habilitationsverbote und andere Zurücksetzungen Schritt für Schritt hatten erkämpfen müssen.

Dass gegen Ende des Kaiserreichs zehn Prozent der Jura-Studenten aus jüdischen Familien kamen, bei einem jüdischen Bevölkerungsanteil von knapp 0,76 Prozent, hatte vielerlei Ursachen, vor allem die Erfahrung aus jahrhundertelangen Verfolgungen, Beraubungen und Enteignungen, dass die Bildung der Kinder das einzige weltliche Gut war, das man ihnen nicht nehmen konnte. Aber auch eine Disposition gerade für Juristenberufe, die Siegbert Feuchtwanger, Rechtsanwalt und Zeit seines Lebens bekennender Jude, in seinem Standardwerk „Die freien Berufe“ so beschrieb: „Opfervolles Erfüllen von Geboten und Verboten ist der Inbegriff seiner Religion, einer Religion mehr des Tuns als des Bekennens. Auf dieser selben Religion, die ein System von Rechtsvorschriften ist, gründet sich auch sein ererbtes und anerzogenes Talent für Jurisprudenz.“ Er spricht damit an, dass die jüdische Religion keine Theologie im Sinne dogmatischer Normierung des Glaubensgesetzes kennt, sondern aus einem Kanon von 248 Geboten und 365 Verboten besteht – Thora heißt schließlich Gesetz. Religiöse Unterrichtung ist in erster Linie Gesetzesexegese, und schon im Alter von vier Jahren wird mit dem Unterricht das Fundament jüdischer Erziehung und Bildung gelegt.

Wenn jüdische Studenten relativ gesehen dreizehnmal so oft Jura studierten wie ihre christlichen Kommilitonen, hieß das freilich nicht, dass sie als fertige Juristen auch im Staatsdienst entsprechend repräsentiert waren. In Wahrheit stellten sie gerade einmal 0,16 Prozent der Staatsbediensteten. Dass ihr Anteil an der Richterschaft des Preußischen Oberverwaltungsgerichts größer war, liegt daran, dass Juden im Staatsdienst eher in der Justiz, besonders in deren neueren Zweigen wie Arbeits- und Verwaltungsgerichtsbarkeit, zu finden waren als in der staatlichen Verwaltung.

Der Ausschluss der als Juden geltenden und der demokratischen Richter, Staatsanwälte, Rechtsanwälte und Hochschullehrer und die damit einhergehende Gleichschaltung des juristischen Denkens hatte einen unvorstellbaren Niveauverlust und den völligen Niedergang des Rechtsgedankens zur Folge. Da die Machthaber trotz reger Gesetzgebungstätigkeit nicht schlagartig alle Gesetze umformulieren konnten, schärfte man den nach „Säuberung" der Justiz im Amt Verbliebenen ein, dass der richterlichen Unabhängigkeit „im Interesse einer einheitlichen Staatsführung gewisse Grenzen gesetzt werden müssen", und es nun galt, „sich darüber klar zu sein, dass die Regel von der alleinigen Bindung des Richters an das Gesetz heute etwas anderes besagt als früher", denn „wir suchen eine Bindung, die zuverlässiger, lebendiger und tiefer ist als die trügerische Bindung an die verdrehbaren Buchstaben von tausend Paragraphen"(Carl Schmitt).
Das Ideal des nüchtern-distanzierten Richters war dieser „Rechtswissenschaft" suspekt, sein „abstrakt normativistisches Denken", gern auch als „jüdischer Normativismus" oder „Positivismus" diffamiert, erschien ihr als „Ausdruck einer Hilflosigkeit, einer Entwurzelung und Verweichlichung" (Wolfgang Siebert). Juristischen Scharfsinn und vorurteilslose Betrachtung des Falles lehnte man als „rationalistische Zergliederung" und „Entwesung" (Georg Dahm) ab, an deren Stelle sollte eine „emotional-wertfühlende, ganzheitliche Betrachtungsweise" (Hans Welzel) treten. Nüchterner ausgedrückt hieß das: Der Richter soll „mit gesundem Vorurteil" den Fall angehen und „Werturteile fällen, die ... dem Willen der politischen Führung entsprechen", denn „im Alltag des Rechtslebens wird echter Nationalsozialismus sich wohl am ehesten dort finden, wo der Idee des Führers wortlos, aber getreulich nachgelebt wird" (Erik Wolf).
In diesem Rechtssystem war kein Platz mehr für Verwaltungsgerichte und mag das Preußische OVG noch einige Zeit vor sich hin vegetiert haben, eine Verwaltungsgerichtsbarkeit, die diesen Namen verdient, hat es nach dem Rauswurf der hier dargestellten Richter in weiten Teilen nicht mehr gegeben.

Ingo Müller

Einleitung

Verfolgung von Richtern am Preußischen Oberverwaltungsgericht

Das Preußische Oberverwaltungsgericht war seit 1875 die höchste Instanz für Verwaltungsstreitsachen in ganz Preußen. Der Freistaat Preußen, der im Zuge der Novemberrevolution von 1918 aus der preußischen Monarchie hervorging, war immer noch der größte Gliedstaat des Deutschen Reiches während der Weimarer Republik. Der Gerichtsbezirk des Oberverwaltungsgerichts erstreckte sich auf die Stadt Berlin und die Provinzen Ostpreußen, Brandenburg, Pommern, Grenzmark Posen-Westpreußen, Niederschlesien, Oberschlesien, Sachsen, Schleswig-Holstein, Hannover, Westfalen, Rheinprovinz, Hessen-Nassau sowie Hohenzollernsche Lande.[1]

Im Frühjahr 1933 gehörten dem Preußischen Oberverwaltungsgericht, das seit Mitte September 1907 seinen Sitz in der Hardenbergstraße 31 in Berlin-Charlottenburg hatte, acht Senatspräsidenten und 52 Oberverwaltungsgerichtsräte an, von denen acht erst im April 1933 zu Oberverwaltungsgerichtsräten ernannt worden waren[2]. Während in der ordentlichen Gerichtsbarkeit nach der Machtübernahme durch die Nationalsozialisten bereits zum 1. April 1933 hunderte jüdische Richter und Staatsanwälte allein auf der Basis eines Funkspruchs des kurz zuvor eingesetzten Reichskommissars für Justiz und späteren preußischen Justizministers Hanns Kerrl aus ihren Ämtern vertrieben wurden, blieb das Oberverwaltungsgericht zunächst noch verschont. Dies war jedoch nicht der besonderen Stellung des Gerichts als „Zentralbehörde" geschuldet, das mit dem Ministerium des Innern auf eine Stufe gestellt war[3], sondern allein dem Umstand, dass Kerrl die Zuständigkeit für die Verwaltungsgerichtsbarkeit fehlte, die etatmäßig dem Ministerium des Innern zugeordnet war.

Lange währte die Ruhe nicht. Die Verfolgung als jüdisch oder politisch unzuverlässig geltender Richter machte auch vor den Toren des Preußischen Oberverwaltungsgerichts nicht halt. Die Mitglieder des Gerichts waren wie viele zuvor in anderen Gerichtsbarkeiten[4] ebenfalls von Aussperrung, Versetzung, Entlassung und Entrechtung[5] auf der Grundlage des Gesetzes zur Wiederherstellung des Berufs-

1 Vgl. zu den im Staatsrat vertretenen Provinzen Art. 32 Abs. 1 und 3 der Verfassung des Freistaats Preußen vom 30. November 1920, GS S. 543 ff.

2 Citron-Piorkowski in: Festschrift für Berge, S. 19 ff., 28; Entscheidungen des Preußischen Oberverwaltungsgerichts Bd. 90, S. 455.

3 Frege in: Külz/Naumann (Hg.), S. 131 ff.

4 Für die ordentliche Gerichtsbarkeit in Berlin vgl. Bergemann/Ladwig-Winters (2004). – Für die Arbeitsgerichtsbarkeit in Berlin vgl. Bergemann (2013). – Für das Preußische Oberverwaltungsgericht bisher nur Citron-Piorkowski, in: Festschrift für Berge (1989), S. 19 ff. – Für die Rechtsanwaltschaft: Krach, Jüdische Rechtsanwälte in Preußen (1991). – Ladwig-Winters: Anwalt ohne Recht, Das Schicksal jüdischer Rechtsanwälte in Berlin nach 1933 (1998). – Bergemann; Rechtsanwaltskammer Berlin (Hg.): Zu Recht wieder Anwalt, Jüdische Rechtsanwälte aus Berlin nach 1945 (2012).

5 Mit diesen vier Begriffen charakterisiert von Gruenewaldt zutreffend die „Säuberung" der Justiz in der NS-Zeit in seiner 2015 mit dem Fritz-Bauer-Preis ausgezeichneten Dissertation über die Richterschaft des Oberlandesgerichts Frankfurt am Main in der Zeit des Nationalsozialismus, S. 185.

beamtentums vom 7. April 1933 (BBG)[6] betroffen. Von Juni 1933 bis März 1934 wurden gegen insgesamt 14 Richter des Preußischen Oberverwaltungsgerichts, also gegenüber fast einem Viertel der Richterschaft, Maßnahmen ergriffen: Drei Richter wurden entlassen, acht in „ein Amt von geringerem Rang" auf Regierungsratsstellen versetzt, die ausnahmslos in den preußischen Provinzen angesiedelt waren, und drei weitere „wählten" zur Abwendung einer solchen Versetzung den vorzeitigen Ruhestand.

Die Ausführung des Gesetzes oblag nach § 7 Abs. 1 BBG den obersten Reichs- und Landesbehörden, „die endgültig unter Ausschluß des Rechtsweges" entschieden.[7] Dies war der Beginn einer klaren Linie: Der „Rechtsschutz fiel dort, wo sich die neue Staatsgewalt politisch durchsetzen wollte, wo sie einschüchterte und entrechtete"[8]. Im Rahmen der Umsetzung des BBG erging am 13. April 1933 ein Schreiben des Preußischen Ministers des Inneren an die Oberpräsidenten und Regierungspräsidenten mit dem klargestellt wurde, dass in Preußen den Ministerien selbst die zu treffenden Entscheidungen vorbehalten seien. Zugleich wurde es wegen „der politischen Bedeutung der Maßnahmen und ... der großen Tragweite der Entscheidungen für den einzelnen Beamten ... den Leitern der Behörden zur Pflicht gemacht, die Bearbeitung der Angelegenheit persönlich zu überwachen und die volle Verantwortung für die Zuverlässigkeit der Unterlagen zu übernehmen"[9]. Auch am Preußischen Oberverwaltungsgericht oblag diese verfahrensmäßige Umsetzung des BBG dem Gerichtspräsidenten, Staatsminister Prof. Dr. Bill Arnold Drews. Am 22. Mai 1933 ließ er an die Richter den vorgegebenen Fragebogen verteilen. Drews war der erste, der die Ergebnisse der Befragung zu sehen bekam. Er prüfte die Angaben und übersandte unter dem 5. Juli 1933 dem Preußischen Minister des Inneren einen Auswertungsbericht[10], der eine erste rechtliche Klassifizierung und die Namen derjenigen Richter enthielt, die nicht bereits vorab benannt worden waren. Auf der Grundlage der ausgefüllten Fragebögen ergingen sodann – nur teilweise abweichend von der rechtlichen Einkleidung durch Drews – die Verfolgungsmaßnahmen.

Allen voran – noch vor Abschluss der Fragebogenaktion – wurde mit sofortiger Wirkung am 16. Juni 1933 Oberverwaltungsgerichtsrat Dr. Wilhelm Kroner entlassen. Er war der Mitbegründer und langjährige Vorsitzende des Republikanischen Richterbundes und neben Mittermaier, Radbruch und Sinzheimer Herausgeber der Zeitschrift *Die Justiz*. Ihm folgten – ebenfalls mit sofortiger Wirkung – die Entlassungen der Oberverwaltungsgerichtsräte Fritz Citron am 29. August 1933 und Dr. Georg Strucksberg am 28. November 1933.

In den vorzeitigen Ruhestand versetzt wurden mit Wirkung zum 1. Januar 1934 Senatspräsident Dr. Victor von Leyden und der Oberverwaltungsgerichtsrat Gerhard Müller sowie mit Wirkung zum 1. Februar 1934 der Oberverwaltungsgerichtsrat Dr. Ernst Isay.

6 RGBl. I S. 175; nach der Dritten Durchführungsverordnung vom 6. Mai 1933 waren Beamte im Sinne des Gesetzes auch die Richter, vgl. zu § 1 Nr. 2, RGBl. I S. 245.

7 Vgl. Stolleis in: Erichsen, Hoppe, v. Mutius (Hg.), Festschrift (1985), S. 57 ff., 65.

8 Ebd.

9 Von Gruenewaldt, S. 198, FN 49, vgl. zur Prüfpflicht der Amtsleiter auch die Dritte Durchführungsverordnung vom 6. Mai 1933, zu § 7 Nr. 2 Abs. 1, RGBl. I S. 245.

10 GStA PK, I. HA Rep. 184, Präs.-Reg. Nr. 803.

Die degradierenden Versetzungen in das Amt eines Regierungsrates in den preußischen Provinzen betrafen mit Wirkung zum 16. August 1933 Oberverwaltungsgerichtsrat Dr. Kuno Lougear, zum 23. September 1933 Oberverwaltungsgerichtsrat Hugo Canditt, zum 27. September 1933 die Oberverwaltungsgerichtsräte Dr. Rudolf Roeckner und Alfred Oppler, zum 1. Oktober 1933 Oberverwaltungsgerichtsrat Max Kürten, zum 10. Oktober 1933 Oberverwaltungsgerichtsrat Dr. Hans-Wilhelm Schrader, zum 16. März 1934 Senatspräsident Dr. Walther Grützner und zum 1. April 1934 Oberverwaltungsgerichtsrat Constantin Magnus von Jerin.
Lediglich die Oberverwaltungsgerichtsräte Dr. Oskar Simon, Otto Schwerin und Walter Boyens, die Drews in seinem Abschlussbericht an den Preußischen Minister des Inneren ebenfalls aufgeführt hatte, blieben von jeglichen Verfolgungsmaßnahmen verschont. Gegen Boyens, bei dem Drews „die frühere Zugehörigkeit zu Linksparteien" vermutete, wurde nicht weiter vorgegangen, ohne dass die Gründe dafür bisher ermittelt werden konnten. Simon und Schwerin waren von Drews als „nicht arischer Abstammung" benannt worden.[11] Simon gehörte jedoch bereits seit Juli 1932 der NSDAP an und für Schwerin teilte der zuständige Referent des Innenministeriums dem Gerichtspräsidenten schon knappe drei Wochen nach der übersandten Auswertung unter dem 20. Juli 1933 ohne weitere Begründung mit, dass „Maßnahmen auf Grund der §§ 2–5 auf Grund des Gesetzes zur Wiederherstellung des Berufsbeamtentums gegen den Oberverwaltungsgerichtsrat Otto Schwerin nicht beabsichtigt" und ihm die beigefügten Urkunden wieder auszuhändigen seien.[12]
Unterzeichnet war das Schwerin betreffende Schreiben von Dr. Heinrich Schellen, dem langjährigen Präsidialrichter am Preußischen Oberverwaltungsgericht, der seit dem 23. Februar 1933 als Ministerialdirigent im Ministerium des Inneren tätig war und neben dem Ministerialdirektor und späteren Staatssekretär Ludwig Grauert federführend für die Umsetzung des BBG verantwortlich zeichnete.

Die folgende Dokumentation widmet sich in erster Linie dem Schicksal der von den Verfolgungsmaßnahmen betroffenen Richter, aber auch – untergeordnet – zwei Akteuren auf der „anderen Seite", die in der Gerichtsleitung und im Preußischen Ministerium des Innern mit der Umsetzung des BBG befasst waren. Skizziert werden insbesondere der jeweilige berufliche Lebensweg der „nichtarischen" und/oder politisch unliebsamen Richter sowie die Auswirkungen der Verfolgungsmaßnahmen auf ihren persönlichen und familiären Bereich. Citron, Isay und Kroner verstarben noch während und in Folge der Herrschaft der Nationalsozialisten. Einige lebten (unauffällig) weiter in Deutschland, andere emigrierten. Mehrere übernahmen nach 1945 wieder leitende Funktionen in der Justiz, zunächst unter den Alliierten, später in der neu gegründeten Bundesrepublik Deutschland.

11 Zu beiden s. auch unten Kapitel „Constantin von Jerin".
12 GStA PK, I. HA Rep. 184, Präs.-Reg. Nr. 803.

Gesetz zur Wiederherstellung des Berufsbeamtentums vom 7. April 1933

Die großen personellen Umwälzungen im Jahre 1933 verliefen in gesetzlich geordneten Bahnen. Vorausgegangen war das sogenannte Ermächtigungsgesetz vom 24. März 1933[13], mit dem das Parlament sich selbst entmachtet hatte. Nach dessen Artikel 1 konnten Gesetze auch von der Reichsregierung beschlossen werden. Artikel 2 sah darüber hinaus vor, dass derartige von der Exekutive beschlossene Reichsgesetze von der Reichsverfassung abweichen konnten, soweit sie nicht die Einrichtung des Reichstags und des Reichsrats als solche zum Gegenstand hatten. Mit dem von der Reichsregierung Anfang April 1933 beschlossenen BBG, das nach der Dritten Durchführungsverordnung vom 6. Mai 1933 auch für Richter galt[14], musste daher die verfassungsrechtlich allen Richtern garantierte Unabhängigkeit (Artikel 102 der Weimarer Reichsverfassung) nicht mehr beachtet werden. Im Einzelnen galt – soweit hier von Interesse – Folgendes:

Nach § 3 Abs. 1 BBG waren Beamte, die „nicht arischer Abstammung" waren, in den Ruhestand zu versetzen. Eine Ausnahme galt nach § 3 Abs. 2 Satz 1 BBG für diejenigen, „die bereits vor dem 1. August 1914 Beamte gewesen sind oder die im Weltkrieg an der Front für das Deutsche Reich oder für seine Verbündeten gekämpft haben oder deren Väter oder Söhne im Weltkrieg gefallen sind".
Gemäß § 4 BBG konnten „Beamte, die nach ihrer bisherigen politischen Betätigung nicht die Gewähr dafür bieten, daß sie jederzeit rückhaltlos für den nationalen Staat eintreten, ... aus dem Dienst entlassen werden". Nach Ablauf von drei Monaten seit der Entlassung erhielten sie nur noch drei Viertel des Ruhegehalts.

Schließlich musste sich nach § 5 Abs. 1 BBG „jeder Beamte ... die Versetzung in ein anderes Amt derselben oder einer gleichwertigen Laufbahn, auch in ein solches von geringerem Rang und planmäßigem Diensteinkommen – unter Vergütung der vorschriftsmäßigen Umzugskosten – gefallen lassen, wenn es das dienstliche Bedürfnis erfordert". In diesem Fall behielt der Beamte allerdings seine bisherige Amtsbezeichnung und das Diensteinkommen der bisherigen Stelle. § 5 Abs. 2 BBG eröffnete den Betroffenen die Möglichkeit, „an Stelle der Versetzung in ein Amt von geringerem Rang und planmäßigem Diensteinkommen (Abs. 1) innerhalb eines Monats die Versetzung in den Ruhestand" zu verlangen.

Der Rechtsweg gegen die Maßnahmen war – wie auf S. 10, 2. Absatz bereits erwähnt – ausgeschlossen (§ 7 Abs. 1 BBG).

---

13 RGBl. I S. 141: Gesetz zur Behebung der Not von Volk und Reich; s. dazu und zum BBG. Göppinger, Horst, Juristen jüdischer Abstammung im „Dritten Reich", (1990), S. 65 ff.

14 FN 6.

Anlage

Fragebogen

zur Durchführung des Gesetzes zur Wiederherstellung des Berufsbeamtentums vom 7. April 1933

(Reichsgesetzbl. I S. 175)

1. **Name** ....
   Vornamen ....
   Wohnort und Wohnung ....
   Geburtsort, -tag, -monat und -jahr ....
   Konfession (auch frühere Konfession) ....

2. **Amtsbezeichnung** ....

3. § 2 **des Gesetzes:**
   a) Wann sind Sie in das Beamtenverhältnis eingetreten?
   Durch Ernennung zum ....
   Falls seit 9. November 1918:
   b) Haben Sie die für Ihre Laufbahn vorgeschriebene oder übliche Vorbildung*)

   oder

   c) sonstige Eignung*) besessen?

*) Vorbildung und Eignung sind kurz zu begründen.

4. § 3 **des Gesetzes:**
   a) Sind Sie bereits am 1. August 1914 Beamter gewesen und seitdem geblieben?
   In welcher Stellung?
   oder
   b) Lagen am 1. August 1914 bei Ihnen die Voraussetzungen der Dritten Verordnung zur Durchführung des Gesetzes zur Wiederherstellung des Berufsbeamtentums vom 6. Mai 1933 (Reichsgesetzbl. I S. 245) zu § 3, Nr. 2 Satz 2, vor?
   oder
   c) Haben Sie im Weltkrieg an der Front für das Deutsche Reich oder für seine Verbündeten gekämpft?
   oder
   d) Sind Sie Sohn (Tochter) oder Vater eines im Weltkrieg Gefallenen?
   Falls nein zu a bis d:
   e) Sind Sie arischer Abstammung im Sinne der Ersten Verordnung zur Durchführung des Gesetzes zur Wiederherstellung des Berufsbeamtentums vom 11. April 1933 (Reichsgesetzbl. I S. 195) zu § 3, Nr. 2 Abs. 1?

(Nachweise zu 4 e bis e gemäß der Ersten Verordnung zur Durchführung des Gesetzes zur Wiederherstellung des Berufsbeamtentums vom 11. April 1933 — Reichsgesetzbl. I S. 195 — zu § 3, Nr. 2 Abs. 2, sind beizufügen.)

Nähere Angaben über die Abstammung:

Eltern:

Name des Vaters ....
Vornamen ....
Stand und Beruf ....
Wohnort und Wohnung ....
Geburtsort, -tag, -monat und -jahr ....
Sterbeort, -tag, -monat und -jahr ....
Konfession (auch frühere Konfession) ....
verheiratet in ....
verheiratet am ....

Geburtsname der Mutter ....

Vornamen ....

Geburtsort, -tag, -monat und -jahr ....

Sterbeort, -tag, -monat und -jahr ....

Konfession (auch frühere Konfession) ....

Großeltern:

Name des Großvaters (väterlicherseits) ....

Vornamen ....

Stand und Beruf ....

Wohnort ....

Geburtsort, -tag, -monat und -jahr ....

Sterbeort, -tag, -monat und -jahr ....

Konfession (auch frühere Konfession) ....

Geburtsname der Großmutter (väterlicherseits) ....

Vornamen ....

Geburtsort, -tag, -monat und -jahr ....

Sterbeort, -tag, -monat und -jahr ....

Konfession (auch frühere Konfession) ....

Name des Großvaters (mütterlicherseits) ....

Vornamen ....

Stand und Beruf ....

Wohnort ....

Geburtsort, -tag, -monat und -jahr ....

Sterbeort, -tag, -monat und -jahr ....

Konfession (auch frühere Konfession) ....

Geburtsname der Großmutter (mütterlicherseits) ....

Vornamen ....

Geburtsort, -tag, -monat und -jahr ....

Sterbeort, -tag, -monat und -jahr ....

Konfession (auch frühere Konfession) ....

5. **§ 4 des Gesetzes und Nr. 3 der Ersten Durchführungsverordnung vom 11. April 1933:**

a) Welchen politischen Parteien haben Sie bisher angehört? Von wann bis wann?*)

b) Waren Sie Mitglied des Reichsbanners Schwarz-Rot-Gold, des republikanischen Richter- oder Beamtenbundes oder der Liga für Menschenrechte und, falls ja, von wann bis wann?*)

*) Die Erklärungen zu 5 a und b können in verschlossenem Umschlag beigefügt werden.

Das Reichsgesetzblatt erscheint in zwei gesonderten Teilen — Teil I und Teil II —.
Fortlaufender Bezug nur durch die **Postanstalten**. Bezugspreis vierteljährlich für Teil I = 1,10 RM, für Teil II = 1,50 RM.
Einzelbezug jeder (auch jeder älteren) Nummer nur vom **Reichsverlagsamt**, Berlin NW 40, Scharnhorststr. 4 (Postscheckkonto: Berlin 96 200). Preis für den achtseitigen Bogen 15 Rpf, aus abgelaufenen Jahrgängen 10 Rpf ausschließlich der Postdrucksachengebühr. Bei größeren Bestellungen 10 bis 40 v. H. Preisermäßigung.
Herausgegeben vom Reichsministerium des Innern. — Gedruckt in der Reichsdruckerei, Berlin.

Hauptakteure in Gerichtsleitung und Ministerium

Prof. Dr. Bill Arnold Drews

Leben und Wirken von Bill Drews (1870–1938), dem anerkannten Verwaltungsrechtler und früheren Königlich-Preußischen Minister des Innern, sind bereits mehrfach grundlegend betrachtet worden.[15] Das muss hier nicht im Einzelnen wiederholt werden. Drews galt als ein liberaler Grandseigneur der alten Schule[16], der schon vor der Novemberrevolution 1918 „die Schwelle vom ‚Obrigkeitsstaat' zum demokratischen ‚Selbstverwaltungsstaat' mutig überschritten und damit seine Aufgeschlossenheit für die politischen Forderungen der mit dem ersten Weltkrieg stürmisch herandrängenden neuen Zeit an den überkommenden Staat und die Verwaltung gezeigt" hatte.[17] Als Beauftragter des Reichskanzlers Prinz Max von Baden versuchte er, dem Kaiser in seinem Hauptquartier in Spa noch am 1. November 1918 den Thronverzicht nahezulegen. Wenige Tage später wurde er – wie die anderen preußischen Minister – entlassen und am 11. November 1918 in den Ruhestand versetzt. Zu Beginn der Weimarer Republik griff man erneut auf seinen Sachverstand zurück und betraute ihn mit der Aufgabe eines Staatskommissars für die Verwaltungsreform, deren Grundzüge er bereits 1917 in einer erst 1919 veröffentlichten Denkschrift niedergelegt hatte.[18]
Auch seine Ernennung zum Präsidenten des Preußischen Oberverwaltungsgerichts im Februar 1921 galt im Hinblick auf seine hohe fachliche Qualifikation als Glücksfall. Als Parteiloser oder allenfalls der DDP nahe stehender war er auf Vorschlag des sozialdemokratischen Ministers des Innern Carl Severing von der preußischen Staatsregierung in das Amt berufen worden.[19] Nicht zuletzt deshalb und wegen seiner prägenden Rolle bei der Kodifikation des Preußischen Polizeiverwaltungsgesetzes Anfang der 1930er Jahre war Drews bei den Nationalsozialisten trotz zweifacher Verlängerung seiner Amtszeit über die Altersgrenze hinaus[20] „lange Zeit hinsichtlich seiner politischen Einstellung stark umstritten"[21]. Diese Einschätzung relativierte sich offenbar erst allmählich durch den Tenor seiner Fach-

15 Vgl. nur beispielhaft Ule in: Lauterbach u.a., Männer der deutschen Verwaltung (1963), S. 261 ff.

16 So Kempner, der spätere US-Hauptankläger im Nürnberger Wilhelmstraßenprozess, der Anfang der 1930er Jahre im Preußischen Innenministerium das Polizeiverwaltungsgesetz mitverfasste und Drews „menschlich besonders nahe" stand, in: Recht und Politik 1967, S. 129 ff., 13.

17 So Ule, DVBl. 1981, S. 709 ff., 712.

18 Ebd.

19 Vgl. Egidi, DVBl. 1963, S. 459 ff., 470 f.; Kempner in: Recht und Politik 1967, S. 129 ff., 138; Citron-Piorkowski in: Festschrift für Berge, S. 19–21.

20 Vgl. etwa das „Weitere Gesetz über die Ergänzung des Gesetzes, betreffend Einführung einer Altersgrenze" vom 7. März 1936, GS S. 29.

21 So noch der interne Vermerk an den (Reichsinnen-)Minister vom 22. Januar 1935 „betreffend Hinausschiebung der Altersgrenze für den Präsidenten des Preußischen Oberverwaltungsgerichts", BArch R 1501/205885 (Drews' Personalakte im Innenministerium). — Vgl. zur Entwicklung des Polizeirechts im NS-Staat und zur Rolle von Drews die Monographie von Schwegel, Der Polizeibegriff im NS-Staat (2005).

artikel seit 1934 und die Neuauflage seines bekannten Lehrbuchs zum preußischen Polizeirecht, in denen sich Drews mehr und mehr vom Bild eines national und autoritär geprägten Ordnungsstaates leiten ließ[22]. So schlug er zum Beispiel in seinem am 18. November 1934 erschienenen Beitrag „Das Polizeirecht im nationalsozialistischen Staat“[23] vor, dass *„polizeiliche Verfügungen, die aus politischen Beweggründen zum Schutze der Sicherheit des Staates erlassen sind, ...sich nach den gemachten Erfahrungen nicht zur richterlichen Nachprüfung (eignen); für sie wird, wie das schon für einzelne andere Arten von polizeilichen Verfügungen vorgesehen ist, ausschließlich der Beschwerdeweg zuzulassen sein“*.

Damit bereitete er selbst den Boden für die spätere Regelung in § 7 des Gesetzes über die „Geheime Staatspolizei“ vom 10. Februar 1936.

Die zeitnahe Umsetzung des BBG im Preußischen Oberverwaltungsgericht im Frühjahr 1933 ist an seiner Person ebenfalls nicht gescheitert. Drews bat – anders als Kammergerichtspräsident Dr. Eduard Tigges[24] – weder um seine Versetzung in den Ruhestand noch stellte er sich nachweislich schützend vor „seine Richter“. Dass es ihm „durch unerschrockene Vorstellungen im Ministerium des Innern und im Staatsministerium ... gelungen“ sei, von drei Richtern Diffamierungen abzuwenden, so dass sie im Amte blieben[25], wird nicht nur in Frage gestellt, sondern von ehemaligen Kollegen explizit bestritten. Frege[26], der dem von Drews geführten Senat 1933 angehörte und Mitte der 1930er Jahre noch während der Amtszeit von Drews als Präsidialrichter tätig war, hielt persönliche Vorsprachen bei den Ministerien für wenig wahrscheinlich. Drews habe dies nicht nötig gehabt, weil sein früherer Präsidialrichter Schellen[27] zur fraglichen Zeit an der entscheidenden Schaltstelle im Ministerium des Innern gesessen habe. Etwaige Wünsche habe er daher immer durch Schellen, mit dem er auf gutem Fuß gestanden habe, an die maßgeblichen Stellen herantragen können. Ferner ist Frege der Behauptung, Drews habe „einen von den angeblich geretteten dreien ostentativ in seinen Senat genommen“, deutlich entgegengetreten. Er bezeichnete die Version als „auf freier Erfindung“ beruhend[28] und dürfte damit richtig liegen. Das Handeln von Drews im Rahmen der Durchführung des BBG, das in den folgenden Lebensläufen geschildert wird, vermittelt ein mehr als zwiespältiges Bild. Auch seine Abschiedsrede am 31. März 1937 im Plenarsaal des Preußischen Oberverwaltungsgerichts spricht für sich und lässt einen Wandel erkennen, der – jedenfalls bezogen auf seinen Ruf während der Weimarer Republik – überrascht. Dort stellte er – seine berufliche Laufbahn resümierend – fest: *„Ich bin nunmehr fast fünf Jahrzehnte hindurch im Staatsdienst gewesen, seit langem als der letzte Minister des alten Königreichs Preußen und als letzte richtiggehende Exzellenz; ... Ich rufe mir den Tag im November 1918 zurück, wie es damals*

22 Schwegel, S. 244 ff.; Frege, DVBl. 1964, S. 134 f.

23 In: *Der Deutsche Justizbeamte* (DDJ), 1934, S. 277 ff., 281, s. GStA PK, VI. HA Rep. 92 (Nachlass Drews) Nr. 140.

24 Vgl. dazu Kipp (2013), S. 277 ff., 197 ff., 208 f.

25 So Egidi, DVBl. 1963, S. 459 ff., 474.

26 Näheres zu seiner Person im Kapitel „Dr. Georg Strucksberg“.

27 Zu ihm s. unten im Anschluss.

28 Frege, DVBl. 1964, S. 134 f.; zur Behauptung: Egidi, DVBl. 1963, S. 459 ff., 474.

aussah bei uns, als ich zum erstenmal den preußischen Staatsdienst quittierte. Das Volk lag am Boden, war vollkommen zerrüttet und zerfahren, ein großes Trümmerfeld war unser Vaterland und über die Trümmer hinaus grinsten die Gespenster der Hungersnot und der Anarchie. Jede Hoffnung auf Besserung erschien ausgeschlossen. Trostlos war damals für einen Beamten das Ausscheiden aus dem Dienst. Heute sieht die Sache anders aus. Das Deutsche Volk hat sich wieder auf sich selbst besonnen, hat sich seine Ehre wieder erobert und steigt in gewaltigem Ringen auch wirtschaftlich wieder empor. Gewiß, der Sieg ist noch nicht errungen, harte Kämpfe warten noch unser. Aber daß wir aufwärts steigen in mächtigem Schwunge, das kann kein Mensch bestreiten. So verlasse ich Sie und rufe Ihnen ein Lebewohl zu in der festen Zuversicht, daß das Preußische Oberverwaltungsgericht, in welcher Form es auch immer sei, dazu beitragen wird, diesen Weg nach oben mit seiner Rechtsprechung zu wahren und zu festigen. In dieser Zuversicht lassen Sie uns jetzt zum Schluß auf das, dem unser Leben gehört, auf das Deutsche Volk, das Deutsche Vaterland und den Führer Deutschlands ein dreifaches Sieg=Heil ausbringen. Das Deutsche Volk, unser Vaterland, unser Führer Sieg=Heil, Sieg=Heil, Sieg=Heil!"[29].

Seinen Irrtum hat Bill Drews nicht erleben müssen: Am 17. Februar 1938 verstarb er.

Dr. Franz Joseph Heinrich Schellen

Heinrich Schellen (1877–1939) kam als Kind eines katholischen Baurats in Koblenz zur Welt. Während seiner Zeit als Gerichtsreferendar wurde er 1903 Mitglied des „Kyffhäuserbundes", eines „Reichskriegerbundes", der die Bekämpfung sozialdemokratischer Bestrebungen als seine wichtigste Pflicht betrachtete. Schellen absolvierte die Laufbahn eines Verwaltungsjuristen, bevor er 1922 Richter des Preußischen Oberverwaltungsgerichts wurde. Seit Oktober 1925 war er dort Präsidialrichter für die „Personalangelegenheiten der Mitglieder des Gerichtshofs". Ausweislich des auch von ihm ausgefüllten Fragebogens[30] gehörte er seit November 1926 dem „Stahlhelm, Bund der Frontsoldaten" an, der der Deutschnationalen Volkspartei (DNVP) nahestand und – paramilitärisch organisiert – deren Saalschutz stellte, und war bis Ende April 1933 DNVP-Mitglied. In die NSDAP einzutreten, war erst seit der von ihm votierten Entscheidung des Oberverwaltungsgerichts vom 18. Oktober 1932[31] ohne beamtenrechtliche Nachteile möglich geworden – nun näherte sich Schellen dieser Partei schrittweise: Im Januar 1934 trat er dem Nationalsozialistischen Rechtswahrerbund bei[32] und einen Monat später teilte er seiner Dienstbehörde mit, er habe „der Anordnung des Bundesführers des Stahlhelms, Reichsminister Seldte, folgend... heute die anliegende Verpflichtungserklärung abgegeben", die er zu seinen Personalakten zu nehmen bitte.

29 GStA PK, I. HA Rep. 184 Pers.-Akten Nr. 494, Bl. 202 f.; vgl. zur „eindrucksvolle(n) Feier" auch den Bericht von Mirow, RVBl. 1937, S. 279 f.

30 GStA PK, I. HA Rep.184 Pers.-Akten Nr. 2547.

31 S. dazu unten, FN 35, 36.

32 Erkl. v. 15. Januar 1938 (FN 30) Bl. 61.

„Auf Mannes- und Soldatenwort gelobe ich unbedingte Gefolgschaft dem Führer Adolf Hitler. Ich verpflichte mich, auf Befehl des Führers an jeder Stelle der Nation mit allen meinen Kräften zu dienen, und allen staatsfeindlichen Bestrebungen, seien sie reaktionärer oder marxistischer Richtung, rückhaltlosen Widerstand entgegenzusetzen.“[33]

Im April 1936 schließlich wurde er in die NSDAP als Mitglied aufgenommen und seit Februar 1938 war er „förderndes Mitglied“ der Schutzstaffeln der NSDAP, sprich: der SS.
Mit Heinrich Schellen, dem langjährigen Personalreferenten des Preußischen Oberverwaltungsgerichts, hatte Innenminister Hermann Göring den „richtigen Griff“ getan, als er ihn im Februar 1933 mit dessen „Säuberung“ betraute. Für die anstehenden Entlassungen und Versetzungen brachte er ideale Voraussetzungen mit. Er kannte seine ehemaligen Kollegen nicht nur aus der Zusammenarbeit, sondern auch wegen der „Pflege“ ihrer Personalakten, und er war seit langem am rechten politischen Rand angesiedelt, hatte also schon im früheren Gerichtsalltag deren eventuelle Äußerungen mit immerhin „deutschnationalen Ohren“ wahrgenommen.
Seine Nibelungentreue wurde indes zunächst verkannt: Man entließ ihn aus seinem Ministerialdirektoren-Posten bereits Ende April 1934 in den einstweiligen Ruhestand: Der Fraktionsführer der NSDAP im Preußischen Landtag Wilhelm Kube hatte sich schon Anfang Mai 1933 bei Göring über ihn beschwert. Ein altgedienter Nationalsozialist hatte Kube gegenüber beklagt, Schellen, mit dem er Anfang der zwanziger Jahre einen „Zusammenstoß“ gehabt habe, verleumde ihn jetzt aus Rachsucht (es ging dabei um die Besetzung eines Landratspostens) und wolle ihn „in den nächsten Tagen hinterrücks absägen“. Der Fraktionsführer war empört:
„Herr Dr. Schellen pflegt seiner deutschnationalen Abneigung gegen uns Nationalsozialisten bei jeder Gelegenheit Ausdruck zu geben…Daß alte Nationalsozialisten aber von einem Ministerialdirektor Dr. Schellen in dieser unglaublichen Weise behandelt werden, ist ein unerträglicher Zustand.“

Diese Querele zog sich nahezu ein ganzes Jahr hin und ging zugunsten des Fraktionsführers aus: Der inzwischen doch so NSDAP-nahe Schellen war nicht zu halten. Am Tag seiner Zurruhesetzung, am 27. April 1934, notierte und unterzeichnete Schellen für einen „Herrn Amtsrat Walter“ eine – angebliche? –
„Anordnung des Herrn Staatssekretärs:
Antrag an den Herrn Ministerpräsidenten ist vorzubereiten, demzufolge der Antrag auf Ernennung des OVGRates Bach zum Senatspräsidenten zurückgezogen und an Stelle von Bach der Ministerialdirektor Schellen zur Ernennung zum Senatspräsidenten am OVG. vorgeschlagen wird.“

Die nachfolgenden drei Seiten seiner Personalakte enthalten einen perfekten Entwurf dieses Beförderungsvorgangs – allein: Über das Entwurfsstadium kam das Manöver nicht hinaus, Schellen konnte seine berufliche Zukunft nicht mehr manipulieren und Bach[34] wurde, wie geplant, Senatspräsident.

---

33 BArch R 1501/210373 (Schellens Personalakte im Innenministerium).

34 Dr. Jakob Herbert Bach war erst am 26. Oktober 1933 Oberverwaltungsgerichtsrat geworden, aber frühes SS- und NSDAP-Mitglied („alter Kämpfer“).

Zehn Tage später wandte sich Schellen an den Ministerpräsidenten und beklagte, „von der unmittelbaren Arbeit für Sie und den Führer sowie an dem Aufbau des nationalsozialistischen Staates ausgeschlossen" worden zu sein. Es bedrücke ihn sehr, ihm, dem Herrn Ministerpräsidenten, politisch Ungelegenheiten bereitet zu haben, er sei immer von reinstem Wollen ihm gegenüber beseelt gewesen. Er bitte deshalb um die Gelegenheit, am Oberverwaltungsgericht seine Kräfte wenigstens mittelbar dem Werke des Führers widmen zu können.
Diese so schön formulierte Bitte wurde erhört: Er erhielt die Zusage der Übertragung eines Senatspräsidentenpostens, hatte er sich doch bei der „Säuberungsaktion" großartig bewährt und war nur Parteiquerelen geopfert worden. Da allerdings zunächst insoweit keine Stelle vakant war, nahm er mit der Stelle eines Oberverwaltungsgerichtsrats vorlieb und kehrte als solcher im September 1934 an das Gericht zurück.
Mit dem Betreff „Vervollständigung meiner Personalakten" übersandte er kurz darauf[35] dem Preußischen Minister des Innern den Abdruck einer zwei Jahre zuvor, am 18. Oktober 1932, ergangenen Entscheidung: Erstmalig sei darin dem Beschluss des Preußischen Staatsministeriums, der preußischen Beamten die Betätigung für die NSDAP verboten habe, die Rechtswirksamkeit abgesprochen worden.[36] Die Entscheidung sei auf Grund des von ihm erstatteten Rechtsgutachtens ergangen, nachdem der von ihm ausgearbeitete Beschlussentwurf vom Dienststrafsenat gebilligt worden sei.
Ende April 1936, unmittelbar nach seiner formellen Aufnahme in die NSDAP, wurde das Versprechen vom Sommer 1934 eingelöst und der neue Parteigenosse Dr. Heinrich Schellen – das ideale Medium für die reibungslose Überleitung des Rechtsstaats in den NS-Staat – Senatspräsident.
Wenige Tage vor Beginn des Zweiten Weltkrieges verstarb er in Berlin.

35 GStA PK, I. HA Rep.184 Pers.-Akten Nr. 2547, Bl. 33a.
36 Beschluss des Dienststrafsenats vom 18. Oktober 1932. I. D. 25/31, Pr OVG 89, 391.

Lebensläufe

Hugo Karl Rudolf **Canditt**

Oberverwaltungsgerichtsrat

geboren am 16. April 1881 in Marienburg, Westpreußen
verheiratet mit Wanda Juliana, geb. Nadolny[1]
zwei Kinder: Anna, geb. 1923, und Wolfgang, geb. 1925
gestorben am 2. August 1973 in Kiel

1. Kaiserreich und Weimarer Republik

Hugo Canditt entstammte einer seit Generationen in Westpreußen beheimateten Familie. Er begann im Jahre 1900 mit dem Jurastudium, absolvierte ab 1903 in Westpreußen seine Referendarzeit und bestand die große juristische Staatsprüfung 1908 in Königsberg vor der auch für Westpreußen zuständigen Kommission. Danach war er bis 1914 Gerichtsassessor in Danzig und anschließend bis 1922 Landrichter in Elbing. Dann verzog er nach Kiel, wo er zunächst als Rechtsanwalt und im Anschluss daran bis 1925 als Regierungsrat tätig war. Es folgte eine Phase als Oberregierungsrat in Köln und schließlich – am 5. Oktober 1929 – seine Ernennung zum Oberverwaltungsgerichtsrat am Preußischen Oberverwaltungsgericht in Berlin.
Seit seiner Studentenzeit engagierte sich Canditt aktiv in liberal-demokratischen Verbänden und Parteien; er hielt politische Reden in Wahlversammlungen, Vereinssitzungen sowie demokratischen und republikanischen Clubs und schrieb zahlreiche Beiträge für Zeitungen der entsprechenden Richtungen.

2. NS-Zeit

Mit Wirkung vom 1. Oktober 1933 wurde Hugo Canditt entgegen seinem Willen auf eine Regierungsratsstelle in Königsberg versetzt. Gegen ihn lag eigentlich nichts vor, was seine Entfernung vom Gericht auf der Grundlage der Paragraphen 3 oder 4 des Gesetzes zur Wiederherstellung des Berufsbeamtentums (BBG) nahe gelegt hätte.
Weder war er „nichtarisch", seine Vorfahren waren durchweg evangelische Westpreußen, noch war er, gemessen an seiner Vereins- oder Parteizugehörigkeit, politisch links zu verorten.
Im Fragebogen hatte er am 12. Juni 1933 angegeben, seit 1900 Mitglied in von Friedrich Naumann geführten oder geförderten Parteien und Nachfolgeparteien gewesen zu sein. Seine Auflistung dieser Parteien schließt mit den Worten: „Deutsche Staatspartei bis zur letzten Reichstagswahl."[2]
Die Deutsche Staatspartei (vorher Deutsche Demokratische Partei), mit SPD und Zentrum eine der drei Parteien der in Preußen stabilen sogenannten Weimarer Koalition, war für die Wahl vom 5. März 1933 eine Listenverbindung mit der SPD eingegangen; sie hatte dadurch fünf Mandate errungen und dann im Gegensatz

1 Vgl. http://www.westpreussen.de/forum/kommentar?gb_id=13.
2 GStA PK, I. HA Rep. 184, Pers.-Akten Nr. 357, Bl. 19 R.

zur SPD dem Ermächtigungsgesetz zugestimmt. Am 28. Juni 1933 löste sich die Partei gezwungenermaßen auf, aber an der früheren Mitgliedschaft wurde im Kontext des BBG offiziell – ebenso wie im Falle der Zentrumszugehörigkeit – kein Anstoß genommen.

Canditts Versetzung nach Königsberg wurde indes auf § 5 Abs. 1 BBG gestützt, wonach sich „jeder Beamte ... die Versetzung in ein anderes Amt derselben oder einer gleichwertigen Laufbahn, auch in ein solches von geringerem Rang und planmäßigem Diensteinkommen – unter Vergütung der vorschriftsmäßigen Umzugskosten – gefallen lassen" musste, „wenn es das dienstliche Bedürfnis" erforderte.[3] In seinem Schreiben an das Preußische Innenministerium vom 5. Juli 1933 nahm der Gerichtspräsident Bill Drews ein solches dienstliches Bedürfnis zunächst für den Fall an, dass „Begabung und Leistungen... einen Beamten für eine andere Behörde besser geeignet erscheinen lassen" (a). Ferner zog er dies bei früherer Zugehörigkeit zu Linksparteien und -verbänden (b) und bei Zugehörigkeit zum Judentum oder jüdischer Abstammung bis zu den Großeltern (c) in Betracht. Hugo Canditt ordnete er der Fallgruppe a) zu und platzierte ihn dabei auf die erste Stelle der nicht alphabetischen Reihenfolge. Anders als bei seinem Kollegen Max Kürten[4] kamen keinerlei Begabungs- oder Leistungsdefizite zur Sprache – und erst recht liegt die Annahme fern, es sei darum gegangen, einer besonders positiven Befähigung Canditts gerade für die Funktion eines (einfachen) Regierungsrats in Ostpreußen Rechnung zu tragen.

Dass das Preußische Innenministerium Drews' nicht näher begründeten Vorschlag übernahm, ist sicherlich auf Canditts nachhaltige Aktivitäten für die liberale und deshalb nationalsozialistischem „Geist" zutiefst widersprechende[5] Deutsche Demokratische Partei beziehungsweise Deutsche Staatspartei zurückzuführen.

Für den Platz 1 auf Drews' eigener „Rankingliste" der nach § 5 Abs. 1 BBG zu entfernenden Richter dürften allerdings die Publikationen Canditts maßgeblich gewesen sein, vornehmlich sein Artikel vom 10. August 1925 „Das Oberverwaltungsgericht und das Borkumlied" im ersten Heft der Zeitschrift *Die Justiz*[6] aus seiner Zeit als Regierungsrat in Kiel. Die Borkumlied-Entscheidung des Preußischen Oberverwaltungsgerichts[7] war am 12. Juli 1925 unter dem Vorsitz von Drews ergangen. Ein polizeiliches Verbot gegenüber dem Gemeindevorstand von Borkum, die Gemeindekapelle eine bestimmte Melodie spielen zu lassen, weil das die Badegäste dazu animierte, das sogenannte Borkumlied zu singen, war mit diesem Urteil aufgehoben worden. Die letzte – beanstandete – Strophe lautete seinerzeit wie folgt:

An Borkums Strand nur Deutschtum gilt,
Nur deutsch ist das Panier,
Wir halten rein den Ehrenschild
Germanias für und für,
Doch wer dir naht mit platten Füßen,
Mit Nasen krumm und Haaren kraus,
Der soll nicht deinen Strand genießen,
Der muss hinaus! Der muss hinaus!
Hinaus!

3 Zur Entstehungsgeschichte und Reichweite des Gesetzes s. Einleitung.

4 S. unten Kapitel „Max Kürten".

5 Haney, Gerhard in: Gustav Radbruch-Gesamtausgabe, Bd. 6, „Feuerbach", 1997, Einleitung S. 8.

6 *Die Justiz* 1, 1925/26, S. 79 ff.

7 PrOVGE 80, 176.

Canditt führte aus, das Gericht habe zu Unrecht den Zusammenhang der (ursprünglich für einen anderen, „neutralen" Text komponierten) Musik mit dem seit Jahrzehnten darauf gesungenen Borkumlied verneint. Zudem sage es in seinem Urteil selbst, dass die Gemeinde es abgelehnt habe, „das Spielen der M e l o d i e d e s B o r k u m l i e d e s zu verhindern". Das Leugnen dieses Zusammenhangs sei der bedenklichste Teil des vielfach anfechtbaren Urteils.
Ganz Borkum bekomme in der öffentlichen Meinung sein Gepräge durch die „berühmte" Strophe,und es liege auf der Hand, und die Erfahrung zeige es, dass Juden sich gezwungen sähen, einen Ort zu meiden, an dessen beherrschendem Teil sie öffentlich und regelmäßig beschimpft würden.
Dies wertete er als eine unzulässige Beschränkung der Freizügigkeit. Außerdem sah er gegenüber der „Klasse" der Juden den Tatbestand der Volksverhetzung im Sinne des § 130 StGB als erfüllt an: Die Zeile „der muss hinaus" reize an, jemanden gegen seinen Willen zur Räumung eines Platzes zu zwingen, also zu Gewalttätigkeiten. Beide Aspekte hätten das polizeiliche Verbot gerechtfertigt.
Canditt, der auf diese Weise gegen den verbreiteten „Bäder-Antisemitismus"[8] Stellung bezog, hatte mit seiner kritischen Analyse des Borkumlied-Urteils nicht nur gewagt, Bill Drews' polizeirechtliche Kompetenz[9] in Zweifel zu ziehen: Er hatte obendrein einen Beitrag für die erste – und schon deshalb viel beachtete[10] – Ausgabe der vom Republikanischen Richterbund herausgegebenen Zeitschrift *Die Justiz* geliefert.

8 S. Bajohr, Frank, „Unser Hotel ist judenfrei", Bäder-Antisemitismus im 19. und 20. Jahrhundert, 2003; zum Borkumlied s. S. 69 ff.

9 Bill Drews war der führende Polizeirechtsexperte der Weimarer Republik.

10 S. Zeitungsausschnitte in GStA PK, I. HA Rep. 184, Pers.-Akten Nr.1475 (Personalakte von Wilhelm Kroner) hinter Bl. 34.

Zwei weitere Artikel in dieser Zeitschrift waren gefolgt, im Juni 1926 eine Hommage an Walther Rathenau, Gründungsmitglied der Deutschen Demokratischen Partei, anlässlich des vierten Jahrestages seiner Ermordung: „Zum Erinnern an den 24 Juni 1922. Ein republikanischer Denker und Staatsmann. Walther Rathenau"[11] und 1928 eine historische Abhandlung: „Der Prozeß gegen Twesten. Ein Streit um die Redefreiheit des Parlaments"[12], die auch in der „Festgabe für Gustav Radbruch[13] zum 21.11.1928" erschien.
Da die Absicht, ihm die Stelle eines Regierungsrats zu übertragen, nur formelhaft unter Hinweis auf § 5 Abs. 1 BBG begründet worden war, hatte er keine Chance, die hier dargestellten mutmaßlichen Gesichtspunkte zu entkräften; er hätte sich nur in den Ruhestand versetzen lassen können (§ 5 Abs. 2 BBG). Mit einem auf den 4. August 1933 datierten ärztlichen Attest versuchte Hugo Canditt gesundheitliche Gründe[14] ins Feld zu führen – vergeblich: Am 23. September 1933 wurde er in das Eingangsamt seiner früheren Laufbahn zurückgestuft, wenn auch unter Aufrechterhaltung seiner bisherigen Amtsbezeichnung und des Diensteinkommens eines Oberverwaltungsgerichtsrats (mit Ausnahme der Ministerialzulage). Zugleich wurde er nach Königsberg in Ostpreußen versetzt, eine Domäne der NSDAP: Ostpreußen hatte bei den letzten Reichstagswahlen am 5. März 1933 mit einem Wahlergebnis von 56,5 Prozent für die NSDAP, der höchsten Quote in allen deutschen Wahlkreisen (zudem bei 85 Prozent Wahlbeteiligung), aufwarten können.

Hugo Canditt ließ sich dadurch nicht einschüchtern. 1934 veröffentlichte er eine Rezension des im Oktober 1934 in Wien erschienenen Buches Gustav Radbruchs über Anselm Feuerbach; ein Verlag hatte sich für diese Juristen-Biographie des 1933 als Sozialdemokrat und Mitgründer des Republikanischen Richterbundes aus seinem Professorenamt entlassenen Radbruch in Deutschland nicht finden lassen. Auch Rezensionen des Werkes waren den meisten Juristen im „Reich" zu heikel.
„Die Ablehnung Feuerbachs und damit seines Biographen wurde auch dadurch betont, dass die Kritiker die Lehre des ersteren als Ausdruck des ‚Liberalismus' oder als ‚liberalistisch' kennzeichneten. Liberalismus galt den Parteigängern der Nazis als eine geistige ‚Entartungserscheinung'; sie votierten für rassisches, völkisches und damit für antiliberalistisches und inhumanes Denken und Handeln."[15]
Canditts Text in der liberalen (von Friedrich Naumann gegründeten, seinerzeit von Theodor Heuss herausgegebenen) Zeitschrift *Die Hilfe*[16] war hierzulande, zumal als positive Besprechung, eine Ausnahmeerscheinung.[17]
„In Königsberg wurde ich von der nationalsozialistischen Verwaltung als politisch belastet nur mit unbedeutenden Aufgaben beschäftigt. Gesellschaftlich war ich

11 *Die Justiz* 1, 1925/26 , S. 443–450.
12 *Die Justiz* 4, 1928, S. 415 ff.
13 Radbruch war zu Beginn der zwanziger Jahre SPD-Reichstagsabgeordneter und Reichsjustizminister; er war Hochschullehrer für Strafrecht und Rechtsphilosophie, Mitglied des Republikanischen Richterbundes und Mitherausgeber der Zeitschrift *Die Justiz*.
14 GStA PK, I. HA Rep. 184, Pers.-Akten Nr. 357, Bl. 19 R.
15 Haney, Gerhard (FN 5) S. 7 f.
16 *Die Hilfe*, 40. Jg. 1934, Nr. 24, S. 575.
17 Von Königsberg aus hielt Canditt weiter Kontakt zu Radbruch, s. http://kalliope-verbund.info/de/search.html?q=Canditt+Radbruch (Universitätsbibliothek Heidelberg).

geächtet. Meine Anträge um Versetzung wurden abgelehnt. So verbrachte ich dort unfruchtbare 12 Jahre", beschrieb er später – im November 1945 – seine Situation gegenüber der britischen Militärregierung in Kiel. *„Ich habe in den 12 Jahren eine Beförderung weder gesucht noch erhalten."*[18]

3. Nachkriegszeit

Im März 1945 hatte Hugo Canditt zusammen mit anderen Königsberger Beamten einem Erlass des Reichsinnenministers Folge geleistet, nach dem sich die Regierung Königsberg zur Regierung Schleswig begeben und sich dort zur Verfügung stellen musste.[19]
Zu einer tatsächlichen Übernahme durch den Regierungspräsidenten in Schleswig kam es erst nach der Kapitulation: Mit Genehmigung der britischen Militärregierung wurde Canditt am 8. Juni 1945 zum Beamten der Regierung in Schleswig und im Oktober 1945 zum Leiter des Oberversicherungsamtes. Kurz darauf ordnete die Militärregierung seine Entlassung zum 30. November 1945 an. Hintergrund war die Annahme, er sei als ostpreußischer Beamter mit sehr hoher Wahrscheinlichkeit Nationalsozialist gewesen. Hugo Canditt wies minutiös nach, dass seine Beziehung zu Ostpreußen reinen Zwangscharakter hatte, schilderte seine politischen Aktivitäten für liberal-demokratische Verbände und Parteien und benannte unter anderem als Zeugen „den früheren Justizminister der deutschen Republik Prof. Dr. Radbruch in Heidelberg, Friesenberg 1a". Die verschiedenen Zeitungen und Wochen- beziehungsweise Monatsschriften, in denen seine Beiträge erschienen waren, listete er im Rahmen seines Entnazifizierungsverfahrens auf, wobei er explizit seine in der Zeitschrift *Die Justiz* erschienene „Kritik des oberverwaltungsgerichtlichen Urteils über das antisemitische Borkumlied" und die ebenfalls dort publizierte „ausführliche Würdigung Rathenaus" erwähnte.
Seine Bitte, die Entlassung nachzuprüfen, unterstützte sein Vorgesetzter unter anderem mit dem Argument, dass anderenfalls die Bestrafung, die Canditt durch die Nationalsozialisten auferlegt worden sei, „die unmittelbare Ursache der in der jetzigen Entlassung zu erblickenden zweiten Bestrafung" wäre und ihm damit ein großes Unrecht geschähe. Die Bitte hatte umgehend Erfolg, eine Zeugenvernehmung erübrigte sich.
In der Folgezeit genehmigte die britische Militärregierung seine Weiterbeschäftigung über die von ihm im April 1946 erreichte Altersgrenze von 65 Jahren hinaus. Inzwischen war er von den Briten zum Vorsitzenden des Entnazifizierungsausschusses für die Landesverwaltung in Kiel sowie des Berufungsausschusses für Entnazifizierung im Kreis Schleswig ernannt worden und für sie insoweit unersetzbar, *„zumal kein anderer politisch völlig unbelasteter und politisch derart erfahrener und gleichzeitig zum Richteramt befähigter Herr für diese beiden Vorsitzendenposten der Landesregierung zur Verfügung steht."*[20]

18 LArch S-H Abt. 611 Nr. 1842 (Personalakte) Bl. 13 f.
19 LArch S-H Abt. 611 Nr. 1842 (Personalakte) Bl. 57.
20 LArch S-H, Abt. 611 Nr. 1842 (Personalakte) Bl. 57 R.

Mit Wirkung vom 11. Juli 1946 wurde Hugo Canditt – ebenfalls direkt von der Militärregierung – zum Richter des Landesverwaltungsgerichts für Schleswig-Holstein ernannt und vereidigt. Seine schon im Sommer 1946 in Aussicht genommene und Ende September 1946 vom Ministerpräsidenten im Einvernehmen mit der Militärregierung verfügte Ernennung zum Vizepräsidenten dieses Gerichts setzte die zuständige Innenverwaltung indes zunächst nicht um: Erst hieß es, der Stellenplan des Landesverwaltungsgerichts müsse noch genehmigt werden; nachdem dies seit dem 4. Dezember 1946 der Fall war, entwarf die Personalabteilung (I 6 a) im Ministerium des Innern noch am selben Tag die Ernennungsurkunde und legte sie den höheren Stellen vor. Ein halbes Jahr später, im Juni 1947, hieß es in einem Vermerk dieser Abteilung:

„Der Entwurf ist dann mehrfach im Laufe der weiteren Zeit wieder vorgelegt, immer wieder aber ohne Unterschrift an I 6 a zurückgelangt mit der mündlichen Anweisung ‚noch zu warten'.“[21]

Am Vortag dieses Behördenvermerks hatte Hugo Canditt Wiedergutmachung beantragt. Kurz danach wurde seine Ernennung zum Vizepräsidenten endlich vollzogen und etwa einen Monat später erhielt er den Bescheid,

„dass der Antragsteller einen Anspruch auf Wiedergutmachung in der Weise hat, dass ihm der Rang verliehen wird, den in Preußen die Oberverwaltungsgerichtsräte hatten.“[22]

Ob zwischen dem Wiedergutmachungsantrag und dem Fortgang des Ernennungsverfahrens ein Zusammenhang bestand, muss ebenso offen bleiben wie die Frage, welcher Art der Widerstand war, der sich Canditt im nicht durchgehend „entnazifizierten“ Schleswig-Holstein der Nachkriegszeit entgegenstellte. Erst am 30. April 1952 trat er in den Ruhestand – mit 71 Jahren.

Ein Jahr zuvor hatte er begonnen, sich um seine Ernennung zum Richter am Bundesverfassungsgericht zu bemühen, und war deswegen auch an Theodor Heuss, damals Bundespräsident, herangetreten, den er aus früheren gemeinsamen parteipolitischen Aktivitäten persönlich kannte. Seine Bewerbung wurde vom Ministerpräsidenten des Landes Schleswig-Holstein unterstützt – unter anderem mit der zweischneidigen Formulierung: *„…trage ich daher bei dem großen Mangel an geeigneten Persönlichkeiten wirklichen Formats keine Bedenken, diesen Vorschlag vorzulegen“*[23] –, verlief aber im Sande.

Am 3. März 1953 erhielt Hugo Canditt ein Bundesverdienstkreuz, eine Ehrung, die eigentlich mit seiner Verabschiedung hatte zusammenfallen sollen. Doch gegen Ende seiner Amtszeit war in seinem Dienstzimmer ein defektes Elektrogerät in Brand geraten und dadurch das Regierungsgebäude beschädigt worden. Das Verfahren der Ordensverleihung wurde ausgesetzt und erst fortgeführt, nachdem die Regressforderung über 7.600 DM niedergeschlagen worden war.

Eine größere Ehre war es für ihn vermutlich, dass ihm Theodor Heuss 1956 zu seinem 75. Geburtstag eine persönlich unterzeichnete Gratulation übersandte.[24]

Hugo Canditt verstarb in Kiel am 2. August 1973 im Alter von 92 Jahren. Seine Familie überließ seine Schriften, darunter eine Vielzahl von Gedichten, dem Geheimen Staatsarchiv Preußischer Kulturbesitz.

21 Am 26. Juni 1947, LArch S-H, Abt. 611 Nr. 1842 (Personalakte) Bl. 57 f.

22 LArch S-H Abt. 761 Nr. 6192 (Entschädigungsakte).

23 LArch S-H Abt. 761 Nr. 6192 (Entschädigungsakte) hinter Bl. 99.

24 BArch B 122/2057, Bl. 17.

Samuel Siegfried **Fritz Citron**
Oberverwaltungsgerichtsrat

geboren am 14. Januar 1876 in Berent/Westpreußen
verheiratet seit 1914 mit Charlotte, geb. Furbach
drei Kinder: Otto, geb. 1916, Christa, geb. 1920, und Klaus-Jürgen, geb. 1929
gestorben am 26. Dezember 1938 in Berlin

1. Kaiserreich und Weimarer Republik

Fritz Citron, geboren in Berent, einer Kleinstadt südlich von Danzig, kam nur deswegen im fernen Westpreußen zur Welt, weil sein Vater Max Citron dort gerade seine erste Richterstelle angetreten hatte. Besser als seine Geburtsstadt geben zwei seiner Vornamen Aufschluss über seine „Verortung". „Samuel" hieß sein Großvater mütterlicherseits: Samuel Seligsohn, Erbe einer Holzfabrik in Samotschin und Dichter in der Sprache „Neuhebräisch"[1], einer Mitte des 19. Jahrhunderts aufgekommenen Disziplin. „Fritz" – der Rufname – bedeutete eine Hommage an den „alten Fritz", den Preußenkönig Friedrich der Große.
Seit der Mitte des 19. Jahrhunderts gehörte es zum Selbstverständnis der dem jüdischen Bildungsbürgertum Posens angehörenden Familien Seligsohn und Citron, die Söhne zum – jetzt auch für Juden zugänglichen – Jurastudium zu veranlassen. Fritz Citrons Großmutter Louise Seligsohn war eine Cousine von Levin Goldschmidt, für den eigens der erste Lehrstuhl für Handelsrecht in Berlin geschaffen worden war[2], sowie von Ferdinand Perels, einem „Wirklichen Geheimen Admiralitätsrat" (er hatte sich frühzeitig taufen lassen) und Honorarprofessor für internationales Seerecht an der Berliner Universität. Dies hatte Maßstäbe gesetzt. Die Richterlaufbahn einzuschlagen, war für Juristen jüdischen Glaubens in Preußen erst ab 1870, das heißt in der Generation seines Vaters möglich geworden.[3] Eine Karriere entsprechend ihren Fähigkeiten blieb ihnen allerdings seit der Regierung Wilhelms II.[4] im Allgemeinen versagt, sofern sie sich nicht entschlossen zu konvertieren. Max Citron hatte seine zwei Kinder bereits 1889 in einer Berliner Kirche evangelisch taufen lassen, er selbst und seine Frau waren aber Mitglieder der jüdischen Gemeinde geblieben. Sie hatten schon damals für beide Söhne eine Richterlaufbahn eingeplant[5] und wollten ihnen ersparen, ihrer Religion wegen benachteiligt zu werden.
Einem Brief seiner Mutter an den Reichsminister der Justiz aus dem Jahre 1935[6] ist zu entnehmen, dass es sein Vater wegen der judenfeindlichen Haltung Wilhelms II.

1 S. http://www.jewishencyclopedia.com/articles/13407-seligsohn-samuel.
2 Schmidt, Karsten in: Heinrichs/Franzki/Schmalz/Stolleis (Hg.), Deutsche Juristen jüdischer Herkunft, 1993, S. 215 ff.
3 Landau, Peter in: ebd., S. 133 ff., 142.
4 Wilhelm II. übernahm am 15. Juni 1888 die Regentschaft als König von Preußen und Deutscher Kaiser.
5 Curt Citron, der Bruder von Fritz Citron, wurde ebenfalls Richter, er schied 1933 beim Reichsgericht aus dem Amt.
6 BArch R 1501/205537 (Fritz Citrons Personalakte im Innenministerium) am Ende.

nicht weiter als bis zum Landgerichtsrat hatte bringen können – trotz bester Förderung durch den damaligen Kammergerichtspräsidenten Edwin von Drenkmann[7].

„In Berlin waren wir erst für kurze Zeit, da ließ Herr v. Drenkmann meinem Manne sagen, er solle sich nach Naumburg melden, dort sei eine Oberlandesgerichtsstelle frei. Mein Mann meldete sich, bekam aber die Stelle nicht, darauf sagte ihm Hr. v. D., er hätte sein Möglichstes getan. Kaiser Wilhelm II., der eben zur Regierung gekommen, wolle keine Juden mehr in den oberen Stellen, nachdem kurz vor seinem Regierungsantritt ein Herr Mosse[8] *und noch ein Zweiter... zu Oberlandesgerichtsräten ernannt wurden. Hr. v. D. sagte aber meinem Manne, er werde es schon allmählich durchsetzen. ... Kurze Zeit darauf schrieb er einem uns befreundeten Landgerichtsdirektor, meinem Manne sagen zu lassen: ‚Wenn er sich jetzt taufen ließe, dann wäre er in einem Jahre Landgerichtsdirektor in Berlin.' Mein Mann antwortete: Er hinge zwar wenig an seinem Glauben, wie er durch die Frühtaufe seiner Söhne bewiesen, aber als älterer Mann nur wegen der Carriere seinen Glauben zu wechseln, widerstände ihm. Er würde sich nicht mehr melden."*

Fritz Citrons Wohnort- und Schulwechsel richtete sich nach den beruflichen Stationen seines Vaters. Im Anschluss an dessen Versetzung zum Landgericht I Berlin machte er 1894 sein Abitur in Berlin und begann dann sofort mit dem „unvermeidlichen" Jurastudium. Nach den beiden jeweils in Berlin abgelegten Staatsexamen wurde er im Juli 1897 Gerichtsreferendar und im April 1902 Gerichtsassessor. Zwischenzeitlich versuchte er sich als Anwalt, aber schon nach wenigen Monaten wurde ihm klar, dass er dazu nicht neigte, und im Herbst 1904 kehrte er in den – wie damals üblich, unentgeltlichen – Assessorendienst zurück.

Im Juni 1907 erhielt er die Stelle eines Amtsrichters in Recklinghausen.

Von dort aus bemühte er sich 1911 und 1912 mehrfach um seine Versetzung nach Berlin – Juristen jüdischer Herkunft wurden nur wenige der beliebten Stellen in Berlin zuerkannt: Anders als zu Zeiten Edwin von Drenkmanns schützte jetzt auch die Taufe nicht mehr vor der Benachteiligung. So heißt es unverhohlen in einem Besetzungsbericht vom April 1912[9]:

„Unter den Bewerbern befinden sich verschiedene, die dem Judentum angehören oder angehört haben. ...Ich beschränke mich daher darauf, noch zwei Bewerber vorzuschlagen, die noch jetzt jüdischer Religion sind, und benenne als die besten von ihnen Levy und Bloch...Verschiedene andere Bewerber jüdischer Abstammung, wie ..., Citron und G..., die für eine Berliner Landrichterstelle an sich geeignet sind, müssen dem Levy und dem Bloch gegenüber zurückstehen."

Den Sprung nach Berlin schaffte er erst zum November 1912. Das Landgericht Berlin kam allerdings nicht in Betracht, dort war zu jener Zeit noch sein Vater tätig, und so wurde er an das Amtsgericht Berlin-Mitte versetzt. Das Abschiedsgedicht „Adjö Citron" seiner Recklinghausener Kollegen enthält unter anderem. folgende Strophe:

„Wer schreitet nun gesenkten Blicks
ins Aufsichtsrichterzimmer?
Wer macht vor Höchsten keinen Knicks
und schimpft auf alles immer?

Wer soll die Ref'rendare lehr'n
das Reichsgericht stets dann zu ehr'n,
wenn's mal das Recht tat künden
– was häufig nicht zu finden! –."

7 Großvater des 1974 von Terroristen des „2. Juni" in Berlin erschossenen Präsidenten des Kammergerichts Günter von Drenkmann.

8 Zu Mosse s. Landau, Peter (FN 3) S.133,142 mit FN 54.

9 GStA PK, I. HA Rep. 84a Nr. 20464 (Besetzungsakten betr. Landgericht Berlin I) Bl. 46 ff.

Während des Ersten Weltkriegs fungierte Fritz Citron als Kriegsgerichtsrat in Litauen. Unmittelbar vor der Mobilmachung im August 1914 hatte er wieder geheiratet; seine erste Ehefrau war 1910 im Kindbett zusammen mit dem Kind gestorben. Die ihm nun angetraute Charlotte Furbach war die Tochter eines evangelischen Rechtsanwalts und seiner Frau Rosa, geborene Heimann, die aus einer jüdischen Familie stammte. Zu jener Zeit war Rosa Furbach Eigentümerin eines Hauses in Berlins Bayerischem Viertel, der sogenannten jüdischen Schweiz, wo Fritz Citron nun „Wohnsitz nahm". Im Dezember 1917 wurde er am Amtsgericht Berlin-Mitte zum Amtsgerichtsrat ernannt.

Seit Beginn der Weimarer Republik war die wilhelminische Vorgabe, Juden sowie christlich getaufte „frühere Juden" allenfalls ausnahmsweise in höhere Richterämter zu befördern, entfallen. So wurde Citron am 1. März 1920 zum Kammergerichtsrat ernannt. Wie die meisten damaligen Richter der ordentlichen Gerichtsbarkeit betätigte sich Fritz Citron nicht in einer politischen Partei; er gehörte aber dem Demokratischen Klub an, einer der DDP[10] nahestehenden linksliberalen Vereinigung, bei deren Veranstaltungen zum Beispiel. Walther Rathenau und Theodor Heuss auftraten. Nachdem Rathenau im Juni 1922 ermordet worden war, schloss sich Citron noch im selben Jahr dem Republikanischen Richterbund an, womit er unter seinen Kammergerichts-Kollegen eine Ausnahmeerscheinung darstellte.[11]

Sein außerberufliches juristisches Engagement galt dem Genossenschaftsrecht. Er publizierte hierzu eine Vielzahl von Aufsätzen sowie Entscheidungsanmerkungen und war ab 1928 Herausgeber des Genossenschaftsgesetz-Kommentars „Parisius-Crüger"[12] (Verlag Walter de Gruyter & Co.).

Seit 1923 war Citron im Nebenamt stellvertretender Präsident der Reichsdisziplinarkammer Berlin II[13]. Am 4. Juni 1929 wurde er nicht zuletzt wegen der dabei erworbenen Kenntnisse zum Oberverwaltungsgerichtsrat am Preußischen Oberverwaltungsgericht[14] ernannt.

Seine dienstrechtliche Kompetenz sollte sich für ihn allerdings noch fatal auswirken: Am Oberverwaltungsgericht war Citron nicht nur dem Beamtenrechts-Senat zugewiesen, sondern „landete" auch in dem für Disziplinarrecht zuständigen Großen Dienststrafsenat. Dort war im Herbst 1932 über die Frage zu entscheiden, ob Beamte Mitglied der NSDAP sein durften oder ob der Beschluss des Preußischen

10 Die Deutsche Demokratische Partei, später Deutsche Staatspartei, war mit SPD und Zentrum eine der drei Parteien der in Preußen stabilen sog. Weimarer Koalition.

11 Schulz, Birger: Der Republikanische Richterbund (1921–1933), 1982, S. 153; s. im Einzelnen hierzu unten Kapitel „Wilhelm Kroner".

12 Zunächst mit Adolf Crecelius, 1932 – nach einer Neubearbeitung – allein.

13 Das nach § 87 des Reichsbeamtengesetzes zuständige Disziplinargericht für in Berlin II wohnende Reichsbeamte.

14 Dies war seinerzeit eine Beförderung, die Position war dotiert wie diejenige eines Senatspräsidenten am Kammergericht bzw. Oberlandesgericht.

Staatsministeriums, der von der Verfassungsfeindlichkeit dieser Partei ausging und preußischen Beamten die Betätigung für die NSDAP verbot, seinerseits rechtswidrig war. Citron war „Koreferent"[15] für diesen Fall, der letztlich zugunsten des angeklagten Beamten und damit der NSDAP ausging. Verfasser des Beschlusses des Dienststrafsenats vom 18. Oktober 1932 I. D. 25/31 (Pr OVG 89, 391) war der Präsidialrichter Dr. Heinrich Schellen, der wenige Monate später in das Preußische Innenministerium berufen und dort für die Umsetzung des Gesetzes zur Wiederherstellung des Berufsbeamtentums vom 7. April 1933 – BBG –zuständig wurde. Schellen, der später – 1934 – eine Erklärung über seine NSDAP-freundliche Rolle in der Disziplinarsache zu seinen Personalakten reichte[16], erwies sich als Fritz Citrons „Intimfeind". Vermutlich hatte es zwischen ihnen bei politisch aufgeladenen Beratungen Kontroversen gegeben – Schellen jedenfalls vermerkte: „Seine linke Einstellung ist auch in seiner Tätigkeit als OVG.Rat zum Ausdruck gekommen". Doch dazu später.

2. NS-Zeit

Als Fritz Citron im Mai 1933 den Fragebogen zur Durchführung des Gesetzes zur Wiederherstellung des Berufsbeamtentums ausfüllte, benannte er auch seine „nichtarischen" Vorfahren. Der Vordruck sah dies zwar mit Rücksicht auf § 3 Abs. 2 BBG für seinen Fall nicht vor: Wie in dieser Ausnahmeregelung vorausgesetzt, war er ja bereits am 1. August 1914 „Beamter", nämlich Amtsrichter beim Amtsgericht Berlin-Mitte gewesen, so dass aus seiner „nichtarischen" Herkunft eigentlich gemäß § 3 Abs. 2 BBG keinerlei Konsequenzen gezogen werden sollten. Der Gerichtspräsident Bill Drews hatte indes den Richtern des Oberverwaltungsgerichts am 22. Mai 1933 Fragebögen übersandt, in denen diese Einschränkung handschriftlich gestrichen war.[17] In Fritz Citrons hierzu im verschlossenen Umschlag eingereichter Erklärung heißt es:

„Ich habe zwar aus meiner Abstammung niemals ein Hehl gemacht, aber nie die Empfindung gehabt, daß ich nicht deutschen Stammes sei, wie ich mich auch jetzt noch als Deutscher fühle.

Die aus meiner Ehe stammenden Kinder sind als Christen und Deutsche erzogen und stehen dem Gedanken, sie könnten nicht als Deutsche angesehen werden, so fern, daß ich es bisher nicht gewagt habe, ihnen diese Möglichkeit auch nur anzudeuten."

Derselbe Umschlag enthielt auch eine Erklärung zu Citrons politischen Aktivitäten: Einer politischen Partei habe er nicht angehört, wenn auch eine Zeit lang dem Demokratischen Klub. Vom Jahre 1922 an bis zu dessen Auflösung sei er Mitglied des Republikanischen Richterbundes gewesen.[18] Er sei in diesen Bund eingetreten,

---

15 BArch R 1501/205537 (Fritz Citrons Personalakte im Innenministerium).

16 S. oben, Einleitung, „Dr. Heinrich Schellen".

17 Im Vorgriff auf einen entsprechenden Runderlass des Innenministeriums vom 31. Mai 1933, Ministerialblatt für die Preußische Innere Verwaltung 1933, S. 619.

18 Der Inhalt des Umschlags ist nur in Citrons Innenministeriums-Personalakte BArch R 1501/205537 zu finden. In dem Fragebogenexemplar, das in der beim Oberverwaltungsgericht geführten Personalakte GStA PK, I. HA Rep.184, Pers.-Akten Nr. 375 abgeheftet wurde, ist nicht vermerkt, dass Citron zu den politischen Aktivitäten Erklärungen in einem

um ein Überhandnehmen radikaler Tendenzen innerhalb des Bundes zu verhüten. In den letzten Jahren habe er sich nur sehr selten an den Versammlungen beteiligt.
Wie für alle Mitglieder des Gerichts mit Ausnahme von Wilhelm Kroner verneinte Drews in seinem Schreiben vom 5. Juli 1933, das er nach Auswertung der Fragebögen an das Preußische Innenministerium richtete, auch für Fritz Citron die Anwendbarkeit von § 3 und § 4 BBG; er führte stattdessen Citrons jüdische Abstammung sowie eine „frühere Zugehörigkeit zu Linksparteien oder -verbänden" als eventuellen „Grund für die Anwendung des § 5" an. Heinrich Schellen jedoch, Drews' ehemaliger Präsidialrichter, inzwischen Ministerialdirektor im Innenministerium, wollte offenbar ein Exempel statuieren und die Entlassung seines früheren Senatskollegen nach § 4 BBG durchsetzen.
Am 19. Juli 1933 wandte sich Fritz Citron unter seiner Urlaubsanschrift deshalb direkt an Schellen.

„Sehr geehrter Herr Ministerialdirektor!
... Daß ich mich nie im Sinne der Erläuterungsziffer 2 zu § 4 cit.[19] *antinational betätigt habe, werden Sie mir wohl ohne Weiteres glauben, obwohl Ihnen meine frühere politische Einstellung aus unserer gemeinsamen amtlichen Tätigkeit ja bekannt ist. ...Ich bin immer Anhänger eines ruhigen Fortschritts und kein Freund gewaltsamer Entwicklungen gewesen. ...Nach meiner Überzeugung wird auch die nationale Regierung, nachdem nunmehr die Phase der Revolution vorüber und das Stadium der Evolution eingetreten ist, solcher Richter bedürfen, die sich dem Gesetze strikt unterwerfen und die gewaltsame Entwicklung auch dann ablehnen, wenn diese das Ziel verfolgt, frühere Rechtszustände wieder herbeizuführen. Daß ich zu diesen Richtern gehöre, werden Sie mir glauben."*

Schon bevor dieser Brief bei ihm einging, hatte Schellen formularmäßig angeordnet, Citron „sofort von seinen Dienstobliegenheiten zu entbinden" und ihm für eine Äußerung zu seiner Entlassung nach § 4 BBG eine Frist von drei Tagen einzuräumen. Knappe zwei Wochen wartete er nun noch ab; dann verfügte er lapidar „kann abgehen", und die bereits entworfene Suspendierung wurde ohne inhaltliche Änderungen unter dem 9. August 1933 an den Gerichtspräsidenten Bill Drews abgesandt.
Nach entsprechender Aufforderung hatte Citron gerade gegenüber Drews „dienstlich" erklärt, „jegliche Beziehungen zur SPD. oder ihren Hilfs- und Ersatzorganisationen gelöst" zu haben – für den Fall, dass seine frühere Zugehörigkeit zum Republikanischen Richterbund als Beteiligung an einer Hilfsorganisation der SPD aufzufassen sein sollte.[20] Dieses Zwischenspiel war indes ohne Belang: Das Entlassungsverfahren lag fest in Schellens Hand.
Am 15. August 1933 wurde Fritz Citron per Postzustellung darüber unterrichtet, dass er sofort vom Dienst entbunden war. Weiter hieß es:

Umschlag abgegeben hatte. Letzteres führte die Verf. 1989 zu der Annahme, Citron habe sich auf die Angabe beschränkt, nicht Mitglied des Republikanischen Beamtenbundes gewesen zu sein, s. Citron-Piorkowski in: Festschrift für Günter Berge, 1989, S. 20 ff.

19 Nach der 3. Durchführungsverordnung vom 6. Mai 1933, Nr.2 zu § 4 BBG, waren die Voraussetzungen des § 4 BBG insbes. erfüllt, wenn ein Beamter in Wort, Schrift oder durch sein sonstiges Verhalten „gehässig gegen die nationale Bewegung aufgetreten war, ihre Führer beschimpft oder seine dienstliche Stellung dazu mißbraucht hatte, national gesinnte Beamte zu verfolgen, zurückzusetzen oder sonst zu schädigen".

20 Betätigungsverbot für die SPD vom 23. Juni 1923, Ministerialblatt für die Preußische Innere Verwaltung 1933, S. 750.

„Ew. Hochwohlgeboren ersuche ich ergebenst, sich gemäß der Dritten Durchführungsverordnung vom 6. Mai 1933 zu § 7 Nr. 2 Abs. 2 (RGBl. I S. 248) zu äußern und mir Ihre Äußerung binnen drei Tagen vorzulegen. Drews, Staatsminister".
Eine größere Diskrepanz zwischen Form und Inhalt ist kaum vorstellbar: Die Anrede entsprach noch der Amtswürde des Richters am Preußischen Oberverwaltungsgericht, die sofortige Suspendierung hingegen stufte den „Hochwohlgeborenen" zu einem gefährlichen Schurken herab – abgesehen davon, dass mit dem BBG ohnehin die in Artikel 102 der Weimarer Reichsverfassung garantierte Unabhängigkeit der Richter mit Füßen getreten wurde.
Citron äußerte sich noch am selben Tage. Er wiederholte seine Angaben und Argumente aus dem Fragebogen und dem Schreiben an Schellen und bezog sich für seine „durchaus nationale Einstellung" auf das Zeugnis des Senatspräsidenten Dr. Groethuysen, unter dessen Vorsitz er noch bis vor kurzem amtlich tätig gewesen sei. Für den Fall, dass es trotzdem „nicht angängig" erscheine, ihn „in seiner bisherigen Stellung zu belassen", bat er § 5 BBG anzuwenden. Hilfsweise beantragte er unter Bezug auf § 16 BBG, ihm das volle erdiente Ruhegehalt zu belassen. Er sei 57 Jahre alt und habe drei Kinder, von denen die beiden ältesten noch die Schule besuchten und das jüngste erst vier Jahre alt sei; die Gewährung von nur drei Viertel des Ruhegehalts stelle seines Erachtens eine unbillige Härte dar.
Drews leitete die Äußerung an das Innenministerium mit dem Bemerken weiter, ihm sei von glaubwürdiger Seite bestätigt worden, „dass Citron im Republikanischen Richterbunde den linksradikalen Tendenzen tatsächlich entgegengetreten" sei. Er befürworte deswegen, wenn es mit den allgemeinen Grundsätzen vereinbar sei, Citron, von dem in Zukunft politische Schwierigkeiten nicht zu befürchten seien, auf Grund des § 5 in eine andere Stelle zu versetzen. „Als Mitglied eines Bezirksausschusses[21] würde er bestimmt sehr gute Arbeit leisten."
Wenige Tage später wandte sich Fritz Citron noch einmal direkt an Schellen.
Er bat abzuwarten, bis die Äußerung des zur Zeit verreisten Groethuysen vorliege, und ihm *„zu Gute halten zu wollen, daß die Folgen einer Dienstentlassung gegenüber derjenigen einer Versetzung ev. mit anschließender Pensionierung außerordentlich viel schwerer wiegen, nicht bloß in Ansehung der Pensionsbezüge, sondern auch wegen des psychologischen Eindrucks und der Rückwirkung auf meine literarische Tätigkeit sowie auf die Behandlung meiner Kinder in der Schule."*
„Lieber Schellen!", schrieb Groethuysen noch vor seiner Rückkehr aus der Sommerfrische Oberstdorf und unterzeichnete mit *„Dein treuer Corpsbruder"*.
„Gewiss sind von Dir alle Momente pro et contra geprüft worden; und doch kann ich mich des Eindrucks nicht erwehren, dass die Entlassung für Citron eine große Härte bedeuten würde."
Aus dem – rein dienstlichen – Verkehr habe er „die Gewissheit gewonnen, dass Citron ein anständiger, tüchtiger, gewissenhafter, fleißiger und zuverlässiger Beamter mit Fähigkeiten, die den Durchschnitt übertreffen", und sicher auch national gesinnt sei. Schellen indes kannte keinerlei Erbarmen. Kaum war der Brief eingetroffen, fertigte er am 24. August 1933 einen vernichtenden „Vermerk"[22] über seinen vormaligen Senatskollegen Fritz Citron.

---

21 Die in die Verwaltung eingegliederten Bezirksausschüsse, besetzt mit Juristen ohne richterliche Unabhängigkeit, fungierten als Verwaltungsgerichte erster Instanz.
22 BArch R 1501/205537.

„Der Oberverwaltungsgerichtsrat C i t r o n ist rassisch Volljude und wurde als damaliger Kammergerichtsrat in das OVG. berufen. Er hat dem demokratischen Klub und dem republikanischen Richterbunde, letzterem vom Jahre 1922 ab bis zu seiner Auflösung angehört. Seine linke Einstellung ist auch in seiner Tätigkeit als OVG.Rat zum Ausdruck gekommen. Von ihm kann daher nicht angenommen werden, dass er in der Lage ist, sich bedingungslos hinter die Regierung des nationalen Staates zu stellen. Seine Entlassung aufgrund des § 4, der auch der Präsident des Pr.OVG. entgegen seiner Stellungnahme vom 16. August in mündlicher Besprechung zugestimmt hat, ist daher erforderlich."

Der Pr.Minister des Jnnern. Berlin, den 24. Aug. 1933.

Z.3299 II.

1. Vermerk. Der Ober-Verwaltungsgerichtsrat C i t r o n ist rassisch Volljude und wurde als damaliger Kammergerichtsrat in das OVG. berufen. Er hat dem demokratischen Klub und dem republikanischen Richterbunde, letzterem vom Jahre 1922 ab bis zu seiner Auflösung angehört. Seine linke Einstellung ist auch in seiner Tätigkeit als OVG.Rat zum Ausdruck gekommen. Von ihm kann daher nicht angenommen werden, dass er in der Lage ist, sich bedingungslos hinter die Regierung des nationalen Staates zu stellen. Seine Entlassung aufgrund des § 4 , der auch der Präsident des Pr.OVG. entgegen seiner Stellungnahme vom 16.August in mündlicher Besprechung zugestimmt hat, ist daher erforderlich.

Ref.: MDir.Dr.Schellen,
MR.Uter,
RR.von Wedelstädt,
RA.von der Groeben.

I.A.

2. Entlassungsverfüg.besonders.

Erstaunlich ist bei diesem Vermerk nicht allein, dass Schellen Citrons jüdische Abstammung, die hier weder für eine Entlassung nach § 3 BBG (wegen des Absatzes 2 der Vorschrift), noch für eine solche nach § 4 BBG relevant war, überhaupt und an erster Stelle erwähnte, sondern dass er die Formulierung „Citron ist rassisch Volljude" wählte. Der Begriff „Volljude" gelangte erst zwei Jahre später – mit den sogenannten Nürnberger Gesetzen vom 15. September 1935 – in den offiziellen Sprachgebrauch, Schellen war hier offenbar Vorreiter. Bereits am nächsten Tag verfügte Schellen unter „Sofort" Citrons umgehende Entlassung aus dem Dienst.

Nicht einmal die Fürsprache des Reichstagsabgeordneten Martin Spahn, eines Schulfreundes von Fritz Citron, der – wie Schellen selbst – bis zum Frühjahr 1933 der DNVP angehört hatte und im Juni 1933 der NSDAP beigetreten war, konnte nun noch etwas ausrichten:

„Es ist die einzige Bemühung um einen Juden, zu der ich mich entschlossen habe", schrieb Spahn – auch er aus seinem Urlaubsort – an Schellens Vorgesetzten, den Staatssekretär Grauert, und rechtfertigte sich mit der „kollegialen Freundschaft, die unsere Väter als junge Richter verband". Citron sei nach seinem Eindruck nicht sonderlich politisch interessiert gewesen. Diesem gehe es jetzt darum,

„daß wenigstens nur der § 5 bei der Entlassung auf ihn angewandt werde. Citron hat Familie – 3 Kinder – seine mehr als 80jährigen Eltern leben noch, der Vater gelähmt. Ich bitte Sie deshalb nochmals ein Auge auf den Fall zu haben, vielleicht Citrons genossenschaftsrechtliche Verdienste als Gegengewicht in die Waagschale zu werfen."

„Entwurf der Entlassung nach § 4 liegt schon vor" vermerkte Grauert am 29. August 1933, „z. d. A." An diesem Tag war Fritz Citron der Entlassungsbescheid bereits zugestellt worden. Schellens Gesellenstück war vollbracht.

Nach seiner Entlassung bemühte sich Citron zunächst darum, deren finanzielle Auswirkungen abzumildern. Er sollte jetzt nur noch ungefähr 500 Reichsmark erhalten, etwa die Hälfte seines bisherigen Netto-Gehaltes, was für den gewohnten Lebenszuschnitt der fünfköpfigen Familie bei weitem nicht ausreichte. In seinem Gesuch vom 23. September 1933 hieß es:

„Während ich früher außer dem beträchtlichen Gehalt eines Oberverwaltungsgerichtsrats noch ganz erhebliche Einnahmen aus meiner früheren Tätigkeit beim Genossenschaftsverband und literarischer Beschäftigung hatte, sind diese Einnahmen in letzter Zeit außerordentlich stark zurückgegangen, da Nichtariern die Unterbringung von schriftstellerischen Arbeiten immer schwerer wird."

Es sei zu berücksichtigen,

„daß es außerordentlich schwerhält, wenn man zwei Kinder hat, die das Gymnasium besuchen und deren Lehrer und Mitschüler an den bisherigen Grad der Lebenshaltung dieser Kinder gewöhnt sind, sich in so hohem Maße umzustellen, wie das bei dem Herabsinken meines Einkommens auf die Hälfte erforderlich sein würde."

Der Hinweis auf „die Lebenshaltung dieser Kinder" stieß anscheinend auf Schellens besonderen Unmut – er markierte den Passus mit seinem lilafarbenen Stift und setzte ein empörtes Ausrufezeichen daneben.

Dann leitete er Citrons Gesuch an Drews weiter und bat, gutachtlich hierzu Stellung zu nehmen – mit dem Bemerken, dass er selbst „zunächst ... bei aller Würdigung der Ausführungen im Bittgesuch für die Anwendung des § 16 Berufs-B.G. keinen ausreichenden Anlass" sehe.

Auch in diesem Zusammenhang wollte Bill Drews Fritz Citron vor den schlimmsten Folgen bewahren: Er verwies darauf, dass doch der Fall des entlassenen Oberverwaltungsgerichtsrats Kroner[23] „wesentlich schwerer" gelegen habe, und schlug vor, Citron wenigstens einen Zuschuss in Höhe eines Achtels des erdienten Ruhegehalts zu gewähren, scheiterte aber erneut am Widerstand Schellens.

Im April 1934 versuchte Citron unter Hinweis auf § 7 BBG seine Wiedereinstellung oder zumindest ein Heranziehen des § 5 BBG zu erreichen. Wiederum machte er geltend, er habe die nationale Bewegung niemals bekämpft, wenn er auch politisch auf anderem Boden gestanden habe. Ergänzend verwies er auf seine Verdienste im Genossenschaftsrecht. Erschwert werde ihm seine Tätigkeit auf diesem Gebiet allerdings durch den Makel, der dem dienstentlassenen Beamten anhafte.

Dieses – erfolglos gebliebene – Gesuch gelangte auf Umwegen im Januar 1935 erneut in die Akten des Innenministeriums:

Fritz Citron hatte im Jahr 1933 noch diverse Entscheidungsanmerkungen und Artikel in juristischen Fachzeitschriften platzieren können. Nachdem er auch 1934 in einer Dissertation mehrfach zustimmend zitiert worden war, sah sich der Berliner Rechtsanwalt Ernst Böttger, ein „alter Kämpfer und Pg.", veranlasst, dies in der *Juristischen Wochenschrift* 1934[24] zu kritisieren: Den Leser interessierten keine Angaben über eine

„Genossenschaftsautorität aus der Zeit des Verfalles der Genossenschaften (Klepperwirtschaft[25] der Preußenkasse, Mißwirtschaft der Bausparkassen auf genossenschaftlicher Grundlage), nämlich den vom nationalsozialistischen Staat schleunigst in den Ruhestand versetzten Juden OVGR C i t r o n "

Zwei Wochen später, im 16. Heft der *Juristischen Wochenschrift* von 1934[26], legte Böttger noch einmal nach:

„Dies bedeutet auch ein Mahnwort an die Verleger, und zwar auf genossenschaftsrechtlichem Gebiete. Mußten sie tatsächlich dem marxistischen Zeitgeiste so weit Rechnung tragen, dass zwei Genossenschaftskommentare, nämlich P a r i s i u s= K r ü g e r in die Hand C i t r o n s gelegt und der Handkommentar zum GenG dem nichtarischen Anwalt H. ... anvertraut wurden?"[27]

Fritz Citron wehrte sich und erhob gegen Ernst Böttger, von dem er sich insbesondere wegen der damals höchst gefährlichen Attribute „Marxist" und „Jude" (statt „Nichtarier") beleidigt fühlte, vor dem Landgericht Berlin Klage auf Unterlassung. Sein „arischer" Anwalt Dr. Walther Döhring, ein alter Freund der Familie, vertrat ihn vehement und fügte einem der Schriftsätze auch eine Kopie des Wiedereinstellungsgesuchs vom April 1934 bei. Böttgers Anwalt Dr. Karl Deutschmann wandte sich daraufhin an den Innenminister:

---

23 S. unten Kapitel „Dr. Wilhelm Kroner".

24 *Juristische Wochenschrift* (JW) 1934, S. 827.

25 Damit war ein 1933 eingeleiteter Prozess gegen den früheren Präsidenten der Preußischen Zentral-Genossenschaftskasse und ehemaligen Preußischen Finanzminister Otto Klepper angesprochen, dem Untreue vorgeworfen wurde.

26 Ein drittes Pamphlet folgte im 21. Heft, JW 1934, S. 972, wo sich Böttger wiederum daran störte, dass Citron von einem Gericht zitiert worden war. Das starre „iurare in verba Citronis", einer im Zeichen des „Kleppersystems" bewunderten Genossenschaftsgröße, vertrage sich nicht mit dem Gemeinschaftsgeist des „Dritten Reiches" – damit sah sich Citron in die Nähe des seinerzeit aktuellen Korruptionsprozesses gegen Otto Klepper gestellt.

27 JW 1934, S. 1295.

„Aus diesem Anlass halte ich es für meine Pflicht, Sie in Kenntnis zu setzen von dem hiermit abschriftlich beigefügten Schriftsatz des Herrn Citron, aus dem mit nicht zu überbietender Deutlichkeit hervorgeht, dass Herr Citron als Beamter im heutigen Staat völlig unmöglich ist, vielmehr zu den unbelehrbaren Feinden des nationalsozialistischen Staates gehört. In meiner ebenfalls beigefügten Erwiderung[28] *habe ich die krassesten Punkte hervorgehoben. Sie dürften ausreichen, um Herrn Citron nicht nur vor der Wiedereinstellung und damit vor neuen Konflikten zu schützen, sondern auch zu seiner Verbringung in ein Konzentrationslager und zur Entziehung seiner Staatspension, falls er eine solche noch bezieht ... Citron macht sich hier zum Vorkämpfer des Judentums."*

Das Innenministerium konnte Deutschmann beruhigen: Das Wiedereinstellungsgesuch war ja erfolglos geblieben. Citrons Klage gegen Böttger wurde vom Landgericht Berlin abgewiesen.

Ob Fritz Citron von Deutschmanns explizitem Vorschlag, ihn in ein KZ zu verbringen, erfahren hat, ist nicht bekannt, nur, dass er in jenen Jahren ständig befürchtete verhaftet zu werden. Da man ihn öffentlich – in der *Juristischen Wochenschrift* – als Marxisten eingestuft hatte, war diese Sorge keineswegs grundlos, zumal angesichts der Person seines Widersachers.

Dr. Karl Deutschmann, SS-Mitglied, war berüchtigt für seinen aggressiven Antisemitismus und seine Denunziationsbereitschaft. Unter seinen Kumpanen galt er als „Vorkämpfer der Entjudung der Berliner Anwaltschaft", zog aber auch gegen die „Verseuchung der Justiz" des sogenannten „Novembersystems" zu Felde, die von „mauschelnden jüdischen Richtern" beherrscht worden sei.[29]

Die Kommentierung des Genossenschaftsrechts lag jedenfalls nicht länger in der „jüdisch-marxistischen Hand" Fritz Citrons – der „Parisius-Crüger" wurde vom Verlag de Gruyter zwei „arischen" Bearbeitern, Lang und Weidmüller, überantwortet – auf welchem juristischen Weg auch immer[30]...

Damit war eingetreten, was Fritz Citron befürchtet hatte: Die diskriminierende Entlassung hatte ihm zusätzlich die Chance genommen, wenigstens noch als Genossenschaftsrechtler Einkünfte zu erzielen.

Die Ausgaben der Familie hatten sich indes um Kosten für das Studium des 1916 geborenen Sohnes erhöht, der in Tübingen[31] innerhalb der „Judenquote" von 1,5 Prozent zum Studium zugelassen worden war. Damit die Familie wieder etwas Spielraum zur Aufrechterhaltung ihres bisherigen Lebensstandards hatte, wurde im Sommer 1935 das der Schwiegermutter gehörende Haus nahe dem Viktoria-Luise-Platz, in dem die Familie jahrzehntelang auf zwei Wohnungen verteilt gelebt hatte, verkauft.

Nach Inkrafttreten der Nürnberger Rassegesetze vom 15. September 1935 bestand für Fritz Citrons Ehefrau die Gefahr, als „Geltungsjüdin" erfasst zu werden: § 5 der Ersten Verordnung zum Reichsbürgergesetz vom 14. November 1935 (RGBl. I

28 Die beigefügte Erwiderung enthält u. a. den Satz: „So wenig eine Kuh dadurch, dass sie in einen Pferdestall gestellt wird, eine pferdische Kuh wird, so wenig kann ein Jude dadurch, dass er unter Deutschen wohnt, ein deutscher Jude werden" und unterstellt Citron und Döhring, mit der „gesamten Judenschaft einen baldigen Umsturz" zu erstreben.

29 Benz, Wolfgang (Hg.): Handbuch des Antisemitismus, Band 8, 2015, S. 57.

30 S. hierzu auch unten, Kapitel „Dr. Ernst Isay".

31 Aufgrund der Fürsprache des Studentenpfarrers Ernst Bronisch-Holtze, der der Bekennenden Kirche angehörte.

1935 S. 1333) bestimmte in Absatz 1 Satz 1: „Jude ist, wer von mindestens drei der Rasse nach volljüdischen Großeltern abstammt."
Nach Absatz 2 galt unter anderem auch „der von zwei volljüdischen Großeltern abstammende staatsangehörige jüdische Mischling, ... der beim Erlass des Gesetzes mit einem Juden verheiratet war", als Jude.
Charlotte Citron setzte deshalb alles daran, die jüdische Herkunft ihrer Mutter zu verschleiern, zumal anderenfalls die drei Kinder – sogenannte Dreiviertel-Juden – ebenfalls als „Juden" behandelt worden wären, und bemühte sich, einen insgesamt „arischen" Eindruck der Familie herzustellen. Zum Januar 1936 wurde die bisherige, nun zu teure Wohnung aufgegeben, Citrons Ehefrau zog mit den beiden jüngeren Kindern eine Etage höher zu ihrer Mutter und er selbst förderte den „arischen" Anschein seiner Familie, indem er wegzog – zunächst laut Berliner Adressbuch von 1937 in die Pariser Straße und später, als das Geld noch knapper geworden war, in ein Untermietzimmer in der Nachodstraße; die Hauptmieterin, eine „jüdische" Musikerin, hatte bereits ein Affidavit für die USA und wartete auf ein Visum zur Emigration, eine dauerhafte Bleibe war also auch mit diesem Zimmer nicht gefunden. Infolge des Wegzugs von Fritz Citron blieb der Familie übrigens das „arische" Kindermädchen erhalten, das sich um den inzwischen sechsjährigen Jüngsten kümmerte, weshalb später bisweilen kolportiert wurde, Charlotte Citron hätte sich damals für ihre Hausangestellte anstatt für ihren Mann entschieden; aber die Dinge lagen weitaus komplexer.[32] Diese ostpreußische junge Frau sollte noch eine segensreiche Rolle für das Überleben von Charlotte Citron und ihren Kindern spielen, doch dazu später.
Trotz aller Bedrängnis zog Fritz Citron, der sich ab und zu noch mit seinem ehemaligen Senatspräsidenten Groethuysen traf und so über die gerichtlichen Veränderungen auf dem Laufenden gehalten wurde, in diesen Jahren eine Emigration nicht näher in Betracht. Für einen völligen Neuanfang im Ausland fehlte ihm neben finanziellen Ressourcen die Vitalität, zumal er diesen Schritt allein hätte gehen müssen. Seine Frau wollte schon aus Sorge um ihre hochbetagte Mutter auf jeden Fall in Deutschland bleiben, womit zugleich feststand, dass auch die Kinder ihn nicht begleitet hätten. Seinem älteren Sohn musste er in jener Zeit bei diversen, dessen prekären Studentenstatus betreffenden Querelen[33] beistehen und insbesondere zu seiner Tochter pflegte er eine sehr innige Beziehung, was ihm über die häufigen Phasen großer Verzweiflung hinweghalf.
Diese Tochter, die 1920 geborene Christa Citron, hatte 1936 nach der Untersekunda das Gymnasium verlassen, weil sie dort als Kind des aus dem Dienst entfernten „jüdischen" Oberverwaltungsgerichtsrats inzwischen von diversen schulischen Angeboten ausgeschlossen worden war, und sich auf ihre bereits als Kind begonnene Ausbildung zur Balletttänzerin konzentriert. Trotz bester Empfehlungen war sie nun auch hier an einem Endpunkt angelangt.[34] Anders als ihre beiden Brüder

32 Wäre er geblieben, hätte ihr Haushalt als „jüdisch" gegolten; vgl. unten im Kapitel „Alfred Oppler" hinter FN 20.

33 Adam, Uwe Dietrich: „Hochschule und Nationalsozialismus: Die Universität Tübingen im Dritten Reich", 1977, S. 117. — S. insoweit Piorkowski, Christoph David: „Die gelbe Karte", Annex in diesem Buch.

34 Zum Schicksal ihrer Freundin und Ballettkollegin Hannah Kroner s. Hughes, Pascale: Ruhige Straße in guter Wohnlage, 2013, S. 128 ff., 134.

entsprach sie phänotypisch dem Nazi-Klischee des „Jüdischen", so dass sie, obwohl offiziell nur als „Halbjüdin" auftretend, nicht mehr im Ballett beschäftigt wurde. Daraufhin erwog die Familie die Ausreise der Tochter nach Italien, was dann aber wieder verworfen wurde – entweder wegen der dorthin übernommenen Rassegesetze oder weil sich Fritz Citron nicht von ihr trennen wollte. Endlich – im Herbst 1938 – rang er sich dazu durch, eine in England lebende Cousine zur Aufnahme seiner Tochter zu veranlassen.

Glücklicherweise hatte Christa Citron im Mai 1938 einen Pass erhalten, ohne dabei Unterlagen präsentieren zu müssen, die sie als „Drei-Viertel-Jüdin" enttarnt hätten – eigentlich musste jeder Passantragsteller ab Februar 1938 hierzu Angaben machen.[35] Das war ihr allein deswegen erspart geblieben, weil das erwähnte Kindermädchen ein Verhältnis mit einem im Hause wohnenden Hauptwachtmeister der Schutzpolizei hatte. Jener Karl Lerche, dem hier postum gedankt sei, sorgte kraft seiner amtlichen Beziehungen mehrfach dafür, dass bei behördlichen Nachfragen die jüdische Herkunft von Citrons Schwiegermutter Rosa Furbach, geborene Heimann, im Unklaren bleiben konnte und auf einen Taufnachweis verzichtet wurde. Anders als die Pässe der als „Juden" erfassten Deutschen behielt der Pass der 18-jährigen Tochter Fritz Citrons deshalb auch nach der Verordnung über die Reisepässe von Juden vom 5. Oktober 1938 (RGBl. I S. 1342) seine Gültigkeit und bedurfte dazu nicht des sogenannten Judenstempels: Christa Citron konnte mit einem Pass ohne das diskriminierende große rote J die Britische Botschaft aufsuchen und vorbeigehen an der endlos langen Reihe der inzwischen chancenlos Hoffenden. Sie wurde sofort bedient: Am 25. Oktober 1938 erteilte man ihr zügig und ohne Weiteres das Visum für England – wegen des „sauberen" Passes war ihre Emigrationsabsicht nicht aufgefallen.

Fünf Tage nach der sogenannten Reichskristallnacht reiste sie über die Niederlande nach London, wo sie am 15. November 1938 eintraf. Am selben Tag „retteten" Passanten Fritz Citron aus der Spree – er hatte sich das Leben nehmen wollen und kam nun in die geschlossene Abteilung der Psychiatrischen Klinik Berlin-Buch. Auf Betreiben seiner Frau wurde er kurze Zeit später entlassen – mit der ärztlichen Prognose, dass er „es wieder tun" werde. Man war sich darüber einig, dass er dazu auch allen Grund hätte.

Am Morgen des 26. Dezember 1938 wurde er in seinem Untermietzimmer erhängt aufgefunden.

Es erwies sich als ausgesprochen schwierig, seine Beerdigung auf einem protestantischen Friedhof zu organisieren – mehreren Pfarrern war das Ansinnen, einen „jüdischen" Selbstmörder zu bestatten, zu heikel. Schließlich war ein Vikar der Bekennenden Kirche[36] bereit, das Risiko auf sich zu nehmen, und Fritz Citron fand neben seiner 1910 verstorbenen ersten Frau seine letzte Ruhe – weitab von den Gräbern der „arischen" Vorfahren seiner Witwe.

Charlotte nannte sich in der Folgezeit Citron-Furbach – das klang eher „deutsch" und weniger „jüdisch" als die französische Südfrucht.

Nach dem Tod ihrer Mutter im Jahre 1941 sorgte wiederum der erwähnte Hauptwachtmeister Lerche dafür, dass die Todesbescheinigung nicht mit einem Zwangs-

35 Adam, Uwe Dietrich: Judenpolitik im Dritten Reich, Düsseldorf 2003 (Nachdruck, Orig. 1972), S. 138.

36 Martin Blankenburg.

namen – wie bei den 1940 als „Israel" und „Sara" gestorbenen Eltern von Fritz Citron – ausgestellt wurde und die Leitung des evangelischen Friedhofs für die Beerdigung der „Rosa Furbach" (ohne den Geburtsnamen Heimann) auf eine Taufbescheinigung verzichtete.

Nach dem Erhalt dieser Todesbescheinigung hatte sich für Charlotte das Risiko, als „Geltungsjüdin" eingestuft zu werden, etwas verringert. Die Gefahr war allerdings nicht gänzlich vorüber, eine Nichte und ein Neffe ihrer Mutter – letzterer ebenfalls von Beruf Richter, Dr. Werner Heimann – waren als Juden erfasst und wohnten in der Nähe, man musste also aufpassen, nicht mit der Cousine oder dem Vetter gesehen zu werden; beide wurden 1943 nach Riga deportiert und dort ermordet[37]. Der jüngste Sohn wuchs mit der Legende auf, „Citron" sei ein hugenottischer Name, und wurde – konsequenterweise – zum Schuljahr 1939 im Französischen Gymnasium angemeldet.

Die emigrierte Tochter kam im Sommer 1940 nach dem Kriegseintritt Englands als „enemy alien" zunächst ins Londoner Frauengefängnis und dann ins Internierungslager auf der Isle of Man. Im Herbst 1944 wurde sie plötzlich gegen britische Kriegsgefangene ausgetauscht. Sie hatte es unterlassen, sich als „Jüdin" zu offenbaren, weil sie ja mit einem Pass ohne das J eingereist war, und kehrte jetzt nach Berlin zurück, wo sie glücklicherweise in den letzten Kriegsmonaten nicht mehr als „nichtarisch" auffiel.

Der ältere Sohn kam seiner Zwangsexmatrikulation[38] zuvor, indem er sich zum Arbeitsdienst meldete, wurde danach eingezogen und überlebte den Krieg als Gefreiter der Deutschen Wehrmacht – bei der Musterung hatte er den Nachnamen seiner Großmutter mit Hamann (das klang „arisch") statt Heimann (klang eher „jüdisch") angegeben; für gelegentlich anstehende Beförderungen fehlten immer die maßgeblichen Papiere.

Charlotte Citron hatte überdies vorsichtshalber eidesstattlich erklärt, ihre Söhne stammten nicht von Fritz Citron ab, sondern seien Ergebnisse von Seitensprüngen mit rein „arischen", aber leider bereits verstorbenen, also nicht mehr zu befragenden Volksgenossen.

3. Nachkriegszeit

In ihren Entschädigungsanträgen wegen Fritz Citrons Entlassung haben sich Charlotte Citron und ihre Kinder nur auf die politischen Gründe des § 4 BBG bezogen. Eine Erwähnung der jüdischen Herkunft oder gar Anträge, die sich auf ihre eigenen Benachteiligungen als „Nichtarier" bezogen, hielten sie auch noch Jahrzehnte nach Kriegsende für zu gefährlich – so tief saß die Angst, die Geschichte könnte sich wiederholen.

37 Stolpersteine Berlin, Bamberger Str. 48.

38 S. insoweit Piorkowski, Christoph David: „Die gelbe Karte", Annex in diesem Buch.

Dr. Walther Emil Grützner
Senatspräsident

geboren am 13. Juni 1881 in Dresden
verheiratet seit 1919 mit Lilli, geb. Coermann, verw. Menzel
drei Kinder: ein Sohn aus erster und ein Sohn aus zweiter Ehe, geb. 1920, sowie ein Stiefsohn: Eberhard Menzel (Staats- und Völkerrechtler), geb. 1911
gestorben am 6. April 1951 in Bad Godesberg

Walther Grützner ist vermutlich der einzige aus seinem Kollegenkreis, der in einem deutschen Fernseh-Film vorkommt[1] – allerdings nicht als Richter und auch nur in einer Nebenrolle: als Zeuge im Prozess um die Morde an Karl Liebknecht und Rosa Luxemburg. Dabei ließe sich über Dr. Grützner, eine Michael-Kohlhaas-Natur, durchaus ein „Biopic" mit Spielfilmlänge drehen – gelang es ihm doch, sich unter allen von ihm seit dem Ende des Ersten Weltkrieges erlebten Regimen und Besatzungen filmreif zu exponieren und den Zorn der jeweiligen Obrigkeit auf sich zu ziehen.

1. Kaiserreich und Weimarer Republik

Walther Grützner, 1881 in Dresden als Sohn eines Volkschullehrers geboren und evangelisch getauft, studierte Rechts- und Finanzwissenschaft in Leipzig und bestand 1904 sein erstes Examen mit „Auszeichnung". Nach freiwilligem Militärdienst und Referendarzeit absolvierte er 1909 die zweite juristische Staatsprüfung. Anschließend war er Ratsassessor und ab 1913 Stadtamtmann in der Stadtverwaltung Dresden. Nachdem er als Oberleutnant am Ersten Weltkrieg teilgenommen und unter anderem mit dem Eisernen Kreuz II. Klasse ausgezeichnet worden war, wurde er Ende 1916 von der Stadt Dresden zurückgerufen und zum Stadtrat befördert. 1917 übernahm ihn das Kriegsernährungsamt, das seinen Sitz in Berlin hatte. In Berlin schloss sich Grützner nach der Ausrufung der Republik freiwillig der Garde-Kavallerie-Schützen-Division[2] an, die zusammen mit diversen Freikorps im Januar 1919 im Auftrag des Rates der Volksbeauftragten den sogenannten Spartakusaufstand niederschlug. Er gehörte als Oberleutnant zum Stab von Hauptmann Waldemar Pabst, dem Ersten Generalstabsoffizier. Pabst organisierte vom Hauptquartier der Division im Berliner Eden-Hotel aus am 15. Januar 1919 mit einer Reihe von Offizieren, auf deren Korpsgeist er sich verlassen konnte, die Morde an Rosa Luxemburg und Karl Liebknecht.[3] Nicht zu diesen Eingeweihten zählte Walther Grützner: Der erschien von sich aus am 13. Februar 1919 bei dem Kriegsge-

1 Semi-Dokumentation von Dieter Ertel und Gustav Strübel, SWR 1969: Zeitgeschichte vor Gericht: Der Fall Liebknecht/Luxemburg; zu den zugrundeliegenden Forschungen s. *Der Spiegel* Nr. 8/1967 vom 13. Februar 1967, S. 40 ff.

2 Anfang 1918 als Großverband der Preußischen Armee gebildet.

3 Jahrzehnte später rühmte sich Pabst in einem Spiegel-Interview, *Der Spiegel* Nr.16/1962 vom 18. 4.1962, S. 38 ff., 42 , er habe Luxemburg und Liebknecht „richten lassen", die Sache sei nur insoweit nicht ganz nach seinem „Programm" verlaufen, als der Husar Runge Rosa Luxemburg coram publico Kolbenhiebe auf den Schädel versetzt habe – dies gehe auf einen

richtsrat, dem der Divisionskommandeur inzwischen die Untersuchung beider Fälle übertragen hatte, und machte eine brisante, seinen Vorgesetzten belastende Aussage. Schon an dieser von ihm selbst initiierten Zeugenvernehmung zeigte sich, dass Grützner nicht zu Opportunismus oder zu irgendwelchen Rücksichten neigte, wenn er etwas für Unrecht hielt – ein seinen Lebensweg prägender, zunehmend leider ins Querulatorische gehender Charakterzug: Grützner, der für den 19. Januar 1919 die Divisionsstabswache im Eden-Hotel übernommen hatte, gab Folgendes zu Protokoll: *„Zum Schluss gingen wir wieder in das Wachlokal, in das Café Eden-Hotel hinunter. Dann nahm mich Herr Sander in eine Nische dieses Cafés beiseite und sagte mir in gedämpftem Tone, er hätte im Auftrage – er nannte meines Erinnerns den Namen des Hauptmanns Pabst – mich zu bitten, ich solle auf die Mannschaften einwirken, dass sie günstig aussagten. ... Ich hätte gewissermaßen plein pouvoir dafür zu sorgen, daß ungeeignete Elemente herauskämen. ... Daraufhin wurde ich natürlich etwas erregt und sagte ihm sofort: ‚Sagen Sie dem betreffenden Herrn, der Ihnen den Befehl gegeben hat, daß er durchaus an den Falschen gekommen ist. Ich bin zufällig Jurist, und ich würde, wenn ich eine derartige Handlung begehen würde, mich einfach der Verleitung zum Meineid schuldig machen.'"*[4]

Durch die Aussage Grützners war der Erste Generalstabsoffizier Hauptmann Pabst in den Verdacht eines Komplotts geraten – allerdings nur objektiv, denn Leutnant Sander gab einen anderen Auftraggeber zu Protokoll und dem – zutreffenden – Verdacht gegen Pabst wurde, obwohl Grützner bei seiner Aussage blieb, nicht weiter nachgegangen.[5] In dieser positiven Rolle des aufrechten, nicht durch Korpsgeist verbogenen Zeugen zeigt ihn die eingangs erwähnte Fernseh-Produktion von 1969 „Zeitgeschichte vor Gericht: Der Fall Liebknecht/Luxemburg".

Im März 1919 trat Walther Grützner der SPD bei. Im darauffolgenden Jahr avancierte er zum Präsidenten des preußischen Regierungsbezirks Düsseldorf. Nach der Besetzung des Ruhrgebiets durch französische und belgische Truppen im Januar 1923 wurde Grützner von der französischen Militärregierung im Februar 1923 verhaftet und ausgewiesen, nahm aber weiterhin nach Kräften seine Aufgabe als Regierungspräsident vom nicht besetzten Barmen (Wuppertal) aus wahr und versuchte sogar, die Franzosen im Mai 1923 zu einem gemeinsamen Einschreiten gegen kommunistische Unruhen zu bewegen, weil Frankreich es doch vor der Weltöffentlichkeit nicht verantworten könne, einer „Pöbelherrschaft" Vorschub zu leisten.[6] Einige Monate später beteiligte er sich von Barmen aus organisatorisch an der gewaltsamen Zerschlagung des sogenannten Separatistenaufstandes vom 30. September 1923, die als „Düsseldorfer Blutsonntag" in die Geschichte eingegangen ist. Von einem französischen Kriegsgericht wurde er dafür wegen „8fachen Mordes an Separatisten" am 27. Dezember 1923 in Abwesenheit zu 20 Jahren Zuchthaus und 20 Jahren Ausweisung verurteilt. Im Gegenzug erhielt er indes den

Mann seines Stabes, nämlich den Eisenbahnreferenten, zurück, der eigenmächtig den Husaren bestochen habe.

4 Hannover, Heinrich/Hannover-Drück, Elisabeth (Hg.): „Der Mord an Rosa Luxemburg und Karl Liebknecht: Dokumentation eines Verbrechens",1989, S. 80 f. m.w. N.

5 Urteil des Amtsgerichts Berlin-Mitte, Abteilung 205 (Schöffengericht) vom 27. April 1929 im sog. Jorns-Prozess in: *Die Justiz* 4, 1928/29, S. 567 ff., 585 f.

6 Föllmer, Moritz: Die Verteidigung der bürgerlichen Nation, 2002, S. 224.

Dank des Vaterlandes, persönlich ausgesprochen von Friedrich Ebert und Paul von Hindenburg. Seine Verurteilung wurde – letztlich als einzige[7] – nicht von der Amnestie des Londoner Vertrages vom August 1924, mit dem die Ruhrbesetzung ihr völkerrechtliches Ende fand, erfasst. Da seine Wiederverwendung in Düsseldorf am Einspruch der Besatzungsmächte gescheitert war[8], wurde Grützner im August 1924 Regierungspräsident in Merseburg.

Mit großer Verve nahm er sich dort der Problematik der „Trunksucht" an, die besonders in der Industrie-Arbeiterschaft stark verbreitet war.[9] Schon in Düsseldorf war er als „missionarischer" Abstinenzler in Erscheinung getreten – während es in der vorangegangenen Zeit Vorwürfe wegen alkoholbedingt unflätigen Auftretens auf Empfängen gegeben hatte. Nun, 1925, gründete er den „Bezirksausschuss zur Abwehr des Alkoholismus", ließ Schankerlaubnisse zur Ausnahme werden und zog prompt den geballten Hass der Gast- und Schankwirte, Brauer und Brenner der Stadt Halle auf sich. Diese warfen ihm vor, er wolle das Gärungsgewerbe vernichten – was Beleidigungsklagen Grützners nach sich zog –, und forderten seine Ablösung. Da Grützner über Jahre hinweg massiven Anfeindungen der „Alkohollobby" ausgesetzt war und seinerseits verbissen gegen jeden Angriff zu Felde zog, hatte er inzwischen den Ruf, er bräuchte „für seine Person allein einen Oberpräsidenten, der mit dem Lappen hinter ihm herginge, um den Unrat aufzuwischen, den er hinter sich" lasse.[10] Mit dem Vorwurf der Überschreitung seiner Kompetenzen wurde er im Juni 1929 schließlich vom Preußischen Innenminister Grzesinski als Regierungspräsident abberufen und nahezu zeitgleich zum Senatspräsidenten am Preußischen Oberverwaltungsgericht bestellt. Im September 1929 trat Grützner dem Republikanischen Richterbund bei.

Der eigentlich ungewollte Wechsel in eine richterliche Position mit gleicher Besoldung bedeutete für ihn allerdings nur die Aufrechterhaltung seines beamtenrechtlichen status quo und keine Beförderung, so dass er sich beleidigt fühlte. Walther Grützner wusste sich Genugtuung zu verschaffen: Am Oberverwaltungsgericht hatte er den Vorsitz im Disziplinarsenat betreffend Berliner Beamte erhalten und in dieser Funktion auch über Vorwürfe gegen Beamte wegen außerdienstlichen „unsittlichen" Verhaltens zu entscheiden.

Unter Berufung darauf, dass nicht mit zweierlei Maß gemessen werden dürfe, startete er am 3. Februar 1930 einen Angriff gegen den Urheber seiner Abberufung von Merseburg, den Innenminister Grzesinski: Er müsse in seiner richterlichen Tätigkeit kleine Beamte bei Ehebruch zur Rechenschaft ziehen. Deshalb gehe es nicht an, dass der verheiratete Innenminister mit seiner Geliebten zusammenlebe. Ministerpräsident Braun müsse ihn entlassen.[11]

---

7 Vgl. Grützners Angaben in seiner hessischen Personalakte HHStAW Abt. 501/ P Nr. 2094 R. 4105 K. 2318 Bl 35, 57 R.

8 BArch R 3017/32192 (Handakte des Oberreichsanwalts beim Volksgerichtshof Lautz), Band 1, Bl. 35 R.— S. 2 der Anklageschrift von 6. Dezember 1944.

9 Kaline, Anke: „Alkoholnot in unserer Stadt!" Die Bekämpfung des Alkoholismus am Beispiel der Stadt Halle/Saale im ersten Drittel des 20. Jahrhunderts, Diss. 2008, online unter: http://sundoc.bibliothek.uni-halle.de/diss-online/08/08H210/prom.pdf , S. 81, 139.

10 Undatierter Ausschnitt von 1931 ohne den Namen der Zeitung: „Der Kreislauf des Herrn Senatspräsidenten", BArch R 1501/206846 (Grützners Personalakte im Innenministerium), unpaginiert.

11 Kipp, Jürgen: „Einhundert Jahre: Zur Geschichte eines Gebäudes", 2013, S. 189 ff.

Grützners Angriff hatte Erfolg, Grzezinski trat zurück. Am 28. Februar 1930 berichtete der Sozialdemokratische Pressedienst:
„Der Rücktritt des Innenministers hat lediglich persönliche Gründe. Grzesinski ist krank und soll auf den dringenden Rat der Ärzte in den nächsten Wochen nicht arbeiten. Hauptsächlich haben infame persönliche Hetzereien, denen Grzesinski in den letzten Wochen ausgesetzt war, zu seiner Erkrankung beigetragen. Man kann darüber sehr offen reden: Grzesinski lebt seit mehr als einem Jahrzehnt von seiner Frau getrennt; er lebt seit Jahren mit der Frau seiner Zuneigung zusammen. … Lumpen aller Richtungen haben sich zusammengefunden, um mindestens jeden Tag einmal im Landtag von den Eheverhältnissen des Ministers Grzesinski zu sprechen … Die Sozialdemokratische Fraktion hat ferner beim Parteivorstand einmütig den Antrag gestellt, einen bisherigen Parteigenossen, der sich im Herumtratschen von Grzesinskis persönlichen Verhältnissen besonders hervorgetan hat, wegen ehrlosen und parteischädigenden Verhaltens aus der Partei auszustossen." Grützners Ausschluss folgte bereits am 5. März 1930.
In der *Weltbühne* vom 11. März 1930 widmete Kurt Tucholsky – alias Ignaz Wrobel – den „sittlichen Begriffen" Grützners einen mehrseitigen Text mit der Überschrift „Bettschnüffler", der mit den Worten schließt: *„Ein Minister … hat in seiner Lebensführung daran zu denken, daß Deutschland drei Millionen Arbeitslose hat – wenn aber die Welt des Herrn Grützner an ihn herantritt, dann drehe er ihr seine ganze, volle Kehrseite zu und blase ihr etwas."*[12]
Wenige Tage nach seinem Rausschmiss aus der SPD, am 9. März 1930, hatte Grützner in privatem Kreis ein Treffen mit Goebbels. Dieser notierte dazu in seinem Tagebuch[13]:
„Gestern morgen: bei Assessor Kupmann Grützner kennen gelernt…Grützner ist etwas schwierig, vorläufig habe ich das nur äußerlich festgestellt, aber das ist ein schlechtes Zeichen. Sehr von sich eingenommen, er erzählte andauernd, und dabei nur Nebensachen, kaum ein Wesentliches. Der Marxismus vergiftet doch auf die Dauer auch den anständigsten Menschen. Und das ist Grützner zweifellos. Beweis: sein Kampf gegen Grzesinski und seine Stellungnahme im Ruhrkampf und jetzt in der Femesache[14] *… Glaubt noch an Braun und Severing und an den sogenannten anständigen Sozialdemokraten … Zum Schluss kam ich in Zug, und da sperrte er allerdings Mund und Nase auf."*
Kurz darauf – am 23. März 1930 – wurde Walther Grützner wegen seines Vorgehens gegen Grzesinski auch aus dem Republikanischen Richterbund ausgeschlossen.
Im Oberverwaltungsgericht hatte er sich im Laufe des Jahres 1930 ebenfalls unmöglich gemacht: Grützner war übermäßig beschäftigt mit diversen eigenen querulatorischen Händeln, insbesondere seinem absurden Feldzug gegen den

12 Wrobel, Ignaz: „Bettschnüffler" in: *Die Weltbühne* 26 (1930), S. 388.
13 Fröhlich, Elke (Hg.): „Die Tagebücher von Joseph Goebbels" Aufzeichnungen 1923–1941 – Teil I; Band 2, Band I Dezember 1929–Mai 1931, Bearb.: von Munding, Anne, e-book Verlag de Gruyter Saur, 2013, S. 107.
14 Gemeint ist wohl die Zugehörigkeit Grützners zum Ausschuss Dr. Grimm 1929/30. „Amnestie für sog. Fememörder". S. auch BArch R 3017/32192 (Handakte des Oberreichsanwalts beim Volksgerichtshof Lautz), Band 1, Bl. 35 R. – S. 3 der Anklageschrift von 6. Dezember 1944.

Kammergerichtsrat Dr. Fränkel, dem er vorwarf, in einem zivilrechtlichen Verfahren Rechtsbeugung begangen zu haben[15]. Dabei vernachlässigte er seine richterlichen Aufgaben und nahm überdies die Schreibkräfte des Gerichts in weitem Umfang für seine privaten Angelegenheiten in Anspruch; mehr als ein Dutzend Urteilsentwürfe seiner Beisitzer ließ er länger als ein Jahr liegen, ohne sie zu bearbeiten oder zu unterschreiben. Seine Senatskollegen erklärten deshalb gegenüber Bill Drews, dem Gerichtspräsidenten, eine weitere Zusammenarbeit mit ihm lasse sich nicht mehr mit dem dienstlichen Interesse vereinigen.
Nachdem es hierzu eine kleine Anfrage der Sozialdemokratischen Fraktion des Preußischen Landtags gegeben hatte, fürchtete Drews um das Ansehen seines Hauses und schlug ihm deshalb Anfang 1931 vor, ein auf seinen „ungünstigen Gesundheitszustand" gestütztes Abschiedsgesuch einzureichen.[16]
Am 1. März 1931 berichtete die *Berliner Börsen-Zeitung* unter Berufung auf das NSDAP-Blatt *Roter Adler* über einen Eintritt Grützners in die Ortsgruppe Mahlow der NSDAP, weil diese Partei allein die Partei der Sauberkeit und Ordnung sei, die die Errichtung eines wahren nationalen Sozialismus durchführen werde.[17] Grützner trat den einschlägigen Zeitungsberichten nicht entgegen und ließ sich öffentlich als NSDAP-Mitglied titulieren. Besondere dienstliche Reaktionen auf die Berichte über den NSDAP-Beitritt gab es nicht, obwohl das ministeriale Verbot für Beamte, dieser als landesverräterisch eingestuften Partei anzugehören, seinerzeit noch als wirksam galt.[18] Man beschränkte sich darauf, Zeitungsausschnitte, die dem Präsidenten Drews von seinem damaligen Präsidialrichter Heinrich Schellen vorgelegt worden waren, zu Grützners Personalakte zu nehmen.[19]
Im Preußischen Innenministerium wurde einige Wochen später in Grützners dortiger Akte ein Zeitungsartikel mit der Überschrift „Der Kreislauf des Herrn Senatspräsidenten" abgeheftet[20], der einen Bogen von der Ermordung Rosa Luxemburgs zu dem zuvor berichteten Parteibeitritt schlug:
„An dem Tage, an dem Rosa Luxemburg erschlagen wurde, war Oberleutnant Grützner wachthabender Offizier im Edenhotel, und der Mann, der Rosa Luxemburg erschlug, war der Bursche des Oberleutnants Grützner, des heutigen Senatspräsidenten beim Oberverwaltungsgericht Berlin, des Mannes, der will, daß in Deutschland wieder der ‚anständige Mensch' zur Geltung kommt ... Die Rolle des Herrn Grützner im Edenhotel, sein Verhältnis zu dem Luxemburg-Mörder, wurde nicht bekannt ... Die Partei warf ihn hinaus, die Gerichte wiesen ihn ab. Als Querulant und Schwadroneur im ganzen Reiche bekannt, landete er dort, wo die schiefe Ebene sich dem Ende nähert, bei der Fememörderpartei, der Partei der ‚anständigen Menschen', der Partei der ‚Sauberkeit und Ordnung' und des ‚wahren

15 Der Konflikt ist schon mehrfach ins Einzelne gehend dargestellt worden, insbes. von Weichbrodt, Stefan: „Die Geschichte des Kammergerichts von 1913 bis 1945", 2009, S. 101 ff. und Kipp, Jürgen (FN 11) S. 185 ff.
16 GStA PK, I.HA Rep.184, Pers.-Akten Nr. 927, Bl. 22, 22 R.
17 Aus Unterlagen, auf die an späterer Stelle näher einzugehen ist, lässt sich allerdings schließen, dass es damals nicht zu einer Aufnahme Grützners in die Partei gekommen ist.
18 S. oben Kapitel „Fritz Citron" bei FN 15. Hierauf wies ein anonymer Verfasser in der Wochenschrift *Das Tage-Buch* vom 7. März 1931, S. 363 f. besonders hin.
19 Z. B. aus der *Berliner Börsen-Zeitung* und dem *Montag Morgen* vom 1. bzw. 2. März 1931, GStA PK, I. HA Rep.184 Pers.-Akten Nr. 927, Bl. 28, 30.
20 BArch R 1501/206846 (Grützners Personalakte im Innenministerium), unpaginiert.

nationalen Sozialismus'. Der Herr seines Burschen, des Mörders Rosa Luxemburgs, bei den Fememördern! Der Kreislauf hat sich geschlossen!"
Irgendwelche Anhaltspunkte dafür, dass der Soldat (beziehungsweise Jäger und anschließende Husar) Otto Wilhelm Runge, der Rosa Luxemburg mit dem Gewehrkolben am 15. Januar 1919 niedergeschlagen hatte[21], tatsächlich – und bis dato unerkannt – der Bursche Grützners gewesen sein könnte, sind bis heute nicht ersichtlich; auch hatte Grützner nicht am 15., sondern am 19. Januar 1919 Wachtdienst im Eden-Hotel und erfuhr von den Ereignissen der Mordnacht erst im Nachhinein. Aber auch diesem Zeitungsbericht trat er, obwohl sonst kaum zurückhaltend mit Prozessen gegen Zeitungen, nicht entgegen.
In der Folgezeit setzte er stattdessen manisch und irrlichternd seinen Feldzug gegen den Kammergerichtsrat Dr. Fränkel fort, was viele jetzt endgültig an seinem Verstand zweifeln ließ. So kam es schließlich zum „Urantrag" der SPD-Fraktion vom 5. Januar 1933, Grützner solle auf seine geistige Gesundheit hin untersucht werden; bei deren Fehlen seien die nötigen Schritte einzuleiten, ihn von seinem Posten zu entfernen, anderenfalls sei ein Strafverfahren zu veranlassen.[22] Der Antrag wurde vom Hauptausschuss am 31. Januar 1933 angenommen[23], verlief aber im Sande: Eine Entscheidung des Landtagsplenums hierzu ist nicht bekannt und wegen des nachfolgenden Verbots der SPD auch nicht zu vermuten.

2. NS-Zeit

In dem allen Richtern des Preußischen Oberverwaltungsgerichts im Mai 1933 zum Ausfüllen zugeleiteten Bogen zum BBG gab Dr. Walther Grützner am 7. Juni 1933 auf die Frage, welchen politischen Parteien er bisher angehört habe, nur seine frühere SPD-Mitgliedschaft an, von einem NSDAP-Beitritt ist nicht die Rede.
„S.P.D. v. März 1919 bis 5. III. 30 (ausgeschlossen wegen Vorgehens gegen Minister Grzesinski)." Ferner teilte er seine Zugehörigkeiten zum Reichsbanner Schwarz-Rot-Gold von Anfang 1925 bis Juni 1929 und zum Republikanischen Richterbund von September 1929 bis März 1930
–„ausgeschlossen wegen Vorgehens gegen Minister Grzesinski" – mit.[24]
Diesen Angaben entsprechend schlug Präsident Bill Drews Grützner in seinem Schreiben vom 5. Juli 1933 an den Preußischen Innenminister der Gruppe der Linken zu – obwohl doch wegen der abgehefteten Zeitungsberichte vom März 1931 der Anschein bestand, Grützner befinde sich in der NSDAP und damit auf der Seite der neuen Machthaber: Er hatte jetzt die Chance, Grützner, der bislang keiner Disziplinargewalt unterstanden hatte, durch eine Versetzungsentscheidung nach § 5 BBG endlich loszuwerden.
Das von Drews angeregte Verfahren gegen Grützner zog sich allerdings noch eine Weile hin. Dessen frühere SPD-Mitgliedschaft reichte wohl zunächst wegen des eventuellen NSDAP-Beitritts von 1931 doch nicht aus; man brauchte den Nachweis einer aktuelleren politischen Unzuverlässigkeit. Der kam erst im Herbst

21 S. FN 4.
22 Drucksache des Preußischen Landtags 4. Wahlperiode, Nr. 1539; GStA PK, I. HA Rep. 184, Pers.-Akten Nr. 929, Bl. 2 und Weichbrodt (FN 15) S. 113, FN 421.
23 Drucksache des Preußischen Landtags 4. Wahlperiode Nr. 1721.
24 GStA PK, I. HA Rep. 184, Pers.-Akten Nr. 927, Bl. 52 R.

1933: Der Bund Nationalsozialistischer Deutscher Juristen – Gau Halle-Merseburg – (der übrigens von der NSDAP-Mitgliedschaft Grützners ausging) hatte sich beim Preußischen Justizminister beschwert; Grützner habe sich für den „jüdisch-marxistischen" Rechtsanwalt und Notar Dr. Fackenheim, seinen Prozessvertreter aus der Merseburger Zeit, „zwecks Belassung als Notar" eingesetzt, was einen groben Verstoß gegen das Programm der NSDAP darstelle, „die grundsätzlich auf dem Standpunkt der völligen Ausmerzung jüdischer Rechtsanwälte" stehe.[25] Der Justizminister schlug daraufhin dem zuständigen Innenminister Ende September 1933 vor, gegen Grützner umgehend ein Entlassungsverfahren nach § 4 BBG einzuleiten. Einen Monat später wurde das Justizministerium erneut vorstellig. Am 4. November 1933 hieß es:

„Ich darf bemerken, daß Dr. Grützner, der sich seit Jahren in recht befremdlicher Weise der Vertretung der Interessen eines angeblich betrogenen rumänischen Juden ...in dessen Kampf gegen einen spanischen Juden ...angenommen hat, in dieser Angelegenheit eine wenig erfreuliche Rolle gespielt hat."

Grützner, gegen den inzwischen, wie von Drews gewollt, ein Verfahren nach § 5 BBG eingeleitet worden war, sah einen Zusammenhang zu dieser Bemerkung[26]:

„Durch die zweimalige Betonung, daß es sich in der fraglichen Angelegenheit um zwei Juden gehandelt habe..., soll offenbar der Eindruck hervorgerufen werden, dass ich in einer für den preußischen Beamten der Jetztzeit unzulässigen Weise mich für Juden um des Judentums wegen eingesetzt hätte ... Wer, wie ich, z. B. als Regierungspräsident in den Jahren 1924–1929 im Preußischen Ministerium des Innern geradezu gefürchtet war, weil ich dienstlich besonders bei Einbürgerungsanträgen von Juden eine sehr scharfe Stellung einnahm, ist über den Verdacht eines Philosemitismus restlos erhaben. Ich mache keinen Hehl aus meiner jetzigen Einstellung zum Judenproblem: Der Deutsche hat seinem Volk zu, was seines Volkes ist, als Christ hat er, um nicht vom barmherzigen Samariter beschämt zu werden, jedem anständigen Menschen zu helfen, weil er Gottes Antlitz trägt."

Mit einer solchen christlichen Hilfsbereitschaft gegenüber auch jüdischen „anständigen Menschen" war er offenbar nicht rassistisch genug, seine Verteidigungssuada blieb ohne Erfolg.

Mit Bescheid vom 8. März 1934 wurde Grützner „auf Grund" des § 5 BBG auf eine Regierungsratsstelle in Köln, eine Referentenstelle beim Oberversicherungsamt, versetzt.[27] Auch dort wollte er – wie schon in Sachen Grzesinski – eine Lanze für die absolute Sittlichkeit brechen und fiel erneut in Ungnade. An dieser Stelle sei Alfred Oppler zitiert, sein ehemaliger Richterkollege, der gleichfalls an die Regierung in Köln versetzt worden war und über Grützners kühnen Versuch berichtet hat.[28]

„Ich erinnere mich an folgenden Fall: Der Oberbürgermeister ... brachte einen seiner Freunde, einen alten Kämpfer, als Leiter eines Versicherungsamtes unter, und zwar zunächst kommissarisch. Es stellte sich dann heraus, daß dieser in seinen Amtsräumen Ehebruch mit einer Parteigenossin begangen hatte, die verheiratet war, mehrere Kinder hatte und eine führende Rolle ausgerechnet im „Bunde der

25 BArch R 1501/206846 (Grützners Personalakte im Innenministerium).
26 GStA PK, I. HA Rep 184 Präs.-Reg. Nr. 803.
27 Drucksache des Preußischen Landtags 4. Wahlperiode Nr. 1721.
28 GStA PK, I. HA Rep. 184, Pers.-Akten Nr. 927, Bl. 52 R.

Kinderreichen" spielte. ... Die Partei stellte sich rückhaltlos hinter die Ehebrecher, obgleich doch nach ihrer Weltanschauung die Familie als die ‚rassische Urzelle des arischen Volkes' besonders zu schützen war. Hier kam hinzu, daß es sich um eine Dame handelte, die vor ihren Geschlechtsgenossinnen Vorträge über die Reinheit der deutschen Frau und die Heiligkeit der deutschen Ehe hielt. Der Oberbürgermeister deckte seinen Freund. Da fanden sich zwei beherzte Männer in dem der Regierung unterstellten Oberversicherungsamt, die in Abwesenheit des Regierungspräsidenten die Handlungsweise des Amtsleiters brandmarkten. Der eine von ihnen, selbst früher Regierungspräsident, war eine ausgesprochene Michael-Kohlhaas-Natur[29]; er war zuerst Sozialdemokrat gewesen, hatte dann aber in der Kampfzeit mit den Nazis sympathisiert, um sich schließlich enttäuscht auch von ihnen abzuwenden. Er ging sogar so weit, die disziplinarische Bestrafung des Oberbürgermeisters zu beantragen. Beide Beamten hatten ihre Kühnheit mit ihrer Versetzung nach dem Osten zu bezahlen; aber die Sache hatte doch so viel Staub aufgewirbelt, daß der Minister nicht mehr wagen konnte, den bloßgestellten Amtsleiter zu bestätigen."

Die von Oppler erwähnte „Versetzung nach dem Osten" spielte sich folgendermaßen ab: Der inzwischen zum Regierungspräsidenten in Köln ernannte vormalige (und erste) Preußische Gestapo-Chef Rudolf Diels bat das Innenministerium am 3. Juli 1934, Grützner mit sofortiger Wirkung aus dem Kölner Amts- und Gaubereich zu versetzen und ihn, wenn möglich, auf Grund des § 6 Abs. 1 BBG zu entlassen. Grützner leide an krankhaftem Geltungsbedürfnis und habe sich die Anwendung des Berufsbeamtengesetzes auf seine Person nicht zur Warnung dienen lassen, sondern suche fortgesetzt neue Konflikte auf politischem Gebiet. Noch im selben Monat hatte Walther Grützner sich nach Stettin zu begeben.[30]

Für die letztlich angestrebte Pensionierung Grützners nach § 6 BBG erbat der Preußische Innenminister anschließend die ausdrückliche Zustimmung des Reichsministers des Innern, der sich bis dato gegen die zweimalige Anwendung des BBG auf denselben Beamten ausgesprochen hatte: Wegen des schwerwiegenden neuen Materials neige er dazu, die nochmalige Anwendung des BBG für zulässig zu halten. Grützner habe auch in Köln die gebotene Zurückhaltung nicht gewahrt, sondern erneut ungeheuerliche Angriffe gegen den Gauleiter und andere Persönlichkeiten der NSDAP gerichtet.[31] Die Zustimmung wurde umgehend erteilt und Grützner am 24. Oktober 1934 zwangspensioniert.

Der Kölner Regierungspräsident Diels, der zuletzt sogar vorgeschlagen hatte, Grützner, falls dieser seine „Treibereien" fortsetzen sollte, mit Schutzhaft zum Schweigen zu bringen, konnte zufrieden sein.

Anders sah die Sache allerdings jetzt für den Stettiner NSDAP-Gauleiter aus: Grützner war in Stettin auf seinen früheren Kölner Regierungspräsidenten Dr. zur Bonsen getroffen und hatte von diesem gehört, der Gauleiter habe staatliche Gel-

29 Gemeint ist hier Grützner.

30 Keine Strafversetzung: „Mitbestimmend hierzu war allerdings Ihr persönliches schlechtes Verhältnis zur Gauleitung", hieß es abschließend, s. BArch R 1501/206846 (Grützners Personalakte im Innenministerium), unpaginiert.

31 Grützner hatte eine abfällige Äußerung des Gauleiters über die Moral katholischer Bischöfe – diese hätten Verhältnisse mit Jüdinnen – zum Anlass genommen, dessen Abberufung zu fordern: So Grützner, HHStAW Abt. 501/ P Nr. 2094 R. 4105 K. 2318 (Grützners hessische Personalakte) Bl. 35.

der für private Zwecke verbaut – er gab das Gehörte weiter, wurde denunziert und 1935 vom Sondergericht Stettin wegen „Heimtücke" (Abwehrgesetz vom 20. Dezember 1934) und übler Nachrede zu 1000 RM Geldstrafe, ersatzweise 50 Tage Gefängnis verurteilt.[32]

Während der nächsten Jahre gab es anscheinend keine besonderen, der Erwähnung in seinen Personalakten „würdigen" Vorkommnisse. Erst im Juli 1941 – nach dem Überfall der Deutschen Wehrmacht auf die Sowjetunion – wurde Grützner, der nach Köln zurückgekehrt war, wieder aktenkundig: *„Hierdurch stelle ich mich für die Verwaltungstätigkeit in den neueroberten Ostgebieten zur Verfügung. Ich weise besonders darauf hin, daß ich aus meiner Tätigkeit als Regierungspräsident von Düsseldorf und Merseburg über reiche Erfahrung in Fragen der Bekämpfung des Kommunismus verfüge"*, schrieb er am 16. Juli 1941 an den Reichsminister des Inneren. „Der kommt doch wohl nicht in Frage!", lautet eine handschriftliche Notiz auf diesem Briefbogen, der die letzte Seite von Grützners Personalakte bildet.[33]

Durch eine besonders „abseitige" Quelle – die erhalten gebliebene Handakte des Oberreichsanwalts beim Volksgerichtshof Ernst Lautz[34] mit einer Anklage gegen Grützner vom 6. Dezember 1944[35] wegen Wehrkraftzersetzung und Feindbegünstigung – sind indes auch seine nachfolgenden Lebensumstände bis in den April 1945 hinein überliefert: Walther Grützner wurde Anfang August 1943 von der Gestapo in Köln festgenommen. Von diesem Zeitpunkt an befand er sich ohne Urteil etwa 20 Monate lang in Haft – in den Gefängnissen von Bonn, Köln, Magdeburg-Sudenburg und zuletzt Berlin-Moabit. Dass er das Kriegsende überlebte und nicht der von Lautz beantragten[36] Todesstrafe zum Opfer fiel, hatte er anscheinend nur dem Umstand zu verdanken, dass am 19. Dezember 1944 mit der Anklageschrift auch sämtliche Strafakten seiner Sache bereits an Roland Freisler, den Präsidenten des Volksgerichtshofs, weitergeleitet worden waren; ein Termin war für den Februar 1945 in Aussicht genommen, am 3. Februar 1945 wurde jedoch das Gebäude des Volksgerichtshofs bombardiert. Freisler kam dabei zu Tode und Grützners Akten verbrannten. Übrig blieb von seinem Verfahren allein die Handakte des Oberreichsanwalts Lautz; auf deren Grundlage versuchte man, die Strafakten einigermaßen zu rekonstruieren, was sich bis in den April 1945 hinein hinzog.

Aus der zwölfseitigen Anklageschrift, die auch ergibt, dass Grützners Ehefrau im Juni 1942 verstarb und dass er 1943 zum Katholizismus übertrat, seien hier folgende Passagen zitiert:

Seite 5: „Ich betont und ohne Gemeinschaftsempfinden, ehrgeizig und eitel, rechthaberisch und geistig überheblich, stellte der Angeschuldigte nach Ausbruch des

32 BArch R 3017/32192 (Handakte des Oberreichsanwalts beim Volksgerichtshof), Band 2, vor Bl. 1 (Strafregisterauskunft).

33 BArch R 1501/206846 (Grützners Personalakte im Innenministerium) unpaginiert.

34 S. „Der Angeklagte Lautz" in Peschel-Gutzeit, Lore Maria (Hg.): Das Nürnberger Juristenurteil von 1947, S. 173.

35 BArch R 3017/32192; in Band 1 ab Bl. 35 Anklageschrift von 6. Dezember 1944.

36 So Grützner, HHStAW Abt. 501/ P Nr. 2094 R. 4105 K. 2318 (Grützners hessische Personalakte) Bl. 36; plausibel, „Wehrkraftzersetzung" war im Regelfall mit der Todesstrafe zu ahnden, vgl. § 5 der Kriegssonderstrafverordnung; s. a. § 2 der Rundfunkverordnung.

Krieges seine offenbar hervorragenden geistigen Eigenschaften nicht in den Dienst des deutschen Existenzkampfes, sondern nahm für sich in Anspruch, in allen Fragen des politischen und militärischen Lebens seine eigene Meinung in einer Weise zu äußern, die fast durchweg eine grundsätzlich gegnerische Einstellung zum Nationalsozialismus und der deutschen Führung erkennen ließ."
Seite 7: „...verbreitete sich der Angeschuldigte in vielen Briefen über die politischen und militärischen Verhältnisse im nationalsozialistischen Deutschland in eindeutig den Nationalsozialismus ablehnender Weise, was sich insbesondere aus folgenden Briefstellen ergibt: ... 20.12.1941: ‚... Sie scheinen über die Bedeutung des Bischofs Graf Galen[37] *in Münster nur unvollständig unterrichtet zu sein. Leider kann ich Ihnen im Augenblick seinen Brief...nicht übersenden, in dem er an Hitler glatt erklärt, Hitler sei kein göttliches Wesen, ... sodann Hitler wegen der Duldung der Verbrennung der 90000 Geisteskranken glattweg juristisch als Mörder bezeichnet und schließlich prophezeit, daß das deutsche Volk trotz der Heldentaten seiner Soldaten an innerer Versumpfung und Fäulnis zugrunde gehen werde.' "*
Seite 9: „Bei einer anderen Gelegenheit bezeichnete er zwei in seiner Nähe sitzende junge Mädchen mit: ‚verdammte, stinkende Hitlerweiber!"
„Am 26. Juli 1943 ... vertrat er den Standpunkt, daß der Rücktritt Mussolinis den Tod des Faschismus bedeute, daß Italien binnen zwei Wochen einen Sonderfrieden abschließen werde, der auch den Zusammenbruch Deutschlands nach sich ziehen würde, so daß in sechs Wochen der Krieg zu Ende sei. Er bezeichnete es als Wahnsinn, nach dem Abfall Italiens noch weiter zu kämpfen, da dann die amerikanischen Geschwader von Italien aus ganz Süddeutschland und Schlesien zusammenschlagen würden."
Seite 10: „Diese Haltung des ... der negativen Kritiksucht verfallenen Intellektuellen wurde bei Grützner maßgeblich unterstützt und gesteigert durch das wiederholte Abhören reichsfeindlicher Auslandssender. Seit Juli/August 1942 dieser Sucht verfallen, stellte Grützner ‚nicht gerade alltäglich, aber immerhin doch häufiger' bis zu seiner Festnahme den englischen Sender ein, ließ auch eine Bekannte mit abhören, verwertete die Nachrichten zur Bildung eines ‚objektiven' Urteils über die Kriegslage und gab dieses Urteil seinen Bekannten, von denen ein Teil ihn gewissermaßen als besonderen Sachkenner betrachtete, bekannt."
Nachdem Grützner erfahren hatte, dass seine Strafakten vernichtet worden waren, wandte er sich am 28. März 1945[38] an Freislers Nachfolger und machte neben seinem äußerst schlechten Gesundheitszustand geltend, die Weiterverfolgung seiner Strafsache scheitere am „Justitium", also am „Stillstand der Rechtspflege": Die gesamte Verwaltung in großen Teilen des Reiches, namentlich in der Rheinprovinz und dort wieder im Gau Köln-Aachen, in dem sämtliche Zeugen und Sachverständige ihren Wohnsitz hätten, sei völlig stillgelegt, niemand könne korrekt geladen werden. Er beantragte deshalb seine „Enthaftung". Dem Antrag fügte er ein „Verzeichnis" seiner „besonderen nationalen Handlungen" bei. Unter 1.) heißt es dort: *„1919 Januar freiwillige Teilnahme an der Befreiung Berlins von den Bolschewisten im Verbund der Gardekavallerie-Schützendivision: Mein Bursche Konrad erschlägt Rosa Luxemburg am 16.1.19."*

37 Clemens August Graf von Galen.
38 BArch R 3017/32192 (Handakte des Oberreichsanwalts beim Volksgerichtshof), Band 2, Bl. 23 ff.

Diese Angabe ist im Hinblick auf die historisch gesicherten Fakten etwas verwirrend: Der Soldat, der am 15. Januar 1919 auf Rosa Luxemburg eingeschlagen hatte, hieß nicht Konrad, sondern Otto Wilhelm Runge; später nannte er sich Wilhelm Radolf.[39] Grützner könnte allerdings den neuen Nachnamen „Radolf" mit dem Namen „Konrad" verwechselt haben. Aber wie dem auch sei: Runge/Radolf war zu den Schlägen, die im Mordplan des Ersten Generalstabsoffiziers Waldemar Pabst nicht vorgesehen waren, von einem als Eisenbahnreferent zum Stab von Hauptmann Pabst gehörenden Offizier, offenbar einem „Hauptmann Petri"[40] aufgefordert und bestochen worden. Grützner hatte damit nichts zu tun und erfuhr von den Geschehnissen im Eden-Hotel erst im Nachhinein. Jetzt, im März 1945, wollte er offenbar den Anschein erwecken, 1919 an der „vaterländischen" Mordtat beteiligt gewesen zu sein. Vielleicht hatte er auch den oben erwähnten Zeitungsartikel von 1931 „Der Kreislauf des Herrn Senatspräsidenten" in Erinnerung. Seine historisch überlieferte Rolle des völlig unbeteiligten, zuverlässigen[41] und nicht durch Korpsgeist korrumpierten Zeugen wird indes durch diese Behauptung gegenüber dem Volksgerichtshof nicht infrage gestellt, selbst wenn Runge tatsächlich sein „Bursche" gewesen sein sollte.
Grützner wurde am 24. April 1945 befreit, nicht etwa wegen seines „Enthaftungsgesuchs", sondern weil die Rote Armee Berlin eingenommen hatte.

3. Nachkriegszeit

Nach der Freilassung aus seiner mehr als 20 Monate andauernden Inhaftierung lebte Walther Grützner zunächst in Berlin. Er wurde dort vom Magistrat der Stadt am 30. August 1945 als „Opfer des Faschismus" (OdF) anerkannt und mit dem entsprechenden Ausweis ausgestattet. Da er jedoch als Vertreter ehemaliger NSDAP-Mitglieder in Entnazifizierungsverfahren auftrat, fiel er 1946 bei der betreffenden Stelle in Ungnade. Man lud ihn vor und erklärte ihm, dass er sich als Opfer des Faschismus doch für eine solche Arbeit nicht hergeben dürfe. Offiziell wurde nichts gegen ihn unternommen: Es wurde festgestellt, dass seine berufliche Tätigkeit die Entziehung des OdF-Ausweises nicht rechtfertigen könne. Man begann aber zu ermitteln, ob er vielleicht selbst NSDAP-Mitglied gewesen war.
Vorausgegangen war dem Folgendes: Grützners ehemaliger Kollege Dr. Schrader, jetzt Vizepräsident des „Bezirksverwaltungsgerichts Britischer Sektor", hatte Anfang August 1946 einen unter seinem Vorsitz ergangenen Beschluss an den (am Verfahren nicht beteiligten) Polizeipräsidenten übersandt. Das Gericht hatte darin Walther Grützner als Klägervertreter in einem gewerberechtlichen Verfahren zurückgewiesen, weil ihm die nach dem „Rechtsberatungsmißbrauchsgesetz" von 1935 erforderliche Erlaubnis fehlte. Weiter hieß es in dem Beschluss[42], es könne deshalb dahinstehen, ob die Tätigkeit des Genannten nicht auch gegen Nr. 10 der

39 Hannover, Heinrich/Hannover-Drück, Elisabeth (FN 4) S. 179. — S. Urteil des Amtsgerichts Berlin-Mitte, Abteilung 205 (Schöffengericht) vom 27. April 1929 im sog. Jorns-Prozess in: *Die Justiz* 4, 1928/29, S. 567 ff., 574.

40 Vgl. *Der Spiegel* (FN 1) S. 2.

41 Hannover, Heinrich/Hannover-Drück, Elisabeth (FN 4) S. 152: Zitat aus Paul Levis Text „Der Jorns-Prozeß. Rede des Verteidigers Dr. Paul Levi", Berlin 1929.

42 Zu dem Vorgang s. GStA PK, I. HA Rep.184 Pers.-Akten Nr. 927, Bl. 55 ff.

BKO (Nr. 46) 101a – der Entnazifizierungsanordnung der Alliierten Kommandatura – verstoße. Erwartungsgemäß hatte Schrader damit die Neugier des Polizeipräsidenten geweckt und diesen zu einer Nachfrage veranlasst. Schrader[43], der im Gebäude des untergegangenen Preußischen Oberverwaltungsgerichts residierte und Zugang zu den im Keller lagernden alten Personalakten hatte, schrieb daraufhin am 9. September 1946 an den Berliner Polizeipräsidenten. Er berichtete vom Rausschmiss Grützners aus der SPD im März 1930 und fügte hinzu: „Ein Jahr später wechselte er zur NSDAP über (vgl. Bl. 28 ff. der Akten)."[44] Außerdem habe Grützner sogar laut Auskunft eines Verwaltungsassistenten am 20. April 1933 im Gericht eine Feier anlässlich Hitlers Geburtstags organisiert.

Zu einer eventuellen NSDAP-Mitgliedschaft Grützners findet sich allerdings in der oben behandelten Anklageschrift des Oberreichsanwalts beim Volksgerichtshof Ernst Lautz vom 6. Dezember 1944[45] folgende Passage:

„Wie er angegeben hat, reichte er Ende 1932 auch ein Eintrittsgesuch bei der NSDAP-Ortsgruppe Dahlewitz ein, bat 1933 oder 1934 den SA-Obergruppenführer B ..., nach dem Verbleib dieses Gesuchs zu forschen, bemühte sich dann aber nicht weiter um den Beitritt."

Dies legt nahe, dass es zu einem formell gültigen Beitritt auch 1931 nicht gekommen war.

Damit übereinstimmend erhielt der Berliner Polizeipräsident von der Britischen Militärregierung die Auskunft, dass Walther Grützner von der erwähnten BKO der Alliierten Kommandatura vom 26. Februar 1946 nicht betroffen sei. Dennoch stand Grützner nun in Berlin in dem Ruf, bei der OdF-Anerkennung seine (angebliche) NSDAP-Mitgliedschaft verschwiegen zu haben.

Noch vor Abschluss der Berliner Ermittlungen kam es durch eine unglückliche Verkettung von Umständen zur „Wegnahme" des OdF-Ausweises. Grützner hatte den Ausweis als verloren gemeldet. Als ein Beamter der Betreuungsstelle ihn wegen der Verlustmeldung aufsuchte, befand sich der Ausweis indes in seiner Brieftasche. Der Beamte witterte Betrug und nahm den Ausweis kurzerhand an sich.

Als sich Grützner 1947 für längere Zeit in einem Krankenhaus in Bonn aufhielt, ließ er sich dort im Juni unter Hinweis auf seine Berliner OdF-Anerkennung ein entsprechendes Betreuungspapier ausstellen. Kurz danach traf in Bonn ein Schreiben aus Berlin ein, in dem es hieß, der Ausweis sei Grützner „entzogen" worden, woraufhin die Betreuungsstelle Bonn nun davon ausging, er habe sich den neuen Ausweis erschlichen. Die in Berlin losgetretene Lawine kam ins Rollen:

Etwa zur selben Zeit bewarb sich Grützner ohne jede Ahnung von dem gerade heraufziehenden Unwetter beim Hessischen Ministerium für politische Befreiung um eine Stelle im Bereich der Entnazifizierung. Schon kurz darauf, am 22. Juli 1947, wurde er zum „Vorsitzenden der Berufungskammer", einer sogenannten Spruchkammer in Frankfurt am Main, ernannt und erhielt die Genehmigung, „zuzuziehen". Daraufhin wollte er künftig von der Frankfurter Betreuungsstelle für politisch, rassisch und religiös Verfolgte betreut werden. Als man dort seine Berechtigung

43 Schrader war selbst im Frühjahr 1933 der NSDAP beigetreten; s. unten Kapitel „Hans-Wilhelm Schrader".

44 An dieser Stelle der Personalakte befinden sich die abgehefteten Zeitungsausschnitte von 1931.

45 BArch R 3017/32192; in Band 1 ab Bl. 35 Anklageschrift von 6. Dezember 1944. S. 3f. der Anklageschrift.

jedoch noch einmal überprüfen wollte, beschwerte er sich; zwei Tage danach erhielt er das gewünschte Papier. Offenbar hatte man aber bereits Kontakt nach Berlin und Bonn aufgenommen – jedenfalls teilten die dortigen Betreuungsstellen wenig später mit, Grützner habe unwahre Angaben gemacht und in Berlin bei der Entnazifizierung eine schlechte Rolle gespielt; der Berliner OdF-Ausweis sei ihm entzogen worden und in Bonn habe er sich die Bescheinigung erschlichen. Die Frankfurter Betreuungsstelle schloss deshalb Grützner postwendend aus der Betreuung „bis zur Klärung des Falles" wieder aus und regte überdies wegen dessen Berufung zum Spruchkammer-Vorsitzenden an, dass das Ministerium für politische Befreiung ihn sofort überprüfe.

Inzwischen waren die Vorwürfe gegen Grützner auch zu zwei in den Entnazifizierungssachen regelmäßig erschienenen „öffentlichen Klägern" gedrungen, die sich nun weigerten, vor ihm weiterhin aufzutreten. Grützner, der darüber am 22. September 1947 unterrichtet wurde, soll noch am selben Tag den Antrag gestellt haben, zum 15. Oktober 1947 von seinem Amt entbunden zu werden – so jedenfalls die Entlassungsverfügung vom 7. Oktober 1947, in der die Zeilen mit der vorgedruckten Danksagung und guten Wünschen für die Zukunft gestrichen sind. In Grützners (allerdings chaotisch sortierter) Personalakte ist ein solches Entlassungsgesuch nicht zu finden, dagegen seine – für ihn typische – Reaktion, gegen die öffentlichen Kläger Strafanzeige wegen Beleidigung stellen zu wollen, sofern sie sich nicht entschuldigten.[46] Zu einer solchen Entschuldigung kam es nicht. Grützner war auf ebenbürtige Gegner gestoßen:

„Herr W… erhebt gegen Herrn Grützner die erheblichsten Vorwürfe, die darin gipfeln, dass Herr Grützner seiner Persönlichkeit und seiner politischen Vergangenheit nach sich unter keinen Umständen um das Amt eines Vorsitzenden der Berufungskammer hätte bewerben dürfen. Er erklärt, dass er darauf brenne, dass ein Privatklageverfahren wegen Beleidigung oder ein öffentliches Verfahren, bzw. ein Disziplinarverfahren gegen ihn eröffnet werde. Er ist bereit, diese Vorwürfe in aller Offenheit und auch in beleidigender Form zu wiederholen",

berichtete der Präsident der Berufungskammer Frankfurt am Main dem Minister für politische Befreiung und schlug vor, über die „delikaten" Details nur mündlich Bericht zu erstatten und unnötiges Aufsehen in der Öffentlichkeit zu vermeiden. Ob es dabei um mehr als Grützners – früh erloschenes – Interesse an der NSDAP ging, ist nicht zu ergründen, auch nicht, ob er, wie angedroht, Privatklage erhob. Die nach seiner Entlassung fortgesetzten behördlichen Recherchen bezogen sich jedenfalls durchweg auf die ominösen Zeitungsartikel von 1931.

In der Folgezeit sah sich Grützner nicht veranlasst, seine Ernennungsurkunde zurückzugeben. Seine Abberufung musste schließlich im März 1948 durch Presse und Rundfunk veröffentlicht werden.[47]

Eine gewisse Rehabilitierung erlebte Walther Grützner erst mehr als ein Jahr nach seinem unrühmlichen Abgang. Er war gegen seinen Ausschluss aus der Betreuung als politisch Verfolgter zunächst mit der Beschwerde und anschließend mit der sogenannten Rechtsbeschwerde vorgegangen. Über diese hatte am 5. Mai 1949 der Hessische Verwaltungsgerichtshof zu entscheiden. Der Gerichtshof gab ihm in allen Punkten Recht: Weder war ihm der OdF-Ausweis in Berlin „entzogen" wor-

46 HHStAW Abt. 501/ P Nr. 2094 R. 4105 K. 2318, Bl. 57 ff.
47 HHStAW Abt. 501/ P Nr. 2094 R. 4105 K. 2318, Bl. 67, 69.

den – es lag eine schlichte, gegebenenfalls. sogar rechtswidrige „Wegnahme“ vor; noch war anzunehmen, dass er bewusst eine falsche Verlustmeldung hatte abgeben wollen, denn er hatte keine Veranlassung dazu. Insbesondere war die Art und Weise seiner Vertretungen in Entnazifizierungssachen nicht beanstandungsfähig. Insofern war auch sein Auftreten in Bonn korrekt und von falschen Angaben oder dem Erschleichen eines Ausweises konnte keine Rede sein. Schließlich war der Gerichtshof der Auffassung, bei den Presseberichten von 1931 über einen NSDAP-Beitritt Grützners habe es sich um Falschmeldungen gehandelt. Die maßgeblichen alliierten Stellen hätten die Auskunft gegeben, in ihren Unterlagen einschließlich der NSDAP-Reichskartei sei kein Eintrag zu Walther Grützner enthalten.[48]

„Auch der Präsident des Verwaltungsgerichtshofes Müller, der im selben Senat wie der Antragsteller tätig war, und mit ihm auch Familienverkehr gepflegt hat, ist überzeugt, daß er nicht Mitglied der Partei war“,

hieß es außerdem.

Gerhard Müller, erster Präsident des Hessischen Verwaltungsgerichtshofes[49] (aber nicht etwa an dieser Entscheidung beteiligt), hatte bis 1931 der SPD angehört und wie Grützner das Preußische Oberverwaltungsgericht nach § 5 BBG verlassen müssen. Ab April 1933 war er zudem Korruptionsvorwürfen ausgesetzt gewesen, die sich auf seine frühere Landratstätigkeit im Saalkreis (Halle) bezogen. Grützner, der als Merseburger Regierungspräsident zeitweilig Müllers Vorgesetzter gewesen war, hatte ihm und seinem Amtsnachfolger Otto Streicher, ebenfalls einem SPD-Mann, während der Strafverfahren von 1933 beigestanden. Dafür konnte Gerhard Müller ihm jetzt einen späten Dank abstatten.

Dr. Walther Grützner verstarb am 6. April 1951 in Bad Godesberg.

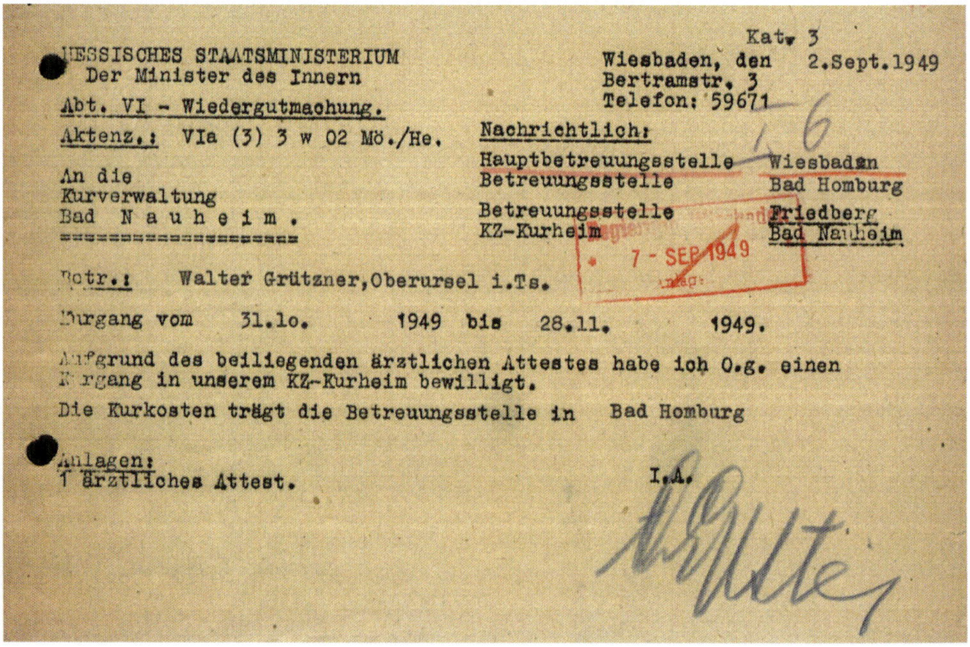

Kat. 3

HESSISCHES STAATSMINISTERIUM
Der Minister des Innern
Abt. VI - Wiedergutmachung.
Aktenz.: VIa (3) 3 w 02 Mö./He.

Wiesbaden, den 2.Sept.1949
Bertramstr. 3
Telefon: 59671

An die
Kurverwaltung
Bad N a u h e i m .

Nachrichtlich:
Hauptbetreuungsstelle Wiesbaden
Betreuungsstelle Bad Homburg
Betreuungsstelle Friedberg
KZ-Kurheim Bad Nauheim

7 - SEP 1949

Betr.: Walter Grützner, Oberursel i.Ts.

Kurgang vom 31.10. 1949 bis 28.11. 1949.

Aufgrund des beiliegenden ärztlichen Attestes habe ich O.g. einen Kurgang in unserem KZ-Kurheim bewilligt.

Die Kurkosten trägt die Betreuungsstelle in Bad Homburg

Anlagen:
1 ärztliches Attest.

I.A.

48 HHStAW Abt. 518 Nr. 60164, Bl. 26.
49 S. unten Kapitel „Gerhard Müller“.

Dr. Ernst Haymann Isay
Oberverwaltungsgerichtsrat

geboren am 4. August 1880 in Trier
verheiratet mit Louise (Luise), geb. Rosenstiel
zwei Kinder: Elisabeth, geb. 1922, und Herbert, geb. 1925
gestorben am 17. Juli 1943 in Sao Paulo, Brasilien

„Bei Schaffung des Rechtsstaates blieb ein kleines Gebiet polizeilichen Zwangs, nämlich das der Ausweisung, von dem Grundsatz der ‚gesetzmäßigen Verwaltung' ausgenommen ... M.a.W.: im Recht der Ausweisung hat sich ein Stück Polizeistaat bis auf den heutigen Tag erhalten."

Diese Formulierung Ernst Isays aus seiner im Jahre 1923 erschienenen Monographie „Das deutsche Fremdenrecht. Ausländer und Polizei"[1] wird nicht selten auch heute noch zitiert, wenn es um Abhandlungen zum Thema Migration geht. Ernst Isay galt in der Weimarer Republik als führender Spezialist auf den Gebieten des Fremden- und des Staatsangehörigkeitsrechts. Diese Disziplinen, für die er die venia legendi[2] an der Universität Bonn und später an der Universität Münster besaß, mussten „das Interesse der Juden schon deshalb finden ..., weil von rechtsradikaler Seite die Forderung erhoben wurde, sie unter Fremdenrecht zu stellen"[3].

1. Kaiserreich und Weimarer Republik

Die Familie Isay war seit Generationen in Schweich beheimatet, einem kleinen Ort an der Mosel, und gehörte der dort schon Mitte des 17. Jahrhunderts nachweisbaren jüdischen Gemeinde an. Ernst Isay wuchs im nahegelegenen Trier auf, wohin seine Eltern umgezogen waren. Sein Vater Moses Isay war Kaufmann und Schriftsteller. Überliefert sind dessen Arbeiten zur Geschichte des Trierischen Karnevals und ähnliche stadthistorische Aufsätze[4], was belegt, dass Moses Isay fest in die Bürgerschaft der Stadt Trier eingebunden war.
1899 legte Ernst Isay am dortigen Königlichen Friedrich-Wilhelm-Gymnasium die Abiturprüfung ab und begann danach in Bonn mit dem Jurastudium. Ebenfalls in Bonn promovierte er während der im Januar 1903 aufgenommenen Referendarzeit 1906 mit einer Dissertation zum Thema „Die Staatsangehörigkeit der juristischen Personen". Sein Assessorexamen absolvierte er 1908. Anschließend war er – unterbrochen durch seinen Kriegsdienst während des Ersten Weltkriegs – Gerichtsasses-

1 Die Formulierung bezog sich darauf, dass nach § 130 des Preußischen Landesverwaltungsgesetzes vom 30. Juli 1883 „die Klage gegen die Landesverweisung...Personen, welche nicht Reichsangehörige sind", nicht zustand).
2 Eine venia legendi ist die von einer Universität für ein bestimmtes Fach verliehene Lehrbefähigung.
3 Landau, Peter in: Heinrichs; Franzki; Schmalz; Stolleis (Hg.): Deutsche Juristen jüdischer Herkunft,1993, S. 133 ff., 185.
4 Rheinlandpfälzische Personendatenbank: http://rpb.lbz-rlp.de/cgi-bin/wwwalleg/goorppd.pl?s1=-pta0573-.

sor am Landgericht Köln, bis er im Juni 1919 zum Landrichter in Elberfeld ernannt wurde. Zwei Monate später habilitierte er sich an der Universität Bonn für Staats-, Verwaltungs-, Völker- und internationales Privatrecht und übernahm die dortigen Lehrverpflichtungen als Privatdozent parallel zu seiner richterlichen Tätigkeit.
In der Folgezeit machte Ernst Isay eine Justizkarriere, wie sie für Richter jüdischen Glaubens in Preußen, wo Juden erstmals 1870 ein Richteramt erhalten hatten, den absoluten Ausnahmefall darstellte[5]; die meisten „Juden" in Beförderungsämtern waren evangelisch: Ab April 1920 war er Landgerichtsrat in Köln und Hilfsrichter beim Oberlandesgericht (OLG) Köln. Von dort wurde er 1924 nach Bonn versetzt und bald darauf[6], offenbar nicht zuletzt wegen seines wissenschaftlichen Renommees[7], zum Oberlandesgerichtsrat am OLG Hamm befördert.
Mit Rücksicht auf den dienstlichen Wechsel von Bonn nach Hamm ließ er sich an die Universität Münster umhabilitieren, wo er zum Sommersemester 1925 seine Lehrtätigkeit aufnahm und Vorlesungen zum Polizei- und Gewerberecht hielt.[8] Ab Oktober 1926 war er Oberlandesgerichtsrat in Köln.

Aus dieser recht komfortablen Situation bewarb er sich um seine Berufung zum Preußischen Oberverwaltungsgericht. Sie erfolgte am 11. Oktober 1927. Schon kurz darauf bereute er den Schritt. Zwar war es das Gericht der Hauptgebiete seiner venia legendi, aber leider lag es im weit von Münster entfernten Berlin. Ernst Isay hatte wegen der damals in Berlin für Fünf- bis Sechs-Zimmerwohnungen regelmäßig geforderten hohen Abstandssummen (5 000 Mark) große Schwierigkeiten, eine adäquate und zugleich erschwingliche Mietwohnung für die inzwischen vierköpfige Familie zu finden.
„In Bonn für meine bisherige Wohnung eine Abstandssumme zu erlangen, wird unmöglich sein. Das Fordern von Abstandssummen ist dort nicht üblich und pflegt mit einer Anzeige an die Staatsanwaltschaft beantwortet zu werden",
schrieb er in einem Brief vom 4. Januar 1928 an den Gerichtspräsidenten Drews und bat um die Zusicherung, dass ihm die Summe gegebenenfalls ersetzt werde.[9]
Insgesamt sah er sich in seiner Erwartung getäuscht, dass die Ernennung zum Oberverwaltungsgerichtsrat neben der damit verbundenen Ehre auch finanzielle Vorteile mit sich brächte: Das Gegenteil sei der Fall.
Im Übrigen scheint die Berliner Luft auf Isay politisierend gewirkt zu haben: Im Januar 1929 trat er der Deutschen Demokratischen Partei – im November 1930 umbenannt in Deutsche Staatspartei – bei, den Liberalen in der Weimarer Koalition.
Seit seinem Wechsel nach Berlin hatte sich Isay von der Universität Münster fortlaufend beurlauben lassen und dafür neben seiner Arbeitsbelastung durch sein Richteramt, der weiten Entfernung nach Münster und gesundheitlichen Beein-

5 Vgl. Landau, Peter (FN 3) S. 133 ff., 142.
6 Mit Wirkung vom 1. Dezember 1924, vgl. GStA PK, I. HA Rep.184, Pers.-Akten Nr. 1223, Bl. 88.
7 Sein Renommee wird auch durch seine Mitgliedschaft in der Vereinigung der deutschen Staatsrechtslehrer belegt, vgl. Landau, Peter (FN 3).
8 Wessels, Jessica: „Gedenkblatt für Ernst Isay, flurgespräche", 2014, s. 1,2 online unter http://www.flurgespraeche.de/juridicum/ernst-isay.
9 GStA PK, I. HA Rep.184, Pers.-Akten Nr. 1223, Bl. 24, 28.

trächtigungen[10] auch seine wissenschaftliche Arbeit als Grund angeführt. 1929 erschien schließlich Isays Kommentar zum Reichs- und Staatsangehörigkeitsgesetz und zu den deutschen Staatsangehörigkeitsverträgen, der zum führenden Kommentar des Staatsangehörigkeitsrechts wurde.
Im März 1930 bewarb er sich um die Stelle des Präsidenten des Bundesamtes für das Heimatwesen[11]. Drews reichte das Gesuch „ergebenst" an den Reichsminister des Inneren weiter. Sein darauf gesetzter Vermerk über den Werdegang Isays beginnt mit den Worten: „Dr. Isay, geboren am 4. August 1880 zu Trier, Israelit".[12] Warum Drews in seiner zehnzeiligen Kurzfassung des Lebenslaufs keinen Platz findet, die Habilitation zu erwähnen, dafür aber die Religionszugehörigkeit Isays benennt – ob das 1930 in einem solchen Zusammenhang generell üblich war, lediglich bei Juden oder nur in Einzelfällen, lässt sich im Rahmen dieser Arbeit nicht klären. Gleiches gilt für die Frage, aus welchen Gründen Isay, den, wie Drews vermerkte, seine „wissenschaftlichen Arbeiten, insbesondere auf dem Gebiete des Staatsangehörigkeitsrechts,...gerade für das Bundesamt für Heimatwesen besonders geeignet erscheinen" ließen, die Präsidentschaft nicht bekam. Jedenfalls dürfte die an prominenter Stelle platzierte Erwähnung seines Judentums die Chancen wohl kaum verbessert haben.
Zum Wintersemester 1932 nahm Isay seine Vorlesungstätigkeit in Münster wieder auf, weil ihm das Kultusministerium mitgeteilt hatte, er würde anderenfalls seine venia legendi verlieren,[13] und hielt Vorlesungen zum Internationalen Privatrecht. Die auf diese Weise „gerettete" venia legendi sollte ihm nicht mehr lange erhalten bleiben.

2. NS-Zeit

Ernst Isay verließ die Deutsche Staatspartei am 5. März 1933, dem Tag der letzten freien Reichstagswahl[14], noch bevor sich die Liberalen mit der Zustimmung zum Ermächtigungsgesetz bemakelten. Vielleicht hatte er schon infolge der Machtübernahme am 30. Januar 1933 den Glauben an die Sinnhaftigkeit politischer Betätigung verloren.
Im Mai 1933 stand zunächst seine Entlassung wegen seiner jüdischen Abstammung an. Nach § 3 Abs. 1 des Gesetzes zur Wiederherstellung des Berufsbeamtentums (BBG) waren Beamte, die „nicht arischer" Abstammung waren, in den Ruhestand zu versetzen. Eine Ausnahme galt gemäß Absatz 2 für diejenigen, die bereits seit dem 1. August 1914 Beamte waren, im Weltkrieg an der Front für das Deutsche Reich oder für seine Verbündeten gekämpft hatten oder deren Väter oder Söhne im Weltkrieg gefallen waren.
Nach langem Schriftwechsel gelang es Isay, seine Frontkämpfereigenschaft während des Ersten Weltkrieges zu belegen.

10 Er litt an einem Magen- und Zwölffingerdarm-Geschwür.
11 Gericht für Berufungen in Streitigkeiten zwischen Fürsorgeverbänden verschiedener Länder.
12 GStA PK, I. HA Rep.184, Pers.-Akten Nr. 1223, Bl. 88.
13 GStA PK, I. HA Rep.184, Pers.-Akten Nr. 1223, Bl. 107.
14 GStA PK, I. HA Rep.184, Pers.-Akten Nr. 1223, Bl. 155.

Gemäß der Durchführungsverordnung vom 6. Mai 1933 (RGBl.S.245) § 3, Ziffer 3 kam es darauf an, ob er seinerzeit zu einer „fechtenden" Truppe gehört und an einer Schlacht, einem Gefecht, einem Stellungskampf oder an einer Belagerung teilgenommen hatte. Mit Schreiben vom 13. Mai 1933 trug Isay vor, er sei Truppenteilen auf dem „macedonischen Kriegsschauplatz" zugeteilt gewesen; beim Rückzug im September 1918 sei die Truppe, der er angehört habe, kämpfend nach Albanien ausgewichen „in unmittelbarer Berührung mit dem Feind". Weil aber seine Militärdienstbescheinigung nur allgemeine Angaben enthielt, war Isay darauf angewiesen, dass Drews hierzu eine behördliche Anfrage beim Präsidenten des Reichsarchivs in Potsdam stellte. Dessen Auskunft vom 23. Mai 1933 bestätigte, dass Isays Truppenteil im September 1918 an den Rückzugskämpfen in Mazedonien und Serbien beteiligt gewesen war.
Viel gewonnen war mit dieser Bestätigung allerdings nicht. Nach Auswertung der Fragebögen hatte Drews in seinem Schreiben vom 5. Juli 1933 an den Preußischen Innenminister bei Ernst Isay sowohl dessen jüdische Abstammung als auch eine „frühere Zugehörigkeit zu Linksparteien oder -verbänden" als eventuellen „Grund für die Anwendung des § 5" angeführt. Er sah in solchen Fällen ein dienstliches Bedürfnis im Sinne von § 5 Abs. 1 BBG, das ein behördliches Ermessen zur Versetzung eröffnete.
An welche politische Zugehörigkeit er bei Isay dachte, bleibt unerfindlich. Angegeben hatte Isay nur eine Mitgliedschaft in der – liberalen – Deutschen Staatspartei, diese Partei wurde jedoch von Drews, wie zum Beispiel im Falle Canditts ersichtlich, formell nicht als Linkspartei eingestuft. Denkbar ist allerdings, dass ihm Isays (eingangs erwähnte) bekannte ausländerrechtliche Kritik „links" vorkam und er deshalb den Versetzungsgrund missliebiger politischer Betätigung vorsichtshalber nicht unerwähnt lassen wollte. Er wurde in der Folgezeit nicht wieder aufgegriffen.
Im Innenministerium notierte der Ministerialdirektor Dr. Heinrich Schellen mit Vermerk vom 15. August 1933:
„Beim Pr. Oberverwaltungsgericht verbleiben nach Prüfung aufgrund der §§ 2 bis 4 des Gesetzes zur Wiederherstellung des Berufsbeamtentums noch 4 jüdische Richter und zwar: ... pp. 2. Oberverwaltungsgerichtsrat Isay, mosaischer Religion, Volljude, seit 1926 OVG.Rat, gleichzeitig Privatdozent, ist sehr gut befähigt und als Wissenschaftler des öffentlichen Rechts bekannt. Politisch: Deutsche Staatspartei. § 3 findet keine Anwendung, da kurze Zeit als Frontkämpfer am Weltkriege teilgenommen."
Schellen hatte wohl den Verbleib des „sehr gut befähigten" Isay am Oberverwaltungsgericht intendiert. Staatssekretär Grauert reagierte umgehend:
„Ich halte v. Leyden als Senatspräsident für untragbar und würde hier von § 5 Gebrauch machen. Dasselbe halte ich für Oppler und Isay notwendig."[15] Drews stellte Ernst Isay deshalb vor die Alternative, sich gemäß § 5 Abs.1 BBG in ein geringerwertiges Amt – Regierungsrat in der Provinz – oder gemäß § 5 Abs. 2 BBG in den Ruhestand versetzen zu lassen.

15 BArch R 1501/207592 (Isays Personalakte im Innenministerium) Bl. 79. Der vierte von Schellen aufgelistete „jüdische" Richter dürfte der „alte Kämpfer" Oskar Simon gewesen sein; s. dazu unten Kapitel „Constantin von Jerin".

Isay entschied sich trotz damit verbundener finanzieller Einbußen für den Ruhestand; während seines gesamten Berufslebens war er Richter und Wissenschaftler gewesen, niemals weisungsabhängiger Verwaltungsbeamter, und sicherlich ging er zu diesem Zeitpunkt noch davon aus, weiterhin forschen und publizieren zu können.
Mit Bescheid vom 18. Oktober 1933 wurde Ernst Isay in den endgültigen Ruhestand versetzt. Sein am 7. November 1933 beim Gerichtspräsidenten Drews eingegangener Brief, mit dem er bat, sich „auf diesem Wege von den Herren Beamten des Oberverwaltungsgerichts verabschieden zu dürfen, dem 6 Jahre lang anzugehören" für ihn „nicht nur eine hohe Ehre, sondern auch den Gewinn vieler Erfahrung und wertvoller Freundschaften bedeutet" habe, wurde „zu den Akten" genommen. Ein vorheriger Umlauf des Briefes bei den angesprochenen ehemaligen Kollegen fand nicht statt.
Parallel zu den Geschehnissen in Berlin wurde Ernst Isay von der Universität Münster verdrängt. Bereits für das Sommersemesters 1933 legte ihm der Dekan nahe, von seiner venia legendi keinen Gebrauch zu machen. Durch Verfügungen vom 7. September 1933 (in Anwendung von § 3 Abs 1 BBG – seinen Frontdienst erkannte man dort nicht an) und 25. November 1933 (nach § 6 BBG) entzog man ihm schließlich seine Lehrbefugnis.[16]

Im Jahr 1934 konnte noch Isays Buch „Internationales Finanzrecht" im Kohlhammer-Verlag erscheinen. Hierzu gibt es eine Rezension von Herbert Dorn, bis Ende 1933 Präsident des Reichsfinanzhofs, dann als „Nichtarier" entlassen, in der *Zeitschrift für ausländisches und internationales Privatrecht*, achter Jahrgang (1934), S. 664 ff.[17]
Nach Vollendung dieses Buches hatte Isay auf Vorschlag des Kohlhammer-Verlages mit einem Werk über Internationales Privatrecht begonnen. Nachdem er bereits drei Jahre lang daran gearbeitet hatte, trat der Verlag vom Vertrag zurück.[18] Der Kohlhammer-Verlag leistete bereits seit dem Sommer 1936 mit einer Broschüre „Verzeichnis jüdischer Verfasser juristischer Schriften" seinen Beitrag zur Vermeidung „unangebrachte(r) Berücksichtigungen nichtarischen Schrifttums".[19] Mit seiner Rücktrittserklärung gegenüber Isay beteiligte der Verlag sich nun an der von Hans Frank[20] zum Auftakt der Tagung „Das Judentum in der Rechtswissenschaft"

16 Felz, Sebastian in: Thamer; Droste; Happ (Hg.): Die Universität Münster im Nationalsozialismus, Bd.1, 2012, S. 364 — Wessels,Jessica (FN 8) S. 4 ff. — BArch R 1501/207592 (Isays Personalakte im Innenministerium) Bl. 89.

17 Demgegenüber verhinderte Otto Koellreutter eine für das *Archiv des öffentlichen Rechts* von Ottmar Bühler gefertigte und sogar bereits gesetzte Rezension, nachdem er erfahren hatte, dass „Isay wohl Jude" und eine Besprechung „daher unerwünscht" sei, s. Becker, Lothar: „Schritte auf einer abschüssigen Bahn", 1999, S.168, FN 260 u. 261.

18 Göppinger, Horst: Juristen jüdischer Abstammung im „Dritten Reich", 2. Aufl., 1990, S. 289. – Brief von Isays Witwe Luise aus dem Jahr 1964 an den Dekan der juristischen Fakultät der Universität Münster in: Möllenhoff; Schlautmann-Overmeyer: Jüdische Familien in Münster 1918-1945, Teil 2,1; 1998 S. 1007. – Wessels, Jessica (FN 8) S. 7.

19 Vgl. Jung, Otmar: „Der literarische Judenstern," in: *Vierteljahrshefte für Zeitgeschichte*, Jahrgang 54 (2006), Heft 1, S. 25, 29 ff., 33, 44 f.

20 „Reichsrechtsführer" und später „Generalgouverneur" im von der Wehrmacht besetzten Polen.

vom 3. und 4. Oktober 1936[21] geforderten vollständigen „Ausschaltung der Juden aus dem deutschen Rechtsleben".

Auf dieser Tagung war Ernst Isay im Übrigen von dem Völkerrechtler Norbert Gürke in seinem Vortrag „Der Einfluß jüdischer Theoretiker auf die deutsche Völkerrechtslehre"[22] explizit der Gruppe von pazifistischen – und für ihn somit deutschfeindlichen, die „jüdische Weltherrschaft" anstrebenden – Juden zugeordnet worden, die „offen ihren Angriff gegen den Staat überhaupt" führe. Unter solchen Umständen war ein juristisches Vorgehen gegen die Aufkündigung des Verlagsvertrages aussichtslos. Für derartige Vertragsauflösungen hatte das Reichsgericht mit seiner Entscheidung vom 27. Juni 1936[23] das Muster vorgegeben: Die Richter hatten das „Jüdischsein" eines Vertragspartners wegen der aus „rassepolitischen" Gesichtspunkten eingetretenen völligen Rechtlosigkeit seiner Person dem (im Vertrag erwähnten) Rücktrittsgrund des Todes gleichgesetzt.

In der Folgezeit war Ernst Isay sogar die Anfertigung von juristischen Gutachten erschwert, wenn nicht unmöglich. So fragte zum Beispiel der Bürgermeister der Gemeinde Neuenhagen im Juni 1937 bei Drews an, ob es richtig sei, dass Dr. Isay, von dem ein in einer Beitragsangelegenheit vorgelegtes Gutachten stamme, Jude sei – was ihm Drews postwendend bestätigte.

Hätte er nun, nachdem sich das Ausharren in Deutschland für ihn bereits als sinnlos erwiesen hatte, dem Beispiel seines Vetters Rudolf Isay[24] folgen und emigrieren sollen?

Seine Bemühungen um eine Lehrtätigkeit im Ausland waren gescheitert, er hätte Deutschland also ohne jede Perspektive verlassen müssen. Allerdings fehlte es ihm an finanziellen Ressourcen: Nachdem seine Frau im August 1937 ernsthaft erkrankt und danach mehrere Monate lang bettlägerig gewesen war, sah er sich im März 1938 gezwungen, bei seinem ehemaligen Dienstherrn eine Notstandsbeihilfe zu beantragen, weil er wegen der mit den Krankheiten innerhalb seiner Familie verbundenen hohen Kosten bereits Darlehen habe aufnehmen müssen. Weitere Ausgaben für eine Kur seiner Frau stünden bevor und er sei „nicht in der Lage, diese Kosten aus Nebeneinnahmen oder einer Vermögensrente zu bestreiten".

Hinzu kam, dass er inzwischen – offenbar wegen der seit 1933 erlittenen Kränkungen – schwer herzleidend geworden war.[25]

So brachten die Isays nach dem Schock der „Reichspogromnacht " zunächst nur ihre beiden 1922 beziehungsweise 1925 geborenen Kinder in (vermeintliche)

---

21 Auf dieser Tagung hielt auch Theodor Maunz, später Kommentator des Grundgesetzes („Maunz-Dürig") einen Vortrag, s. hierzu Göppinger, Horst: Juristen jüdischer Abstammung im „Dritten Reich", 2. Aufl., 1990, S. 159 und zur Tagung insgesamt S. 153 ff. — S. a. Busse, Christian: „ ‚Eine Maske ist gefallen'. Die Berliner Tagung ‚Das Judentum und die Rechtswissenschaft' vom 3./4. Oktober 1936" in: *Kritische Justiz* 2000, S. 580, 583. — Rekonstruierter Text von Maunz: Stolleis, Michael: „Ein Gang in das Stadtarchiv München", in: Kritische Justiz 2014, S. 358 ff., 361 ff.

22 „Das Judentum in der Rechtswissenschaft", Bd. 6 (gedruckt 1938) S. 17, 21.

23 *Juristische Wochenschrift* 1936, 2529, 2530 betr. den Rücktritt der UFA vom Vertrag mit dem jüdischen Regisseur Eric Charell.

24 Wirtschafts- und Bergrechtler, Bruder von Herrmann Isay, einem Patentrechtler.

25 Brief von Isays Witwe Luise aus dem Jahr 1964 an den Dekan der juristischen Fakultät der Universität Münster (FN 18).

Sicherheit: Mit einem Kindertransport wurden Elisabeth und Herbert Isay im Januar 1939 in ein Jugendlager in den Niederlanden geschickt.
Luise Isay schrieb hierzu 1962 im Wiedergutmachungsverfahren:
„Sie durften nur Handgepäck mitnehmen, größeres Gepäck konnte man mit Genehmigung nachschicken. Wir packten für jeden einen Koffer, darunter auch Familiensilber, und adressierten die Gepäckstücke an die Adresse meiner Verwandten, die in Amsterdam wohnten, da wir hofften, bald nachkommen zu können."
Kurz darauf mussten Ernst und Luise Isay fast alle Silber- und Goldgegenstände – im Wesentlichen aus dem Familienerbe stammend –, die sie noch besaßen, in der Jägerstraße in Berlin-Mitte, der „Zentralstelle bei der Städtischen Pfandleihanstalt", abliefern.[26] Das Manuskript „Internationales Privatrecht", 300 maschinenbeschriebene Seiten, konnte Ernst Isay Verwandten anvertrauen, die nach England gingen. Dann entschloss er sich offiziell zur Emigration und bat am 5. April 1939 den Präsidenten des Preußischen Oberverwaltungsgerichts[27], um eine amtlich beglaubigte Abschrift seiner sämtlichen Dienstzeugnisse. Unter Hinweis darauf, dass Beamten eine Einsichtnahme in ihre Personalakten insoweit nicht zustehe, lehnte man die Bitte ab. Dabei blieb es auch nach seiner erneuten Eingabe vom 4. Mai 1939, in der er vortrug, seine Auswanderung sei ihm amtlich als erwünscht bezeichnet worden und es wäre nicht billig, wenn ihm als langjährigem
Staatsbeamten versagt bliebe, was jedem jungen Kaufmann ermöglicht sei. Wenigstens wurde ihm aber nun eine pauschale Bescheinigung seines dienstlichen Werdeganges erteilt, in der es abschließend heißt:
„Die Leistungen Dr. Isay's waren in allen von ihm bekleideten Dienststellen gute. Sein Fleiß, seine Gewissenhaftigkeit und seine guten Gesetzeskenntnisse wurden allgemein anerkannt."
Parallel dazu – am 29. April 1939 – hatte die Schwester seiner Frau, die mit Mann und Kind bereits 1936 nach Brasilien emigriert war, in Sao Paulo Einreisevisa zum Familiennachzug für Ernst Isay, seine Frau und die zwei in den Niederlanden befindlichen Kinder beantragt. Zwei Monate später, am 27. Juni 1939, erteilte der Reichsminister des Innern „unter dem Vorbehalt des jederzeitigen Widerrufs auf zunächst zwei Jahre" Ernst Isay
„die nach § 128 Absatz 1 Nr. 2 des Deutschen Beamtengesetzes erforderliche Zustimmung der obersten Dienstbehörde zur Verlegung seines Wohnsitzes in das Ausland mit der Maßgabe, daß die Ruhegehaltsbezüge in voller Höhe auf ein ‚Sonderkonto Versorgungsbezüge' bei einer inländischen Devisenbank zu überweisen sind".[28]
Das brasilianische Außenministerium bewilligte die Erteilung der Visa erst am 13. Januar 1940 – und nur infolge des Zufalls, dass sein Schwager mit einem Pro-

---

26 Luise Isay im Wiedergutmachungsverfahren 51 WGA 1063/60.
§ 1 Absatz 1 der „Dritten Anordnung auf Grund der Verordnung über die Anmeldung des Vermögens von Juden" vom 21. Februar 1939 (RGBl. 1939 I S. 282) bestimmte, dass alle Juden im Sinne von § 5 der Ersten Verordnung zum Reichsbürgergesetz vom 14. November 1935 (RGBl. I/1935 S. 1333) die „in ihrem Eigentum befindlichen Gegenstände aus Gold, Platin oder Silber sowie Edelsteine und Perlen an die vom Reich eingerichteten öffentlichen Ankaufsstellen abzuliefern" hatten. Erstattet wurde nur ein Bruchteil des reinen Materialwerts.
27 Ein Nachfolger für Drews war noch nicht gefunden.
28 BArch R 1501/207592 (Isays Personalakte im Innenministerium), Bl.104.

fessor für Internationales Privatrecht an der Universität von Rio de Janeiro – Haroldo Valladão – zusammen getroffen war, der Bücher von Ernst Isay kannte und vermittelnd eingriff.
Es bedurfte allerdings noch der Ausstellung von Pässen – sie erhielten sie Anfang April 1940 mit den hinzugesetzten Zwangsvornamen Israel und Sara und kurz darauf endlich die begehrten Einreisevisa für Brasilien.

REPÚBLICA DOS ESTADOS UNIDOS DO BRASIL
FICHA CONSULAR DE QUALIFICAÇAO
Esta ficha, expedida em duas vias, será entregue à Polícia Marítima e à Imigração no pôrto de destino

Nome por extenso Haymann Ernst Israel Isay
Admitido em território nacional em caráter permanente (temporário ou permanente)
Nos termos do art. 24. letra ...... do dec. n. 3,010, de 1938
Lugar e data de nascimento Trier Mosel / 4.8. /1880
Nacionalidade alema Estado civil casado
Filiaçao (nome do Pai e da Mãe) Moses Isay Johannette Isay nata Salem
Profissão advogado
Residência no país de origem Berlim

FILHOS MENORES DE 18 ANOS — NOME IDADE SEXO
Visto autorizado pelo Ministério das Relaçoes Exteriores — Oficio ... 3/511 ... 1939
de 13 de Janeiro de 19 40

Passaporte n. II.64/40 Z. expedido pelas autoridades de Berlim na data 3.4.40
visado sob n. 263. 342 ... 24-6-940
ASSINATURA DO PORTADOR
Dr. Haymann Ernst Israel Isay

Consulado do Brasil em Berlim
6. de Abril de 1940
O CONSUL
J. Navarro da Costa

NOTA- Esta ficha deve ser preenchida à máquina pela autoridade consular, sendo as duas vias em original.

Bei der Auflösung ihres Haushalts konnten sie insgesamt nur 2450 RM erlangen – denkbar wenig angesichts der zu erwartenden hohen Kosten der Emigration.
Für das Wiedergutmachungsverfahren versicherte Luise Isay am 9. Oktober 1957 eidesstattlich[29]:
„Unsere Wohnungseinrichtung, darunter wertvolle antike Möbel und Teppiche, sowie ein Bechsteinflügel, wurden zu Schleuderpreisen verkauft. Die große wissenschaftliche Bibliothek meines Mannes wurde zum großen Teil als Altpapier veräußert, wobei noch nicht einmal der volle Papierwert erzielt wurde, da man froh sein musste, wenn die Bücher überhaupt abgeholt wurden...Einen kleinen Teil der Gebrauchs- und Wohnungsgegenstände (abzüglich Möbel) ließen wir bei der Speditionsfirma Franzkowiak in Kisten verpackt gelagert."
Ihre Bemühungen, sich mit den beiden in ein holländisches Jugendlager geschickten Kindern zu treffen und zusammen auszureisen, blieben erfolglos. „Eine Wiedervereinigung mit ihnen gelang nicht, und so mussten wir uns binnen 24 Stunden entscheiden, ob wir ohne Kinder den langen Weg antreten sollten."[30] Dies war besonders belastend, weil die Niederlande seit dem 15. Mai 1940 von den Deutschen besetzt waren und für die Kinder deshalb keine Sicherheit mehr bestand.

29 LArch Berlin, B Rep. 025 05 Nr.1064/60: Akte 51 WGA 1064/60, Bl. 60.
30 Brief von Isays Witwe Luise aus dem Jahr 1964 an den Dekan der juristischen Fakultät der Universität Münster (FN 18).

Mitte Juni 1940 verließen Isay und seine Frau Deutschland. Über Russland (Sibirien) gelangten sie nach Japan und von dort aus mit dem Schiff „M.S. Buenos Aires Maru" über den Stillen Ozean, den Panamakanal und den Südatlantik am 28. September 1940 nach Santos bei Sao Paulo .
Elisabeth und Herbert Isay, damals 18 und 15 Jahre alt, brachen erst ein halbes Jahr später als ihre Eltern nach Brasilien auf. In den ihnen am 2. Juli 1940 vom brasilianischen Generalkonsul in Amsterdam erteilten, zur Immigration berechtigenden Bescheinigungen – ebenfalls mit den beigefügten Vornamen Sara beziehungsweise Israel – sind als Wohnanschriften „normale" Adressen in Amsterdam angegeben, kein „Jugendlager". Ob es sich bei einer der beiden Anschriften um diejenige der Verwandten von Luise Isay, Bankdirektor i.R. Albert Pappenheim und Dorothea Pappenheim, geborene Klein, handelt, ist unklar. Jedenfalls ließen die Kinder das Familiensilber bei diesen Verwandten in Amsterdam zurück, als sie die Reise antraten, sie durften nur Handgepäck nach Brasilien mitnehmen.[31]
In Lissabon bestiegen sie den spanischen Dampfer Cabo de buena esperanza und am 28. April 1941, knapp zehn Monate nach Ausstellung ihrer Visa, gingen auch sie im Hafen von Santos bei Sao Paolo an Land.[32] Die Aufregungen – insbesondere um das Schicksal der Kinder – und die Beschwerlichkeit des eigenen langen Fluchtwegs hatten Ernst Isays ohnehin angeschlagene Gesundheit stark geschwächt. Das Exil war für ihn mit weiteren bitteren Erfahrungen verbunden. Offenbar entgegen seiner Hoffnung konnte Isay, der während der ganzen Reise nach Brasilien „von morgens bis abends portugiesisch" gelernt hatte[33], dort infolge eines Erlasses, der ausländischen Professoren die Anstellung unmöglich machte, keinen Lehrstuhl bekommen; er durfte nur Gastvorlesungen halten, deren Bezahlung für den Lebensunterhalt aber nicht ausreichte. Das ihm seit der Entlassung zustehende Ruhegehalt wurde indes nicht ins Ausland überwiesen, sondern landete, wie im Schreiben vom 27. Juni 1939 angekündigt, auf einem „Sonderkonto Versorgungsbezüge" und entfiel Ende 1941 vollends: Die Elfte Verordnung zum Reichsbürgergesetz vom 25. November 1941 sah in § 2 für Juden, die bei ihrem Inkrafttreten den gewöhnlichen Aufenthalt im Ausland hatten, den Verlust der deutschen Staatsangehörigkeit vor. Damit ging nicht nur gemäß § 3 der gesamte Vermögensverfall und also auch die Plünderung dieses Sonderkontos einher. Vielmehr erloschen alle Versorgungsansprüche nach § 10 Abs. 1 derselben Verordnung zum Ende des betreffenden Monats. *„Der jüdische Oberverwaltungsgerichtsrat*

31 Die Eheleute Pappenheim wurden von den deutschen Besatzern im Sommer 1943 deportiert und von Westerbork nach Sobibor verbracht, wo sie am 23. Juli 1943 ermordet wurden (Gedenkbuch—Opfer der Verfolgung der Juden unter der nationalsozialistischen Gewaltherrschaft in Deutschland 1933–1945 Bundesarchiv). Da es zwei überlebende Söhne gab – sie waren rechtzeitig nach England bzw. in den Untergrund gegangen – wurde Luise Isay im Wiedergutmachungsverfahren entgegengehalten, dass diese sich den Wert des Silbers möglicherweise bereits hatten erstatten lassen; ihr wurde zugemutet, dies zu entkräften, was ihr erst 1967 gelang, vgl., LArch Berlin, B Rep. 025-05 Nr.1064/60 Akte 51 WGA 1064/60, Bl. 60.

32 Oft hatten jüdische Passagiere dieses Schiffes wegen abgelaufener Visa bei der Einreise mit Problemen zu rechnen, vgl. Tucci Carneiro, Maria Luzia: „Weltbürger — Brasilien und die Flüchtlinge des Nationalsozialismus 1933–1948", 2014, S. 152.

33 Brief von Isays Witwe Luise aus dem Jahr 1964 an den Dekan der juristischen Fakultät der Universität Münster (FN 18).

a.D. Dr. Isay ist in dem hier geführten Verzeichnis der ausgewanderten Versorgungsempfänger zu streichen", heißt es auf dem letzten Blatt seiner beim Reichsminister des Innern geführten Personalakte unter dem Datum 9. April 1942.
Die Familie war auf Wohltätigkeiten seitens der deutsch-jüdischen Gemeinde von Sao Paulo angewiesen, die *„Kinder mussten arbeiten, um zu der Ernährung der Familie beizutragen. Der Gedanke, dass er von den Kindern abhängig war, anstatt ihnen eine richtige Ausbildung angedeihen zu lassen, war ihm sehr bedrückend"*.
Die drei brasilianischen Jahre bis zu seinem Tod (kurz vor seinem 63. Geburtstag) waren für Isay, abgesehen von den ihm erwiesenen Ehrungen und der Ankunft der Kinder, Jahre der Bitternis und Hoffnungslosigkeit. Einen Tag, nachdem er die Korrekturen seiner letzten Veröffentlichung[34] beendet hatte, erlitt er schwere Kreislaufstörungen, an denen er drei Tage später verstarb.

3. Nachkriegszeit

Erst mehr als zehn Jahre nach dem Tode Ernst Isays gelang es Luise Isay, die 1940 vor der Ausreise noch bei der Speditionsfirma eingelagerten Sachen mit Unterstützung durch Rudolf Isay[35], den Vetter ihres Mannes, der inzwischen aus der brasilianischen Emigration zurückgekehrt war, nach Sao Paulo schicken zu lassen.
Ihre bis in die sechziger Jahre andauernden Bemühungen, einen Verleger für das nach England gerettete Manuskript „Internationales Privatrecht" zu finden, das der Kohlhammer-Verlag in Auftrag gegeben und dann zurückgewiesen hatte, blieben erfolglos.[36]
Im Jahr 2000 wurde in der „Erklärung der Westfälischen Wilhelms-Universität Münster zu Maßnahmen der Universität während der nationalsozialistischen Gewaltherrschaft"[37] die Nichtigkeit der Entziehung seiner venia legendi festgestellt.

34 Titel: „A nova territorialidade no direito internacional publico e privado: Pontos de vista para uma reforma do direito conflitual e do de estrangeiros", s. Breunung, Leonie; Walther, Manfred: Die Emigration deutschsprachiger Rechtswissenschaftler ab 1933, S. 577.

35 S. oben FN 24.

36 Breunung, Leonie; Walther, Manfred (FN 34).

36 Beruhend auf Beschlüssen des Senats der Hochschule vom 12. Juli und 22. November 2000, Westfälische Wilhelms-Universität Münster, Jahresbericht 2000, https://www.uni-muenster.de/Rektorat/jb00/JB00G.HTM.

Constantin (Konstantin) **Magnus** Mary Leopold Wilhelm Alfred **von Jerin**

Oberverwaltungsgerichtsrat

geboren am 27. Februar 1876 in Posen
verheiratet seit 1929 mit Margarete, geb. Schultz
gestorben am 25. Juli 1936 in Berlin

1. Kaiserreich und Weimarer Republik

Constantin Magnus von Jerin verstand sich als Spross eines alten schlesischen Adelsgeschlechts. Sein Vater Konstantin von Jerin[1], 1838 in Oberschlesien auf Gut Geseß, dem der Familie schon seit Jahrhunderten gehörenden Rittergut, geboren, war ab 1877 Mitglied des Preußischen Herrenhauses sowie von 1895 bis 1912 Landrat des Kreises Neisse; er firmierte als Rittmeister und Königlich Preußischer Kammerherr.

Seiner adligen Herkunft entsprechend ernannte man den erst 35 Jahre alten Constantin Magnus von Jerin, der ab 1898 Referendar und seit 1903 Regierungsassessor gewesen war, schon im November 1911 zum Landrat in Hünfeld (bei Kassel). Im Dezember 1916 wurde er nach Glatz/Breslau versetzt, wo er bis 1919 als Landrat fungierte. Während der Weimarer Republik ging es zunächst „zurück auf Los": Er begann eine normale Juristenlaufbahn als Regierungsrat in Allenstein. 1920 wurde er stellvertretender Abstimmungskommissar in Marienwerder und Allenstein sowie Geheimer Regierungsrat beim Oberpräsidenten von Pommern, 1921 Oberregierungsrat. Ab 1926 war er Verwaltungsgerichtsdirektor[2] – zunächst in Aachen, wo er der Zentrumspartei beitrat, und ab 1928 in Potsdam.

Zum 1. Februar 1929 wurde Constantin Magnus von Jerin Oberverwaltungsgerichtsrat am Preußischen Oberverwaltungsgericht in Berlin.

2. NS-Zeit

Vier Jahre später änderte sich alles. Constantin Magnus von Jerin, dem seine familiäre Herkunft ursprünglich genutzt und während der Weimarer Republik jedenfalls nicht geschadet hatte, wurde nun deren Opfer und als „nichtarisch" vom Gericht verdrängt.

Den Fragebogen zur Durchführung des Gesetzes zur Wiederherstellung des Berufsbeamtentums füllte er unter Verweis auf das Genealogische Taschenbuch der Altadligen Häuser mit großer Genauigkeit aus, soweit es seine Herkunft väterlicherseits betraf. Datum und Ort der Geburt des Vaters seiner in London geborenen Mutter Mary, geb. Trier, Theodor Trier, versah er jedoch mit Fragezeichen, auch dessen

1 Konstantin Joseph Bernhard Karl Leopold von Jerin.

2 „Verwaltungsgerichtsdirektor" hießen die Vorsitzenden der in die Verwaltung eingegliederten sog. Bezirksausschüsse, die, besetzt mit Juristen ohne richterliche Unabhängigkeit, als Verwaltungsgerichte erster Instanz fungierten.

Todestag benannte er nicht. Stattdessen erklärte er, erforderlichenfalls würde er bei seinen englischen Verwandten anfragen und versuchen müssen, diesbezüglich Nachweise zu erhalten, worüber immerhin geraume Zeit vergehen werde.
Bill Drews, der Gerichtspräsident, gab sich damit zunächst zufrieden. Politisch war von Jerin unauffällig, er hatte im Fragebogen angegeben, von 1926 bis 1928 der Zentrumspartei angehört und seit seiner Versetzung nach Potsdam weder Mitgliedsbeiträge bezahlt noch sich zur dortigen Ortsgruppe umgemeldet zu haben.[3] Drews hatte wohl ursprünglich gegen ihn (und auch gegen Victor von Leyden) nicht vorgehen wollen. In seinem Schreiben vom 5. Juli 1933 an den Preußischen Minister des Inneren heißt es erst in einem nachträglichen Einschub, von Jerin und von Leyden hätten „nach ihren beiliegenden Erklärungen weitere Urkunden, die aus dem Ausland zu beschaffen gewesen wären, nicht beibringen können."[4] Eine Zuordnung zu einzelnen Fallgruppen (nach Begabung/ Leistungen besser geeignet für andere Behörde; politisch links; nichtarisch), wie er sie für die anderen von ihm aufgelisteten Richter vorgenommen hatte, fehlte.

Ministerialdirektor Dr. Heinrich Schellen, bis vor kurzem noch Personalreferent im Oberverwaltungsgericht und jetzt im Preußischen Innenministerium für das Versetzen und das Entlassen auch seiner früheren Kollegen zuständig, ließ indes das Fehlen näherer Angaben zum Großvater Constantin von Jerins nicht auf sich beruhen. Warum, wo es doch allenfalls um ein „Viertel-Judentum" ging, während die Richter Schwerin und Dr. Simon, deren jüdische Abstammung Drews in dem genannten Schreiben jeweils erwähnt hatte, „ungeschoren" davon kamen?
Dr. Oskar Simon, einem sogenannten Halbjuden, kamen ersichtlich seine frühe – schon kurz vor dem „Preußenschlag" von 1932 beantragte – NSDAP-Mitgliedschaft und sein nationalsozialistisches Engagement zugute – er blieb als „alter Kämpfer" im Amt.[5] Aber auch bei Otto Schwerin, seit 1919 DVP-Mitglied, sah Schellen über eine mutmaßlich „halbjüdische" Herkunft hinweg: Schwerin hatte selbst angegeben, sein Großvater Isaak Schwerin sei „wahrscheinlich noch Jude" gewesen. Angaben zu seiner Großmutter fehlten gänzlich.[6] Bereits am 25. Juli 1933 teilte Schellen dem Gerichtspräsidenten mit, dass er gegen Schwerin keine Maßnahmen aufgrund der §§ 2 bis 5 BBG beabsichtige.[7] Anhaltspunkte für die Ursache dieser – allerdings gemäß § 3 Abs. 2 BBG durchaus legalen – Milde liegen nicht vor. Allenfalls steht zu vermuten, dass Schellen mit seinem früheren Kollegen gut befreundet war.
Aufschluss für die gegenüber Constantin von Jerin an den Tag gelegte Härte gibt die Akte seines Bruders Andreas-Kurt von Jerin[8], geboren 1880, seinerzeit Oberregierungsrat bei der Regierung in Wiesbaden. Dem Regierungspräsidenten jener Behörde hatte im Juli 1933 „der Geburtsname der Mutter ‚Trier' ... zu Zweifeln an der arischen Abstammung des Oberregierungsrats von Jerin Anlass" gegeben, woraufhin[9] die Einholung eines Gutachtens des „Sachverständigen für Rasseforschung

3 GStA PK, I. HA Rep. 184, Pers.-Akten Nr. 1249, Bl. 17b R.
4 GStA PK, I. HA Rep. 184, Präs.-Reg. Nr. 803.
5 GStA PK, I. HA Rep. 184, Pers.-Akten Nr. 2469, Bl. 74 f. (Personalakte von Dr. Oskar Simon).
6 GStA PK, I. HA Rep. 184, Pers.-Akten Nr. 2789, Bl. 45 f. (Personalakte von Otto Schwerin).
7 GStA PK, I. HA Rep. 184, Präs.-Reg. Nr. 803.
8 GStA PK, I. HA Rep. 77, Pers.-Akten Nr. 1307.
9 Gemäß Ziffer 2 Abs. 3 der Ersten DVO zum BBG vom 11. April 1933 (RGBl. I, S. 195) – zu § 3 BBG – hatte dies bei solchen Zweifeln zu geschehen.

beim Reichsministerium des Innern" veranlasst worden war. Im Preußischen Innenministerium wurde dieses Verfahren ebenfalls von Ministerialdirektor Dr. Schellen bearbeitet, weshalb nun das Gutachten für beide Brüder zugleich eingeholt wurde. Am 14. Dezember 1933 teilte der „Sachverständige" mit, ein weiterer Bruder – Rittmeister Cyrill von Jerin – habe für den Großvater den Geburtsort Offenbach und das Geburtsdatum 14. Juli 1811 angegeben. Weitere Recherchen hätten daraufhin zutage gefördert, dass für den 11. Juli 1811 die Geburt eines „Israel Trier" als Sohn des Samuel Trier im Geburtsregister der Juden in Offenbach verzeichnet und die Geburt eines „Theodor Trier" in der fraglichen Zeit in keiner dortigen Kirche vermerkt sei. Israel Trier werde sich später haben taufen lassen und dabei den Namen Theodor angenommen haben. Der Großvater mütterlicherseits – Theodor Trier – wurde daraufhin als „jüdisch" eingestuft und beide Brüder von Jerin galten für das Preußische Innenministerium als „nichtarisch".
Bereits unter dem Datum vom 27. Dezember 1933 wurde Andreas-Kurt von Jerin daraufhin mit sofortiger Wirkung nach § 3 Absatz 1 BBG in den Ruhestand versetzt – Anhaltspunkte für eine Ausnahme nach Absatz 2 lagen nicht vor.
Constantin von Jerin erhielt seinen auf § 5 BBG gestützten Bescheid mit den beiden Alternativen „Versetzung auf eine Regierungsratsstelle in Breslau" und „Antrag auf Versetzung in den Ruhestand" am 21. Februar 1934.
Der Protest beider Brüder gegen die Einstufung als „nichtarisch" war heftig.
Sie erhielten Beistand von einem aktiven NSDAP-Mitglied, Georg Sauerbier aus Georgenthal, der sich am 13. März 1934 direkt an den Reichsminister des Innern Dr. Frick als „Pg" wandte und vortrug, Constantin von Jerin, mit dem er befreundet sei, habe ihn öffentlich in seiner „scharfen Einstellung gegen das Judentum unterstützt". Bei drei Generationen von Nachfahren des hellblonden und blauäugigen Theodor Trier sei in keinem Falle „ein jüdischer Einschlag typisch in Erscheinung getreten und zwar weder in physischer noch charakterlicher Hinsicht".
Gerade eine Geburt in Offenbach im Jahre 1811 sei unwahrscheinlich. Anders als die Brüder, die ursprünglich eine Geburt in Kopenhagen im Jahre 1805 in den Raum gestellt hatten, schlug Sauerbier 1810 als Geburtsjahr vor; zudem argumentierte er mit dem Fehlen bestimmter Kirchenbücher und damit, dass Offenbach ohnehin allenfalls ein vorübergehender Aufenthaltsort gewesen sei.
Auch der Gerichtspräsident Drews, dem Constantin von Jerin mündlich sein Leid geklagt hatte, plädierte in einem handgeschriebenen Brief vom 17. März 1934 mit der Anrede „Lieber Schellen" noch einmal für den Verbleib am Oberverwaltungsgericht.
Beide Vorstöße blieben ohne Wirkung. Dass Schellen die „jüdische" Herkunft nicht allein für Andreas-Kurt von Jerin gelten lassen konnte, sondern auch bei Constantin von Jerin Konsequenzen ziehen musste, lag nahe, zumal der Fall so hoch gehängt worden war. Pünktlich innerhalb der gesetzlichen Monatsfrist – am 21. März 1934 – ging beim Oberverwaltungsgericht das auf § 5 Absatz 2 BBG gestützte Gesuch von Jerins um Versetzung in den Ruhestand ein. Verbittert machte er darin seine Position als „Edelmann" und sein Ehrgefühl geltend und rügte eine Ungleichbehandlung gegenüber „mehreren höheren Beamten" beim Oberverwaltungsgericht, „bei denen die nichtarische Abkunft zum Teil in sehr viel krasserer Weise (d.h. bez. einer näherliegenden Generation) nachgewiesen" sei, als sie bei ihm aufgrund des Gutachtens lediglich vermutet würde, die aber in ihren Stellungen belassen worden seien.

Drei Tage später wurde Constantin Magnus von Jerin auf eine Regierungsratsstelle in Breslau versetzt: In einem direkt an seinen „alten Senatskollegen“ Schellen gerichteten, persönlich überbrachten Schreiben hatte er gebeten, das Ruhestandsgesuch als obsolet zu betrachten – seine Mutter habe ihn dazu bewogen, Etikette-Rücksichten hintanzustellen.
Im April 1934 teilte der „Sachverständige für Rasseforschung“ und Reichstagsabgeordnete Dr. Achim Gercke dem Preußischen Minister des Innern „im Nachtrag“ mit, dass es ihm inzwischen gelungen sei, die Personengleichheit zwischen Israel und Theodor Trier einwandfrei nachzuweisen. Er habe anhand des Flurbuchs der Gemarkung Offenbach nun ermittelt, dass es dort nur zwei Familien Trier, eine evangelische und eine jüdische, gegeben habe. Weiteres habe seine Einsicht in die Nachlassakten ergeben: Der erstgeborene Sohn Israel des jüdischen Samuel Trier werde in dessen Nachlassakten als Theodor Trier bezeichnet. Der groteske Übereifer des „Rasseforschers“[10] war unnötig – der Behörde hatte schon die bloße Vermutung genügt.

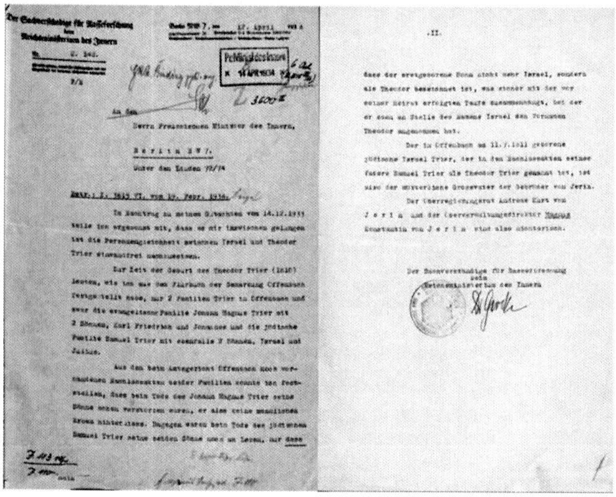

Constantin Magnus von Jerin verstarb krankheitsbedingt im Alter von 60 Jahren am 25. Juli 1936 in Berlin an einer Lungenentzündung[11] – circa ein Jahr nach seiner mit dem „Geburtsfehler“ behafteten Mutter, die zuletzt in Luzern gelebt hatte.

3. Nachkriegszeit

Am 15. Dezember 1949 bescheinigte der Präsident des Bezirksverwaltungsgerichts[12] (Britischer Sektor von Berlin) der Witwe Constantin von Jerins, dass ihr Mann „unter dem Naziregime aus rassischen und politischen Gründen gemaßregelt und am 1. April 1934 aufgrund des § 5 Abs. 1 des „Gesetzes zur Wiederherstellung des Berufsbeamtentums“ vom 7. April 1933 in eine Regierungsratsstelle bei der Regierung in Breslau versetzt worden“ war.

10 Zu Dr. Achim Gercke s. Przyrembel, Alexandra: „Rassenschande“ — Reinheitsmythos und Vernichtungslegitimation im Nationalsozialismus, 2003, S. 102 ff., S. 105, FN 122, 123. Gercke wollte nach eigenen Worten „mit blankem Schwert und freiem Arm das Schlinggewächs des Rassenchaos beiseite räumen, um der deutschen Eiche Licht und Luft, dem deutschen Blut sein Lebensrecht zu erkämpfen“. 1935 wurde er weg. angebl. Verstoßes gegen § 175 StGB verhaftet, seines Amtes enthoben und aus der NSDAP ausgeschlossen.

11 BArch R 1501/207678 (von Jerins Personalakte im Innenministerium), letztes Blatt.

12 Victor Foitzick, bis 1941 Oberverwaltungsgerichtsrat am Preußischen Oberverwaltungsgericht.

Den Nachkommen seiner Brüder Andreas-Kurt und Cyrill wurde innerhalb der Familie von dem damaligen Vorwurf jüdischer Herkunft nichts berichtet. Für sie handelte es sich bei den Londoner Verwandten namens Trier um Engländer. Sie gingen davon aus, dass Constantin Magnus und Andreas-Kurt von Jerin wegen politischer Missliebigkeit entlassen beziehungsweise versetzt worden waren.

Dr. Wolff (genannt **Wilhelm**) Jacob Philipp **Kroner**
Oberverwaltungsgerichtsrat

geboren am 14. August 1870 in Aurich
verheiratet seit 1907 mit Adelheid, geb. Simon
drei Kinder: Ruth, geb.1908, Carl-Ernst, geb. 1910, und Friedrich, geb. 1912
gestorben am 15. Oktober 1942 in Theresienstadt

Es verwundert nicht, dass Wilhelm Kroner für die 1933 ans Ruder gekommenen Nationalsozialisten das Feindbild par excellence darstellte: Er war bekennender Jude, obendrein Sohn eines akademisch gebildeten Rabbiners, er war in Wort und Tat Republikaner und stand als SPD-Mitglied und Reichstagskandidat[1], Vorsitzender des Republikanischen Richterbundes und Herausgeber der kritischen Zeitschrift *Die Justiz* politisch links.
Eine solche Häufung von Merkmalen, die bei Richtern nur selten vorkamen, mutete der Gerichtspräsident Bill Drews den neuen Machthabern nicht länger zu als nötig: Er zögerte keinen Augenblick, Wilhelm Kroners Entlassung in die Wege zu leiten, als das BBG ihm dazu die Gelegenheit bot.

1. Kaiserzeit und Weimarer Republik

Wilhelm Kroner kam 1870 in Aurich zur Welt. Sein Vater, der 1833 in Deutsch-Krone/Westpreußen geborene Rabbiner Dr. phil. Philipp Kroner, war dort seit 1864 Oberlehrer und Prediger. Es ist anzunehmen, dass Wilhelm Kroner seine Schulzeit in Brandenburg verbrachte und später in Berlin lebte, denn ab 1876 war der Vater in Brandenburg und von 1888 bis 1904 in den Berliner Gemeinden „Bne Brith" und „Synagogenverein des Westens" als Rabbiner tätig.[2] Aus Liebe zum preußi-

1 Am 20. Mai 1928 und 6. November 1932, jeweils Wahlkreis Potsdam II, vgl. GStA PK, I. HA Rep. 184 Pers.-Akten Nr. 1479, Bl. 71, 85.

2 S. http://www.alemannia-judaica.de/aurich_rabbinat_lehrer.htm#Zum%20Tod%20von%20Rabbiner%20Josef%20Kohn%20(1884); ab 1900 war Philipp Kroner zugleich Gymnasiallehrer an der Kaiser-Friedrich-Schule in der Berliner Knesebeckstraße, s. Held, Ludger http://www.juedische-allgemeine.de/article/view/id/14877/highlight/Walter&BenjaminArtikel. – Ab 1905 Leiter der Religionsschule in der Joachimsthaler,Straße, s. Brocke, Michael; Carlebach, Julius: Die Rabbiner im Deutschen Reich 1871–1945, 2009, S. 353 f.

schen Königshaus verwendeten seine Eltern für ihn anstelle seines 1870 ins Geburtenregister eingetragenen Rufnamens Wolff den Vornamen Wilhelm. Von Wilhelm II. wurde dem weithin als Religionsgelehrter bekannten Dr. Philipp Kroner denn auch 1904 der „Preußische rote Adlerorden IV. Klasse" für seine „segensreiche Tätigkeit" verliehen.[3] Eher als Preußentum und Frömmigkeit hat allerdings das vehemente publizistische Auftreten des Vaters gegen Judenhass – er schrieb verschiedene Artikel zum Talmud im „Verein zur Abwehr des Antisemitismus"[4] – Wilhelm Kroners Charakter geprägt.

Den Referendardienst begann Kroner im November 1891 in Oranienburg. Ab Oktober 1896 war er Gerichtsassessor und ab April 1905 Amtsrichter in Forst. Zwei Jahre später heiratete er. 1908, 1910 und 1912 kamen seine Kinder Ruth, Ernst und Friedrich (Fritz) zur Welt. Am 24. Oktober 1910 wurde Wilhelm Kroner zum Amtsgerichtsrat in Forst ernannt und am 16. September 1911 zum Landgerichtsrat beim Landgericht I Berlin. Seine Versetzung von Forst nach Berlin hatte wegen seiner jüdischen Herkunft engen Restriktionen unterlegen. Beispielhaft sei hier der Besetzungsbericht vom März 1911[5] zitiert:

„Die Inhaber der bei dem Landgericht I erledigten vier Stellen waren Christen, weshalb ich für sie 4 christliche Bewerber vorschlage. Da ich aus schon früher erörterten Gründen es für angemessen halte, daß die Zahl der Richter jüdischer Abstammung in ein schickliches Verhältnis zu der Zahl der Richter christlicher Konfession gebracht wird, glaube ich für das Landgericht II, bei dem 3 Stellen zu besetzen sind, nicht mehr als 1, und bei dem Landgericht III, bei dem 7 Stellen frei sind, höchstens 2 Richter jüdischer Abstammung empfehlen zu sollen. Zur Auswahl stelle ich die doppelte Anzahl, im ganzen also 6. Nach Vergleichung der einzelnen Qualifikationen muß ich die folgenden Bewerber, die dem Judentum angehören oder angehört haben[6]: Rothschild (3), Kroner (9), …für die fähigsten unter den jüdischen Bewerbern erachten."

Mit seiner Versetzung an das Landgericht Berlin I hatte Kroner das Maximum erreicht, weiter kamen Richter jüdischer Abstammung in der Regel allenfalls nach der Taufe. Erst aus der Zeit danach gibt es Belege für Kroners politisches Engagement. Während des Ersten Weltkrieges verfasste er einen Text mit dem Titel „Vermögensgrenze. Zwischen Sozialismus und Kapitalismus", 1916 vom Verlag Dr. S. Laufer als 30-seitige Broschüre herausgegeben, der in diversen Fachzeitschriften beworben wurde und in einen Gesetzentwurf für eine unmittelbare Reichssteuer mündete.

---

3 Held, Ludger, ebd.

4 Brocke, Michael; Carlebach, Julius: Die Rabbiner im Deutschen Reich 1871–1945, 2009, S. 353 f.

5 GStA PK, I. HA Rep. 84a Nr. 20463 (Besetzungsakten betr. Landgericht Berlin I) Bl. 18 ff.

6 Trotz Taufe galten sie also nicht als Christen. S. auch oben Kapitel „Fritz Citron".
Die systematischen Benachteiligungen von Bewerbern jüdischer Abstammung blendet Ule, ab 1955 Rektor der Hochschule für Verwaltungswissenschaften in Speyer, noch 1992 aus, wenn er rügt, Kroner habe „eine in keiner Weise hervorragende Laufbahn in der Justiz hinter sich" gehabt, als er zum Oberverwaltungsgerichtsrat ernannt worden sei: Ule, Carl Hermann: „Einfluss der Parteien auf die Verwaltungsgerichtsbarkeit" in: Staat und Parteien, Festschrift für Rudolf Morsey. zum 65. Geburtstag, 1992, S. 59 ff., 67. Ule hatte sich 1940 mit der Schrift „Herrschaft und Führung im nationalsozialistischen Reich" habilitiert.

„Ueber Krieg und Friedensschluss hinaus ziemt es den Deutschen, ein neues Werk der Gerechtigkeit zu planen. Andere Vorzüge, andere Triebkräfte als die eines schrankenlosen Einzelreichtums hat die gewaltige ernste Zeit uns vor die Seele gestellt ... Eine Privatvermögensgrenze gilt es zu ziehen ... Die Begrenzung tut not; denn trotz segensreicher Sozialpolitik steht nebeneinander: hier maßloser Reichtum, dort unverschuldetes Elend. Dieser Zustand widerspricht der höchsten Sittlichkeit des Staatsgedankens. Die Begrenzung ist durchführbar mittels der Verwaltungs- und Steuertechnik im Staat von heute."

Diesen Text unter seinem Namen zu publizieren, erschien Wilhelm Kroner im Jahre 1916 offenbar als zu riskant, er[7] veröffentlichte ihn als „ein deutscher Richter". Erst fünf Jahre später, nach dem Untergang der Monarchie und der verheißungsvollen Geburt einer Republik, trat er als „Landgerichtsrat Kroner" an die Öffentlichkeit – mit dem Aufruf, dem Republikanischen Richterbund beizutreten, der am 30. Dezember 1921 in der SPD-Zeitung *Vorwärts* und im Januar 1922 in der *Juristischen Wochenschrift*[8] erschien. Der Aufruf plädierte für ein Richtertum frei von Standesdünkel, „unabhängig nach oben wie nach unten", ein von allen „kleinlichen und veralteten Methoden und Einflüssen der Justizverwaltung" und von untergeordneten Aufgaben entlastetes und ein „politisch neu interessiertes Richtertum". Weiter hieß es: *„Wir werden es an der erforderlichen Kritik nicht fehlen lassen, wo immer wir gewahr werden, dass die Rechtsanwendung oder die Verwaltungspraxis den Grundsätzen des Freistaats und der Demokratie offenen oder verhüllten Widerstand leistet."*

Der Aufruf hatte Erfolg. Wilhelm Kroner wurde Vorsitzender des Bundes.

In der Satzung vom 5. März 1922 heißt[9] es über den Text des Aufrufs hinaus:

„§ 2 Der Bund ist kein Standesverein. Er überläßt es den Mitgliedern, ihre Standesinteressen in den gegebenen Berufsorganisationen wahrzunehmen.

...

§ 4 Mitglieder können werden: Berufsrichter, höhere Verwaltungsbeamte, welche befähigt sind, Mitglieder von Verwaltungsgerichten zu sein, Staatsanwälte, planmäßige Amtsanwälte und Hochschullehrer der Rechts-, Staats- und Wirtschaftswissenschaften, auch solche, die sich im Ruhestande befinden, sowie die Anwärter dieser Berufe.

§ 5 Beratende Mitglieder können werden: Rechtsanwälte, Notare, Reichs- und Landtagsabgeordnete, juristische Verwaltungsbeamte und sonstige juristische Akademiker."

In seinem ersten Jahresbericht vom 8. Februar 1923 konnte Kroner vermelden: „Der Bund begann mit einigen 20 Mitgliedern und zählt am Ende des Berichtsjahres gegen 500 Mitglieder." Während dieses Jahres – am 24. Juni 1922 – war Walther Rathenau ermordet worden – ein Ereignis, das viele bis dahin eher passive

7 Kroners Autorenschaft ist belegt durch Angaben seines Enkels Dr. Thomas Kroner, Winterthur.

8 *Juristische Wochenschrift* 1922, S. 274.

9 Zitiert nach Kempner, Robert M. W.: „Der Republikanische Richterbund", in: *Recht und Politik*, Heft 4, 1967, S. 129; Kempner, später stellv. US Hauptankläger im Nürnberger Prozess gegen die Hauptkriegsverbrecher sowie im Nürnberger Wilhelmstraßenprozess, war selbst Mitglied des Republikanischen Richterbundes.

Republikanischer Richterbund.

Aufruf.

Von dem Gedanken beseelt, daß ein wahres Vertrauensverhältnis des Volkes zur Rechtspflege, sowie der deutsche Aufbau überhaupt nur auf den Grundlagen der demokratischen Republik gedeihen kann, haben sich in Berlin Richter und Angehörige verwandter Berufe zu einem *Republikanischen Richterbunde* vereinigt. Wir wollen ein *freiheitliches* Richtertum, das frei von Standesdünkel, aus innerer Harmonie dem Herzschlag des Volkes, seiner schaffenden und schöpferischen Schichten folgt. Wir wollen ein *unabhängiges* Richtertum, unabhängig nach oben wie nach unten, unabhängig auch in dem Sinne, daß der Richter allen kleinlichen, veralteten Methoden und Einflüssen der Justizverwaltung entzogen, daß er von untergeordneten Aufgaben völlig entlastet werde, damit er von Druck und Hemmung frei, seines hohen Berufes walten und auf den Höhen seiner Wissenschaft, sowie der allgemeinen Bildung sich behaupten kann. Wir wollen endlich ein *politisch neu interessiertes* Richtertum, das in die Tiefe und in den ganzen Reichtum des Staats-, Volks- und Gesellschaftslebens verstehend eindringt. Wir werden der berechtigten *Justizreformbewegung* im neuen Volksstaat bereitwillig dienen. Wir werden für Erneuerung und Gesundung des Rechts in Gesetzgebung, Verwaltung und Rechtsprechung auf allen Gebieten energisch eintreten. Wir werden es an der erforderlichen Kritik nicht fehlen lassen, wo immer wir gewahr werden, daß die Rechtsanwendung oder die Verwaltungspraxis den Grundsätzen des Freistaats und der Demokratie offenen oder verhüllten Widerstand leistet.

Parteipolitik betreiben wir nicht. In unseren Reihen ist jeder willkommen, der sich vorbehaltlos zur demokratischen Republik und zum Gedanken sozialer Gerechtigkeit bekennt. Wir rufen die uns gleichgesinnten deutschen Richter, Staatsanwälte und Rechtslehrer zum Beitritt, zur Gründung weiterer Ortsgruppen und zur Kartellbildung mit dem Republikanischen Richterbund in Berlin auf.

Berlin, Januar 1922.

Amtsgerichtsrat *Marquard*, Berlin W 50, Augsburger Straße 6, *Vorsitzender, an dessen Adresse Zuschriften erbeten werden;*

Staatsanwaltschaftsrat *Steinbrecher;*

Amtsgerichtsrat *Dr. Scholz;*

Landgerichtsrat *Kroner.*

Republikaner aufgerüttelt und etliche Richter und Anwälte dazu veranlasst haben dürfte, sich deutlicher zu engagieren und dem Bund beizutreten.[10]
Die meisten deutschen Richter, in ihrer Mehrheit aus der Monarchie in die Ämter der Weimarer Republik übernommen, blieben indes weiterhin „unpolitisch" – so das Credo des Deutschen Richterbundes[11], in dem mehr als 10 000 Richter organisiert waren. Unter den gegebenen Umständen kam dies nicht selten einer Ablehnung republikanischen Gedankenguts gleich: Die Ideale der Republik wurden von den Parteien der „Weimarer Koalition" SPD, DDP und Zentrum repräsentiert und deren Verteidigung deshalb als „parteipolitisch" eingestuft.
Kroners offenes Eintreten für die in seiner Berufsgruppe eher unbeliebte Republik schadete ihm nicht – mit Wirkung vom 1. November 1922 wurde er zum Landgerichtsdirektor beim Landgericht III in Berlin befördert. Dies leistete wiederum der These Vorschub, der Republikanische Richterbund sei ein „Beförderungsverein auf Gegenseitigkeit". War es doch früher undenkbar gewesen, dass aktive (und überdies jüdische) Republikaner in ein Beförderungsamt gelangten – also mutmaßte die konservative Richterschaft, es sei nicht mit rechten Dingen zugegangen.[12]
Zum roten Tuch in der „unpolitischen" Justizlandschaft der Weimarer Republik wurde Kroner infolge seines Artikels von Heiligabend 1924 in Berlins ältester Tageszeitung *Tante Voss*. Auf der Titelseite der *Vossischen Zeitung* vom 24. Dezember 1924[13] hatte er als „Landgerichtsdirektor Wilhelm Kroner" unter der Überschrift „Die Urteilsgründe" das am Vortag im Prozess des Reichspräsidenten Friedrich Ebert ergangene Urteil des Magdeburger Landgerichts zerpflückt. Diesen Artikel wählte Drews sieben Jahre später – im Frühjahr 1933 – als „Aufhänger", um Kroner mit sofortiger Wirkung seines Amtes zu entheben. Der Hintergrund und die nachfolgenden Ereignisse aus dem Jahre 1925 sollen deshalb näher beleuchtet werden.
Den Ausgangspunkt für jenen Prozess bildete eine öffentliche Beschimpfung des Reichspräsidenten Ebert als „Landesverräter" wegen seiner Rolle beim Streik der Berliner Munitionsarbeiter im Januar 1918 – „im Grunde die auf Ebert gemünzte Fortsetzung der Dolchstoßlegende"[14]. Ebert hatte ursprünglich einen Strafantrag gegen den Nationalsozialisten Emil Gansser gestellt, der ihn im Juni 1922 entsprechend beschimpft hatte, diesen Antrag aber Anfang 1924 wieder zurückgezogen. Gansser hatte daraufhin in diversen Zeitungen einen Brief mit noch verschärften Vorwürfen abdrucken lassen, eine von Ebert deswegen erneut beantragte Strafverfolgung war jedoch gescheitert: Gansser war ins Ausland gegangen und erst

10 Kempner, ebd., S. 131.

11 Wrobel, Hans: „Der Deutsche Richterbund im Jahre 1933" in: *Deutsche Richterzeitung* (DRiZ) 1983, S. 157 f. Erstabdruck des Aufsatzes in: *Kritische Justiz*, Heft 4, 1982.

12 Schulz, Birger: „Der Republikanische Richterbund (1921–1933)", 1982, S. 147; zur Haltlosigkeit dieser These S. 152 ff. Hinzu trat der Verdacht einer Bevorzugung von Katholiken und Juden, denn jetzt galt die Zugehörigkeit zur katholischen oder zur mosaischen Religionsgemeinschaft nicht länger als gottgegebenes Beförderungshindernis, vgl. Beradt, Martin, Der deutsche Richter, 1930, S. 48 f.: statistisch widerlegt. Zu Katholiken s. a. Kempner (FN 9) S. 132.

13 *Vossische Zeitung* vom 24. Dezember 1924, Nr. 610.

14 Mühlhausen, Walter: „Erwin Rothardt (Magdeburger Prozess des Reichspräsidenten Friedrich Ebert (1924)" in: Lexikon der Politischen Strafprozesse, Stiftung Kurt Groenewold, http://www.lexikon-der-politischen-strafprozesse.de/glossar/rothardt-erwin/, 2014, unter 3.

zurückgekehrt, nachdem er ein Reichstagsmandat für die Nationalsozialistische Freiheitspartei erlangt hatte und deswegen Immunität genoss. Friedrich Ebert hatte sich darum gezwungen gesehen, einen Strafantrag wegen übler Nachrede und Beleidigung gegen den verantwortlichen Redakteur der *Mitteldeutschen Presse* zu stellen, die den Brief Gassners am 23. Februar 1924 mit der Überschrift „Eine bittere Pille für Fritze Ebert" abgedruckt und hinzugefügt hatte: „Beweisen Sie doch, Herr Ebert, dass Sie kein Landesverräter sind!"

In dem so vor dem Landgericht Magdeburg rechtshängig gewordenen Verfahren gegen den Journalisten Erwin Rothardt war Ebert Nebenkläger. Am 23. Dezember 1924 verurteilten die Magdeburger Richter den angeklagten Redakteur zwar zu einer Gefängnisstrafe von drei Monaten wegen Beleidigung, sprachen ihn aber vom Vorwurf der üblen Nachrede frei, weil die Behauptung des Landesverrats zutreffe: Es sei der Beweis erbracht worden, dass Ebert durch seine Beteiligung an der Streikleitung im Januar 1918 „objektiv und subjektiv" den Tatbestand des „Landesverrats" erfüllt habe – ungeachtet der vom Gericht nicht zu untersuchenden Frage, ob diese Handlung politisch, historisch oder moralisch geboten gewesen sein könne.

Auf der republikanischen Seite löste dieses Urteil allgemein Entrüstung aus, während die Deutschnationalen ihre Dolchstoßlegende bestätigt sahen. Es *„besaß … eine politische Dimension ungeahnter Reichweite: Denn nun haftete der von vielen nicht geliebten Republik das Odium der Geburt aus dem Verrat an – ein schwerer Schlag für die noch ungefestigte Demokratie."*[15]

Heftige Empörung erfasste auch Wilhelm Kroner. Aus seinem sofort nach der Urteilsverkündung verfassten Artikel wurde später vornehmlich die Passage zitiert: *„Das ist, es muss gesagt werden, eine jammervolle, schamlose, feige, verächtliche Konklusion gegenüber dem Träger der Würde Deutschlands"*. Allerdings hatte er sich eingehend mit dieser „Konklusion" auseinandergesetzt.

Das Gericht habe ausgeführt: Ebert und seine Partei mögen die politische Absicht zur Vereitelung des Streiks gehabt haben, diese Absicht müsse aber für die strafrechtliche Beurteilung ausscheiden – objektiver, vorsätzlicher Landesverrat sei dadurch begangen, dass Ebert der Herausgabe eines Flugblattes für den Streik nicht widersprochen und am Schluss seiner Treptower Rede vom 31. Januar 1918 die Streikenden aufgefordert habe: „Haltet ruhig aus, eure Arbeitsbrüder in anderen Städten stehen zu euch." Dem hielt Kroner Folgendes entgegen:

„Die Sprache des Umgangs und selbst die des Gesetzes unterscheidet nicht durchweg zwischen Vorsatz und Absicht. Der Strafrechtler unterscheidet diese Begriffe: Vorsatz als Voraussicht des Erfolges. Absicht als Bezweckung des Erfolges. Vorsatz ist weniger als Absicht. War aber die Absicht auf V e r e i t e l u n g des Erfolges gerichtet, so schließt dies den Vorsatz als Voraussicht des (durch eigenes Handeln verursachten) Erfolges völlig aus. Bei dem Verbrechen des Landesverrats nach § 89 des Strafgesetzbuchs muss der Vorsatz auf Schädigung der Heimat gerichtet sein … natürlich auch zum Landesverrat ist ein Vorsatz unmöglich, wenn die Absicht gerade auf Vereitelung des Erfolges ging … Was soll es hier heißen: Die Absicht des Mannes müsse dahingestellt bleiben, der Vorsatz bestehe? War die Absicht dieses führenden Politikers, sein ganzes Tun und Trachten, auf Stärkung der Landesverteidigung, auf Abwürgung und Vereitelung des Streiks gerichtet, so schließt das nach

15 Mühlhausen, Walter (FN 14) unter 8 (a.E.).

dem eingangs Gesagten den Vorsatz zum Landesverrat eben selbstverständlich völlig aus. Alle Einzelhandlungen, auch ein scheinbares Gewährenlassen, beschwichtigende Worte zu der aufgeregten Menge, ordnen sich der beherrschenden Absicht unter, im Schlussergebnis den Streik so rasch wie möglich zu Ende zu bringen."
Mit der gleichen Argumentation führte das Reichsgericht später in einem § 5 Abs. 1 Nr. 3 des (Zweiten) Republikschutzgesetzes vom 25. März 1930 betreffenden Verfahren (der Sache nach einem Parallelfall) am 20. Oktober 1931 aus, ein Landesverrat, der dem verstorbenen Reichspräsidenten auch hier wegen der „Streikbeteiligung" vom Januar 1918 vorgeworfen worden war, „eines der häßlichsten Verbrechen ..., das einem Deutschen nachgesagt werden kann", könne nicht vorliegen, wenn „das Gesamtverhalten durch das Ziel beherrscht" sei, „von der Kriegsmacht des Deutschen Reiches größeren Nachteil abzuwenden und nur zu diesem Zwecke die geringer benachteiligenden Handlungen in Kauf zu nehmen."[16] Die „Konklusion" der Magdeburger Richter wurde von Kroner also auf der Basis einer letztlich auch für das Reichsgericht maßgeblich juristischen Deduktion mit den Adjektiven jammervoll, schamlos, feige und verächtlich belegt.
Die Beleidigungsklage seiner zwei richterlichen Kollegen vom Magdeburger Landgericht, beide galten als deutschnational, ließ nicht lange auf sich warten und bereits am 10. Februar 1925 beschäftigte sich *Die Weltbühne* mit seiner (erstinstanzlichen) Verurteilung zu einer Geldstrafe von 3 000 RM[17]. Jack Levy besprach den „Fall Kroner" auf der Seite 240[18] und ihr Herausgeber Carl von Ossietzky beantwortete auf der Seite 221 sarkastisch den (fiktiven?) Leserbrief eines Jurastudenten:
„Sie erwarten, daß hier ‚Empörung' über den Fall Kroner „auflodern werde. Weswegen junger Pathetiker? ... Ein Richter sieht mit unbestechlichen Augen, wie seine Kollegen Recht sprechen – und wird nicht zum Tode verurteilt ... Dafür, daß der Landgerichtsdirektor Wilhelm Kroner ein Kerl ist, die Wahrheit sagt und sich entschlossen zu einer Republik bekennt, die sich nicht einmal selber zu sich bekennt – dafür darf er in Freiheit und am Leben bleiben und braucht nur dreitausend Mark Strafe zu zahlen. Grund zu ‚Empörung'? Grund zu Überraschtheit, Freude und Dank."
Inzwischen waren der Reichspräsident und die Staatsanwaltschaft in die Berufung gegangen. Währenddessen verschleppte Friedrich Ebert, dessen Amtszeit bis zum 30. Juni 1925 laufen sollte, eine Blinddarmentzündung; die zu späte Operation überstand er nicht, am 28. Februar 1925 verstarb er, erst 54 Jahre alt.[19] Nach einer umfangreichen Beweisaufnahme wurde das Verfahren schließlich am 15. September 1925 wegen einer Amnestie-Verordnung vom 21.August 1925 eingestellt.[20]
Kroner hatte gegen seine Verurteilung wegen Beleidigung ebenfalls Berufung eingelegt. Am 20. April 1925 wurde das Urteil daraufhin wegen Besorgnis der Befan-

16 RGSt E 65, 422 (423, 433).

17 Zum Strafmaß vgl., Rasehorn, Theo: „Wilhelm Kroner – Der Richter, der ‚Die Justiz' prägte" in: Kritische Justiz (Hg.): „Streitbare Juristen – eine andere Tradition", 1988, S. 219, 225. – Weber, Peter: „Republikanische Richter auf verlorenem Posten", Vortrag 2003, http://www.forumjustizgeschichte.de/Dr-Peter-Weber.48.0.html.

18 Levy, Jack: „Der Fall Kroner" in: *Die Weltbühne* 21 (1925), S. 240.

19 Mühlhausen, Walter (FN 14) unter 7.

20 Die preußische Verordnung über die Gewährung von Straffreiheit vom 21. August 1925 , Pr GS S. 105.

genheit des erstinstanzlich zuständig gewesenen Amtsgerichtsrats Ahlsdorff[21] aufgehoben und die Sache zur nochmaligen Verhandlung und Entscheidung an die erste Instanz zurückverwiesen. Da sein Prozess von derselben Straffreiheits-Verordnung wie der Prozess Friedrich Eberts erfasst wurde, schlug das Amtsgericht Berlin-Mitte am 26. September 1925 das Verfahren nieder.
Die von den beiden Magdeburger Richtern dagegen erhobene Beschwerde wurde vom Landgericht Berlin I am 5. Januar 1926 zurückgewiesen. Das Gericht meinte dabei erörtern zu müssen, ob Wilhelm Kroner vielleicht um der Verbesserung seiner Beförderungsaussichten willen und deshalb aus egoistisch-unpolitischen niedrigen Beweggründen (die Verordnung sprach in § 4 Nr. 2 von „Rohheit, Gewinnsucht oder einem sonstigen niedrigen Beweggrunde") gehandelt haben könnte und die Amnestie seinen Fall darum gegebenenfalls nicht erfassen würde.[22] Die Beförderung zum Oberverwaltungsgerichtsrat[23] hatte das Preußische Staatsministerium allerdings erst am 7. Oktober 1925 und damit ein dreiviertel Jahr nach Kroners Artikel in der *Vossischen Zeitung* angeordnet, so dass es dem Landgericht Berlin dann doch schwerfiel, eine „bestimmte Feststellung in dieser Hinsicht" zu treffen. Und so führte „eine der zahlreichen Amnestien ..., die während der Weimarer Republik sonst meist den Feinden des Staates zustatten kamen",[24] ausnahmsweise zur Einstellung eines Strafverfahrens gegen einen vehementen Republikaner.
Der Präsident des Preußischen Oberverwaltungsgerichts Bill Drews, zu dem erst Anfang Oktober 1925 das „Gerücht" von Kroners bevorstehender Ernennung zum Oberverwaltungsgerichtsrat gedrungen war, hatte sofort alle Hebel in Bewegung gesetzt, um diese Beförderung zu stoppen. Er fühlte sich übergangen und düpiert. Das Staatsministerium des Innern habe, so schrieb er am 20. Oktober 1925 an den Preußischen Ministerpräsidenten, am 7. Dezember 1920 (unter Ablehnung weiter gehender Anträge auf gesetzliche Festlegung eines förmlichen Vorschlagsrechts des Präsidenten) beschlossen, dass in Zukunft der Präsident des Oberverwaltungsgerichts vor jeder Ernennung gehört werden solle. Über Kroners sachliche und persönliche Eignung zum Oberverwaltungsgerichtsrat habe er sich weder informieren noch äußern können.[25] Am 6. Oktober 1925 habe er den Minister des Innern persönlich aufgesucht und erfahren, dass das Gerücht zutreffe; sofort habe er seine „schweren allgemeinen Bedenken" dagegen dargelegt, eine Persönlichkeit zum Mitglied eines höchsten Gerichtshofs, der vielfach gerade mit politischen Fragen befasst sei, zu ernennen, die im politischen Kampf gegen einen Richter wegen sei-

21 Vgl. hierzu Landsberg, Otto: „Ein Nachspiel zum Fall Kroner" in: *Die Justiz* 1 1925/26, S. 403 ff.

22 Landsberg, Otto, ebd.

23 Der Enkel von Wilhelm Kroner, Dr. Thomas Kroner, berichtet, Kroner habe das Ansinnen, sich vorher taufen zu lassen, unter Hinweis auf seine Herkunft aus einer Rabbinerfamilie zurückgewiesen.

24 Kempner (FN 9) S. 130.

25 Vielmehr habe er sich Mitte September 1925 damit einverstanden erklärt, „daß ein bestimmter Kammergerichtsrat, der Mitglied der Demokratischen Partei und des republikanischen Richterbundes ist, zum Mitgliede des Gerichtshofs bestellt würde", um auch „eine politisch links stehende Persönlichkeit" zu berücksichtigen, s. Abschrift eines Schreibens v. 20. Oktober 1925 in: GStA PK, VI. HA (Nachlass Drews) Rep. 92 Nr. 161, Bl.3 ff. der Akte Pr. Nr. 1997. Kroner hatte sich erst kurz danach beworben, vgl. Schulz, Birger (FN 12) S. 78 f.

ner amtlichen Tätigkeit Vorwürfe wie „jammervoll, feige, schamlos, verächtlich, willkürlich, verkünstelt, sinnlos und tückisch" erhoben habe. *„Man werde in weitesten Kreisen einem solchen Manne, der in politischen Dingen zum mindesten die nötige Zurückhaltung nicht habe wahren können, die gerade für einen Richter am Oberverwaltungsgerichte besonders nötige Objektivität nicht zuerkennen."*

Wenige Tage nach Kroners Beförderung forderte Drews vom Berliner Landgericht I die Strafakten des „durch die jüngste Amnestie" beendeten, bekannten Strafverfahrens gegen Kroner an.[26] Weitere vier Tage später – am 16. Oktober 1925 – unterzeichneten sämtliche damals amtierenden Richter des Preußischen Oberverwaltungsgerichts[27] einen Brief an Drews, in dem es hieß, sie empfänden Kroners Ernennung als eine schwere Verletzung der Würde des Gerichtshofs; Kroner habe jede Objektivität und Selbstbeherrschung vermissen lassen. Seine Zugehörigkeit zum Oberverwaltungsgericht müsse notwendigerweise das bestehende Vertrauen des Volkes zur unparteiischen, leidenschaftslosen Rechtsprechung des Gerichtshofs erschüttern.[28] Hierzu sei Gustav Radbruch[29] zitiert:

„Ist der Kritiker gar selber ein Richter, so gibt die schwere Verletzung der Kollegialität, deren er sich schuldig macht, den Grund ab, die Schale des Zorns über seinem Haupte zu leeren, den Anlass jener Verletzung aber schweigend zu umgehen."[30]

Den Brief seiner Richterschaft „im Gepäck", schrieb Drews am 20. Oktober 1925, wie erwähnt, an den Preußischen Ministerpräsidenten, um nun schriftlich seinem Ärger Luft zu machen und Kroner – nach Einsicht in dessen Personalakte und „vertraulichen ... privaten Erkundigungen ... auch bei solchen älteren Berliner Richtern und Anwälten, die Kroner politisch nahestehen,"[31] – für ungeeignet zu erklären (unter anderem auch wegen einer ihm ärztlich bescheinigten „großen Nervosität"). Der Preußische Richterverein, der größte Mitgliedsverein des Deutschen Richterbundes, störte sich in seiner am 22. Oktober 1925 in der Tagespresse verlautbarten Erklärung zusätzlich noch daran, dass mit der Ernennung Kroners zum OVG-Rat die Disziplinargewalt über ihn entfiel.[32] Demgegenüber empfand Gustav Radbruch in einem offenen Brief an den Herausgeber der *Deutschen Juris-*

26 GStA PK, I. HA Rep.184, Pers.-Akten Nr. 1479 Bl. 39.

27 Von den in diesem Buch erwähnten Richtern gehörten dazu Dr. Schellen, Schwerin und Dr. Strucksberg, selbst Mitglied des Republikanischen Richterbundes, der später gegen seine Entlassung nach § 4 BBG anführte, er habe dem Ausschuss angehört, der das Protestschreiben verfasst habe.

28 GStA PK, VI. HA (Nachlass Drews) Rep. 92, Nr. 161, Bl. 2 der Akte Pr. Nr. 1997.

29 Radbruch war zu Beginn der zwanziger Jahre SPD-Reichstagsabgeordneter und Reichsjustizminister; er war Hochschullehrer für Strafrecht und Rechtsphilosophie, Mitglied des Republikanischen Richterbundes und Mitherausgeber der Zeitschrift *Die Justiz*.

30 Radbruch, Gustav in: Kaufmann, Arthur (Hg.): Gustav Radbruch Gesamtausgabe Band 12, Politische Schriften aus der Weimarer Zeit I, bearb. v. Alessandro Baratta,1992, S. 205.

31 Vgl. Schulz, Birger (FN 12), S. 82 mit FN 128. Diese diffuse Angabe von Drews genügt Birger Schulz als „Beleg" für folgendes Fazit: „Selbst Richter, die Kroner politisch nahestanden, betrachteten seine Qualifikation für das neue Amt nicht als ausreichend." Schulz ist übrigens so ignorant, Wilhelm Kroner in seinem biographischen Anhang als „Kroner, Wilhelm Israel" aufzulisten, ohne den Zwangsnamen „Israel" zu kommentieren.

32 DRZ 1925, S. 557 und *Die Justiz* 1 1925/26, S. 229. Derselbe Preußische Richterverein ließ leider 1933 jegliche Bereitschaft zum Protest gegen die nationalsozialistische Stellenpolitik vermissen, er gliederte sich bereits am 21. April 1933 „in die gemeinsame Kampffront unter der Führung des Reichskanzlers Adolf Hitler" ein, vgl. Wrobel, Hans (FN 11) S. 164.

ten-Zeitung (DJZ)[33], dem er zuvor seine weitere Mitarbeit an der *DJZ* wegen dessen Kritik an Kroners Beförderung aufgekündigt hatte, „Freude über den Ausbruch eines lebendigen und gesunden Rechtsgefühls angesichts eines empörenden Fehlurteils" und lobte Kroners unerschrockenen Mut zum Bekennen der eigenen Überzeugung.

Noch vor Dienstantritt legte Kroner ein zwar von vielen Höflichkeitsfloskeln durchzogenes, aber in der Sache gewagtes Gesuch vor, ihn für das nächste halbe Jahr zu beurlauben:

„Eure Exzellenz!

In der Anlage gebe ich mir die Ehre, Eurer Exzellenz das Eröffnungsheft der von mir mit den Professoren Mittermaier, Radbruch und Sinzheimer herausgegebenen allgemein justizpolitischen Zeitschrift Die Justiz zwecks Begründung des nachstehenden Gesuches ganz gehorsamst zu unterbreiten ... Die Zeitschrift erfordert für das erste Halbjahr ihres Erscheinens, Oktober 1925 bis April 1926, wie sich in Anbetracht der stetig wachsenden Anteilnahme von Lesern und Autoren übersehen lässt, eine ganz außerordentlich starke Redaktionstätigkeit ... Da ich bei der Zeitschrift, die m. E. eine wichtige staatliche Ausgleichsaufgabe zu erfüllen hat, einstweilen nicht vertretbar bin, so bitte ich ganz gehorsamst, Eure Exzellenz wolle mir für den Zeitraum vom Oktober 1925 bis zum 31. März 1926 hochgeneigtest Urlaub erteilen. Wilhelm Kroner".

Drews lehnte ab:

„Die Geschäftslage des Gerichtshofes, insbesondere des siebenten Senats, dem Sie zugeteilt sind, erlaubt es nicht, einem Mitgliede des Gerichtshofes einen längeren Urlaub zu erteilen, durch den es an der Erfüllung der Pflichten seines Hauptamtes behindert wird. Ich bitte Sie demgemäß, den Dienst als OVG.Rat umgehend anzutreten."

Wie bereits oben im Zusammenhang mit dem Bericht über Hugo Canditt[34] erwähnt, dürfte das dem Antrag beigelegte Heft 1 der Zeitschrift *Die Justiz* bei Bill Drews eher Ärger als Hochachtung ausgelöst haben. Denn das darin von Canditt einer herben Kritik unterzogene Borkumlied-Urteil vom 12. Juli 1925 (PrOVGE 80, 176) war unter seinem Vorsitz ergangen.

Allerdings konnte sich die neue Zeitschrift, zugleich das Organ des Republikanischen Richterbundes, auch ohne die begehrte Freistellung Kroners entwickeln – *Die Justiz* wurde zur „farbigsten und engagiertesten Rechtszeitschrift der Weimarer Republik" und bildete „eine starke Gegenöffentlichkeit im Bereich des Rechtswesens".[35] Für den Geschmack eines Kurt Tucholsky war sie indes zu brav: Als „Ignaz Wrobel" spricht er in der *Weltbühne* vom 12. April 1927[36] über einen „etwas flau geführten Kampf der reinlichen und gut gemeinten Zeitschrift Die Justiz", der nicht nützen werde. Ungeachtet dessen schrieben dort „alle, die unter liberalen und linken Juristen Rang und Namen hatten von Hans Kelsen über Gustav Radbruch bis zu Erik Wolf" und auch Thomas Mann, Ernst Toller, Walter Gropius und Theodor

33 Radbruch, Gustav: „Offener Brief an Herrn Dr.Otto Liebmann, Herausgeber der Deutschen Juristen-Zeitung" in: *Die Justiz* 1 1925/26, S. 193 f.

34 S. oben Kapitel „Hugo Canditt".

35 Rasehorn, Theo (FN 17) S. 219, 227; ders.: „Der Untergang der deutschen linksbürgerlichen Kultur", 1988, S. 36. – Weber, Peter (FN 15).

36 Wrobel, Ignaz (Tucholsky) „Deutsche Richter" in: *Die Weltbühne* 23 (1927), S. 581 f.

Lessing lieferten gelegentlich Beiträge; wie Kroner selbst, gehörten viele Autoren der SPD an oder standen ihr nahe, aber auch die Zahl der DDP-Mitglieder ist gewichtig.[37]

Wilhelm Kroner war als Herausgeber, Schriftleiter und Autor die treibende Kraft, redigiert wurde in seiner Wohnung im Hause Kurfürstendamm 146.

Beim Gerichtspräsidenten Bill Drews kam Kroner in der Folgezeit auf keinen grünen Zweig, sein Groll wegen der Verletzung seines Mitwirkungsrechts saß zu tief. Drews führte neben der offiziellen Personalakte eine gleichsam private „Kroner-Akte"[38], in die er seine eigenen (abfälligen) Äußerungen gegenüber dem Ministerium, diverse Wilhelm Kroner betreffende Presseartikel sowie Berichte von Senatspräsident Ernst Pape aufnahm, dessen Spruchkörper Kroner zugewiesen war und der ihn nicht mochte. Pape favorisierte seinen anderen Beisitzer, Franz Scholz, der darüber 1955 in dem Buch „Mein Leben für die Gerechtigkeit" berichtete[39]:

„Im Jahre 1929 wurde ich Senatspräsident am Preußischen Oberverwaltungsgericht ... Meine Ernennung verdanke ich in erster Linie dem Senatspräsidenten Dr. Ernst Pape, dessen Senat ich in letzter Zeit angehört hatte. Er bestärkte den Chefpräsidenten Drews in seinem Eintreten für mich beim Staatsministerium. Eine Schwierigkeit bestand nur darin, dass die Sozialdemokratische Partei einen anderen Kandidaten hatte, und daß keine Partei für mich eintrat, da ich immer parteilos war. Aber das Staatsministerium sah letztlich auf sachliche Qualifikation."

Kroner erhielt schlechtere dienstliche Beurteilungen als die Konkurrenten[40], seine Bewerbungen waren zum Scheitern verurteilt.

2. NS-Zeit

Zehn Tage nach der Reichstagswahl vom 5. März 1933 erschien in der Morgenausgabe der *Vossischen Zeitung* die lapidare Meldung: „Der Republikanische Richterbund hat seine Auflösung beschlossen und durchgeführt"[41]. In der Folgezeit beschlagnahmte die Gestapo in Kroners Wohnung am Kurfürstendamm die Unterlagen des Bundes und leitete Abschriften der Mitgliederlisten an Stellen weiter, die in die Umsetzung des Gesetzes zur Wiederherstellung des Berufsbeamtentums

37 Weber, Peter (FN 17). – Rasehorn, Theo: „‚Die Justiz', eine Zeitschrift für Demokratie in der Weimarer Zeit" in: Böttcher, Hans-Ernst: Recht, Justiz, Kritik – Festschrift für Richard Schmid, 1985, S. 17, 33.

38 Jetzt Teil seines Nachlasses (bereits mehrfach hier zitiert): Akte Pr. Nr. 1997 in: GStA PK, VI. HA Rep. 92 (Nachlass Drews) Nr. 161.

39 Scholz, Franz: „Ein Leben für die Gerechtigkeit",1955, S. 54. Scholz war nach 1945 für einige Monate der (erste) Präsident des Bezirksverwaltungsgerichts in der britischen Zone, dann weg. seiner mit NS-Phrasen und Lobeshymnen auf Adolf Hitler angereicherten Schriften, u. a. „Die Verwaltungsgerichtsbarkeit im Dritten Reich" von 1936, als zu bemakelt eingestuft, später aber wieder „rehabilitiert", weil ihm erstaunlicherweise abgenommen wurde, dass er die NS-Ideologie nur zur Tarnung seiner rechtsstaatlichen Position benutzt habe: So der Beschluss der „Entnazifizierungskommission für Juristen" beim Magistrat von Groß-Berlin vom 11. Oktober 1949, s. LArch Berlin, B Rep. 031-01-02 Nr. 1260 (Entnazifizierungsvorgang Dr. jur. Franz Scholz, geb. 23. 9. 1873).

40 Schulz, Birger (FN 10) S. 81 m.w. N.

41 Der Deutsche Richterbund nahm dies mit „Genugtuung" zur Kenntnis, s. DRiZ 1933, 123. S. auch Schulz, Birger (FN 12) S. 173 m. w. N.

vom 7. April 1933 einbezogen waren[42]. Bereits am 11. April 1933 erklärte die Erste Verordnung zur Durchführung dieses Gesetzes[43] die bisherige Mitgliedschaft im Republikanischen Richterbund zu einer politischen Betätigung, die „bei der Prüfung, ob die Voraussetzungen des § 4 Satz 1 gegeben sind", in Betracht zu ziehen und über die auf Verlangen Auskunft zu geben sei. Anfang Mai 1933 wurde *Die Justiz* amtlich verboten.[44]
Angesichts dessen hätte es nicht verwundert, wenn der Präsident des Preußischen Oberverwaltungsgerichts bei Wilhelm Kroner als dem Gründer und Vorsitzenden der nun verhassten Vereinigung ohne Umschweife die Voraussetzungen des § 4 Satz 1 BBG bejaht hätte. Doch Drews hatte eine alte Rechnung zu begleichen: Als hätte er schon seit langem auf diese Möglichkeit gewartet, gab er Wilhelm Kroner (respektive „Ew. Hochwohlgeboren") bereits eine Woche vor der am 22. Mai 1933 gestarteten Fragebogenaktion „im Hinblick auf das Gesetz über die Wiederherstellung des Berufsbeamtentums ... anheim", die Beurlaubung von seinen Amtspflichten selbst zu beantragen. Kroner lehnte „gehorsamst" das Ansinnen ab und verwies auf seine schon seit 1891 andauernde Tätigkeit im Preußischen Staatsdienst und seine Stellung als Sohn des 1907 in Berlin verstorbenen Rabbiners und Gymnasialprofessors Dr. Philipp Kroner, dem seinerzeit der König von Preußen den Roten Adlerorden vierter Klasse – eine für die Geistlichen des jüdischen Bekenntnisses seltene Auszeichnung – verliehen habe. Er wird nicht angenommen haben, wegen dieser Herkunft von Drews vor Maßnahmen nach dem BBG geschützt zu werden – vielleicht wollte er zeigen, dass sein Stolz ungebrochen war. *„Nachdem Sie meiner Anregung, um Urlaub nachzusuchen, nicht Folge geleistet haben, sehe ich mich auf Grund des Gesetzes zur Wiederherstellung des Berufsbeamtentums vom 7. 4. 1933 genötigt, Ew. Hochwohlgeboren meinerseits bis auf weiteres zu beurlauben"* verfügte der „Hüter des Beamtenrechts"[45] am 19. Mai 1933, ohne hierzu etwa Paragraphen oder die für ihn maßgeblichen Gründe anzuführen. Diese Gründe teilte Präsident Drews hingegen unter demselben Datum dem Preußischen Minister des Innern mit: Er verwies nicht etwa auf Kroners Position beim Republikanischen Richterbund oder auf dessen SPD-Zugehörigkeit, sondern nahm Bezug auf sein (oben im einzelnen dargestelltes) Schreiben vom 20. Oktober 1925, Kroners Ernennung zum Oberverwaltungsgerichtsrat betreffend, und zwei weitere Schreiben im Kontext von dessen Bewerbungen um eine Senatspräsidentenstelle.
Am 29. Mai 1933 wurde Kroner davon in Kenntnis gesetzt, dass seine Entlassung nach § 4 BBG beabsichtigt sei. Wiederum fehlten Angaben zu den maßgeblichen Gründen – sie verstanden sich offenbar für alle Beteiligten von selbst.[46] Er erhielt

42 So z. B. an den neuen Kammergerichtspräsidenten Hölscher. Der berichtete am 24. August 1933 „ohne Auftrag" über die aktuelle berufliche Situation der einzelnen – inzwischen zumeist bereits entlassenen – Mitglieder; hinsichtlich der Rechtsanwälte bat er „um Weisung, ob von hier aus etwas zu veranlassen ist", obwohl er bereits dem Vorstand der Anwaltskammer eine Abschrift der Liste zugeleitet hatte, GStA PK I. HA Rep.84a Nr. 6334, Bl. 275, 282 ff.

43 RGBl. I 1933, S. 195.

44 Schulz, Birger (FN 12) S. 173 mit FN 40.

45 So der Titel eines anonymen Artikels in der *Allgemeinen Preußischen Beamtenzeitung* vom 16. August 1929, S. 6 (s. GStA PK, VI. HA Rep. 92 (Nachlass Drews), Nr. 162), in dem Kritik an Drews wegen seines Umgangs mit den Personaldaten Kroners geübt worden war.

46 So sah das noch im Jahre 1992 auch Ule, Carl Hermann (FN 6) S. 68 f.

Gelegenheit zur Äußerung binnen dreier Tage und die (im Normallfall vor dem ministerialen Entschluss stehende) Aufforderung, sofort den inzwischen an alle Richter verteilten Fragebogen auszufüllen.
Wilhelm Kroner erhob gegen eine Anwendung von § 4 BBG „Rechtsverwahrung" und bat um seine Zurruhesetzung gemäß zwei Preußischen Sparverordnungen von 1931, weil er das 60. Lebensjahr überschritten habe. Präsident Drews reichte seine Eingabe am 2. Juni 1933 an das Ministerium weiter und fügte hinzu:
„Auch ich bin der Ansicht, daß die Voraussetzungen für die Anwendung des § 4 aaO. gegeben sind. K. hat im Jahre 1924 durch Presseangriffe (Vossische Zeitung Nr. 610 vom 24. Dez.1924), deren Auswirkungen zu seiner Beförderung zum OVGRat geführt haben, national gesinnte Richter auf das schwerste beleidigt und sie geschädigt. Ich nehme hierzu im einzelnen auf mein Schreiben vom 19. Mai 1933 -Pr.Kro.15.5- und die dort angeführten weiteren Schreiben sowie auf das Schreiben vom 29. Januar 1926 Bezug. K. hat ferner in leitenden Stellungen beim Republikanischen Richterbund und bei der Herausgabe der marxistisch eingestellten Zeitschrift „Justiz" sich betätigt."[47]
Für Bill Drews' Empörung hatte es 1925 noch keine Rolle gespielt, dass die von Kroner beleidigten Magdeburger Richter „national gesinnt" waren, vielmehr war es ihm um Kollegenschelte und mangelnde Zurückhaltung gegangen. Wollte er sich jetzt anbiedern? Auch die Beschreibung der Zeitschrift *Die Justiz* als „marxistisch" war boshaft, es findet sich dort kein einziger Aufsatz mit einem wirklich marxistischen Denkansatz.[48] Die Ausrichtung des Blattes entsprach derjenigen des Republikanischen Richterbundes, dessen Organ sie war und den selbst die Gestapo nicht als „marxistisch" einstufte.[49]
Durch Bescheid vom 13. Juni 1933, unterzeichnet von Göring persönlich, wurde Wilhelm Kroner mit sofortiger Wirkung aus dem Dienst entlassen.
Ob Kroner nach seiner Entlassung eine Beschäftigung fand, ist nicht bekannt. Die politischen Verhältnisse sprechen dagegen. Wenige Tage nach dem Rausschmiss hatte Gustav Radbruch an den Völkerrechtler Walther Schücking geschrieben und ihn gebeten, etwas für den „Wiederaufbau" von Kroners beruflicher Zukunft zu tun:
„Ich bin mit Herrn Kroner (und Herrn Mittermaier) durch die gemeinsame Herausgeberschaft der ;Justiz' bis zu ihrem kürzlichen Ende viele Jahre hindurch eng verbunden gewesen. Er hatte die eigentliche Redaktion und ich glaube, daß die 7 Bände der Zeitschrift deutlich genug für die Fähigkeiten ihres Redakteurs, für seine umfassende Übersicht über alle juristischen Zeitprobleme, für seine Eignung, sich in neue Rechtsgebiete schnell hineinzudenken und hineinzuleben, sprechen."

47 Zu den angeführten Schreiben vgl. Schulz, Birger (FN 12) S. 81.
48 Rasehorn, Theo: „‚Die Justiz', eine Zeitschrift für Demokratie in der der Weimarer Zeit" in: Böttcher, Hans-Ernst: Recht, Justiz, Kritik – Festschrift für Richard Schmid, 1985, S. 17, 35.
49 „Der Republikanische Richterbund war weder eine von der SPD errichtete noch eine sonstige marxistische Organisation…Es konnte jedoch nicht festgestellt werden, dass die politische Linie linksradikal ausgerichtet war", schrieb die Gestapo am 31. Juli 1939 an das Reichssicherheitshauptamt; zitiert nach Schulz, Birger (FN 12) S. 145, m.w.N.– Anderer Ansicht: Ule, Carl Hermann (FN 6) S. 59 ff., S. 69 unter Hinweis auf seine Eindrücke während seiner Studenten- und Referendarzeit zwischen 1926 und 1933: Sozialdemokraten, ergo Marxisten.

6.)

Der Preußische
Minister des Innern.
Z. 3213 III.

Berlin, den 13. Juni 1933.
NW 7, Unter den Linden 72—74.
Fernsprecher: Sammel-Nr. A 2 Flora 0034
Postscheckkonto: Berlin 14328 } Bürokasse d. Pr.M. d. I.
Reichsbank-Giro-Konto

Auf Grund des § 4 des Gesetzes zur Wiederherstellung des Berufsbeamtentums vom 7. April 1933 (RGBl. I S. 175 ff.) entlasse ich Sie mit sofortiger Wirkung aus dem Dienste. Auf die Dauer von drei Monaten werden Ihnen Ihre bisherigen Bezüge belassen. Wegen der Festsetzung Ihres Ruhegeldes ergeht weiterer Bescheid.

An

Herrn Oberverwaltungsgerichtsrat Kroner

in

B e r l i n
-.-.-.-.-.-.-.-.-.-.-

Fz

Schücking amtierte seit 1931 als Richter am Ständigen Internationalen Gerichtshof in Den Haag und behielt diese vom Völkerbund verliehene Position auch nach der Machtübernahme der Nationalsozialisten.[50] Er hatte indes Ähnliches zu verkraften wie Kroner: Ende 1933 verlor Schücking gemäß § 4 BBG seinen Lehrstuhl für Staats- und Völkerrecht an der Universität Kiel. Entsprechend erging es den meisten von Wilhelm Kroners Mitstreitern aus dem Republikanischen Richterbund[51] und der Zeitschrift *Die Justiz*.[52]

Die drei Kinder Kroners waren 1933 noch Studenten. Die Tochter Ruth legte 1935 in Freiburg das medizinische Staatsexamen ab; anschließend emigrierte sie nach Basel, wo sie als Assistenzärztin Arbeit fand. Carl-Ernst Kroner vollendete sein in Berlin begonnenes Architekturstudium in Dänemark, 1935 war er dorthin emigriert. Später (1939 oder 1940) gelang ihm die Weiterflucht nach Schweden; während des Krieges arbeitete er dort als Holzfäller. Fritz (Friedrich) Kroner, der Jüngste, musste als „Nichtarier" sein in Berlin begonnenes Studium der Rechtswissenschaft abbrechen.[53] Er floh am 10. November 1938, dem Tag nach der „Reichskristallnacht", unterstützt von einem Flüchtlingshilfswerk der Bekennenden Kirche, an das ihn eine christliche Freundin vermittelte hatte. Eigentlich sollte es von Hamburg aus nach Dänemark gehen, aber die geplante Route erwies sich als versperrt; man organisierte daraufhin in letzter Minute Fritz Kroners Flucht in die Schweiz. Mit einem falschen Pass, den ihm das Netzwerk beschafft hatte, verließ er Deutschland über Basel, Badischer Bahnhof. Für die nachfolgenden Wochen wurde er von dem protestantischen Theologen Karl Barth, dem Mitbegründer der Bekennenden Kirche, aufgenommen. 1939 heiratete er eine Freundin seiner Schwester, eine aus München geflüchtete jüdische Ärztin. Als staatenloser Flüchtling erhielt er in der Schweiz keine Arbeitserlaubnis. Seine „Einziehung" in ein Arbeitslager[54] konnte er mit Hilfe seiner Frau aus „medizinischen Gründen" abwenden. Erst nach dem Krieg wurde er Verlagslektor.

Im Frühjahr 1939 begannen Adelheid und Wilhelm Kroner endlich, ihre eigene Emigration zu planen. Zu dieser Zeit hatten sie gerade ihre Wohnung am Kurfürstendamm 146 aufgeben müssen. Das Gebäude war von der Total-KG erworben worden, einem Rüstungsbetrieb, der Feuerlösch-Aggregate herstellte. Albert Speer hatte dafür gesorgt, dass der Betrieb die Genehmigung erhielt, die Wohnräume in Werk- und Büroräume umzuwandeln, und Egon Eiermann, später – in den fünfziger Jahren – „Stararchitekt" von West-Berlin, projektierte den Umbau.[55] Sämt-

50 Kohl, Wolfgang: „Walther Schücking (1875–1935), Staats- und Völkerrechtler – Demokrat und Pazifist" in: Kritische Justiz (Hg.): „Streitbare Juristen – eine andere Tradition", 1988, S. 230 (241).

51 Schulz, Birger (FN 12) S. 174 ff.

52 Die Hauptautoren der Zeitschrift waren zudem jüdischer Herkunft, vgl. Rasehorn, Theo (FN 48) S. 33.

53 Vgl. § 3 des Gesetzes gegen die Überfüllung deutscher Schulen und Hochschulen vom 25. April 1933, RGBl. 1933 I , S. 225.

54 Ab 1940 wurden männl. jüd. Flüchtlinge, wenn sie arbeitsfähig waren, in die eidgenössischen Arbeitslager eingezogen, vgl. Schweizerischer Israelitischer Gemeindebund, SIG Factsheet vom 6. August 2012, online unter http://www.swissjews.ch/pdf/de/factsheet/SIG_Factsheet_Fluechtlingshilfe_de.pdf.

55 Jochens, Birgit; Miltenberger, Sonja (Hg.): Von Haus zu Haus am Kurfürstendamm, 2011, S. 144.

lichen Mietern wurde gekündigt. Eine neue eigene Wohnung zu mieten, erwies sich für Kroners als unmöglich.[56] In einem Brief Adelheid Kroners vom „2. Pfingsttag 1939" an den Sohn Fritz heißt es:
„Jüd: Wirte gibt es fast garnicht mehr u. wenn, haben sie an Arier vermietet, denen sie nicht kündigen dürfen. Das Ziel ist ein Sammellager bei Hamburg u. wer hier bleiben muss Ackerstr. Markusstr. etc. u. das kommt Anfang August. Meine Nerven sind nicht umsonst so herunter. Es gibt nur eins – mit Händen + Füssen heraus u. wenn es so sein muss, wie ein gewisser Jemand am 10. Nov.[57] es tat."
Unter diesem Zeitdruck entschieden sie sich für ein möbliertes Zimmer, das „Jungenzimmer" in der Villa des jüdischen Nationalökonomen Dr. Enoch Belgard in der Wernerstraße 7 in Wannsee[58], der zeitgleich zwei weitere Zimmer an zwei andere „jüdische" Ehepaare vermietete. Die Möbel und den Großteil des Hausrats ihrer bisherigen Sechs-Zimmer-Wohnung deponierten sie bei einem Spediteur.
Ihren Briefen an den Sohn Fritz ist zu entnehmen, dass eine Flucht nach Kopenhagen (zu Ernst), nach Vaduz/Liechtenstein und insbesondere in die Schweiz erwogen wurde. Ruth und Fritz Kroner bemühten sich indes vergeblich, über die jüdische Gemeinde und christliche Freunde hierfür Geld aufzutreiben oder Unterstützungszusagen zu erhalten. Auch Ernst Kroner blieb ohne Erfolg.
„Am Mittwoch gehe ich Tante Tine packen helfen und Donnerstag früh fliegt sie nach London, ebenso Holz nach Rotterdam. Und wir stehen immer wie die Affen daneben – woran es liegen mag? Vielleicht sind wir zu unbegabt – sonst wüsste ich nicht, warum gerade wir es nicht geschafft haben...Seid mir nicht böse ob des Drängelns – an Euch liegt es nicht, aber Ihr ahnt nicht, was wir an Aufregungen durchmachen. Vati ist vorbildlich, obwohl es ihm bestimmt auch nicht wohl zumute ist, aber er hat Gott im Herzen u. daher schöpft er immer neuen Mut ...",
schrieb Adelheid Kroner vor dem Umzug nach Wannsee. Vielleicht war genau dieses Gottvertrauen der Grund, warum Wilhelm Kroner zu lange abgewartet hat...
Im Übrigen zeugen beide Briefe 1939 noch von – wenn auch bitterem – Humor: Adelheid Kroner berichtet davon, dass „ihre Eichhörnchen ... seit acht Tagen verschwunden" seien, und fragt sich, „ob sie ausgewandert sind", Wilhelm Kroner erzählt vom „auch für blöde Augen" wohltuenden Blick auf grüne Baumwipfel und „nicht in Märsche ausartenden Spaziergängen, in Entfernungen und Tempo für alten Herrn nebst junger Frau geeignet".
Ihr letzter Brief, datiert vom 10. August 1942, trägt oben auf dem Briefbogen die Worte „Von: Wilhelm Israel Kroner." Gingen Kroners davon aus, dass ihre Post einer Kontrolle unterlag und deshalb der Zwangsname Israel beizufügen war?
Am 30. September 1942 wurden beide, nachdem sie Vermögenserklärungen hatten abgeben müssen, von der Gestapo in das Gebäude Auguststraße 14–16 verbracht, in das Jüdische Altersheim, das als Sammellager vor Deportationen fungierte. Unter

56 Jüdische Vermieter bedurften für eine Neuvermietung nach § 5 des Ges. über Mietverhältnisse mit Juden vom 30. April 1939 (RGBl. I S. 864) der Genehmigung der Gemeindebehörde und hatten auf deren Verlangen ohne zahlenmäßige Begrenzung nach § 4 Juden als Mieter oder Untermieter aufzunehmen, wodurch sog. Judenhäuser entstanden.

57 Anspielung auf die Flucht des Sohnes Fritz.

58 Dr. Belgard, seine Frau Tana und sein Sohn Hans wurden am 18. Oktober 1942 nach Riga deportiert und dort ermordet. Für sie gibt es Stolpersteine in der Wernerstraße 7, Berlin-Zehlendorf.

dieser Adresse stellte ihnen die Gestapo am 2. Oktober 1942 Verfügungen über die Einziehung ihres gesamten Vermögens[59] zu. Am nächsten Tag wurden sie mit dem sogenannten Dritten Alterstransport nach Theresienstadt „zwangsverschickt".[60] Der 72-jährige Wilhelm Kroner verstarb dort laut Todesfallanzeige des Ältestenrats des Ghettos[61] am 15. Oktober 1942 an einem Lungenödem im Verlauf eines Darmkatarrhs, der „Theresienstädter Krankheit": Die grauenhaften sanitären und hygienischen Bedingungen, die katastrophal schlechte Ernährung, die Zuweisung von nur 1,6 Quadratmeter Fläche je Häftling erfüllten ihre Funktion, insbesondere die Älteren zügig zu Tode zu bringen.[62] Adelheid Kroner[63] folgte ihrem Mann nur 16 Tage später: Sie starb am 31. Oktober 1942 in den „Zentralkrankenstuben L 317, Zimmer 17" an Lungenentzündung und Herzschwäche. Warum man sie trotz ihrer erst 55 Jahre daran zugrunde gehen ließ, erklärt der zugleich in der Todesfallanzeige notierte „Zust. nach Brustentf. weg. Krebs": Vermutlich war sie deswegen als zu schwach für das Programm „Vernichtung durch Arbeit" eingestuft worden.

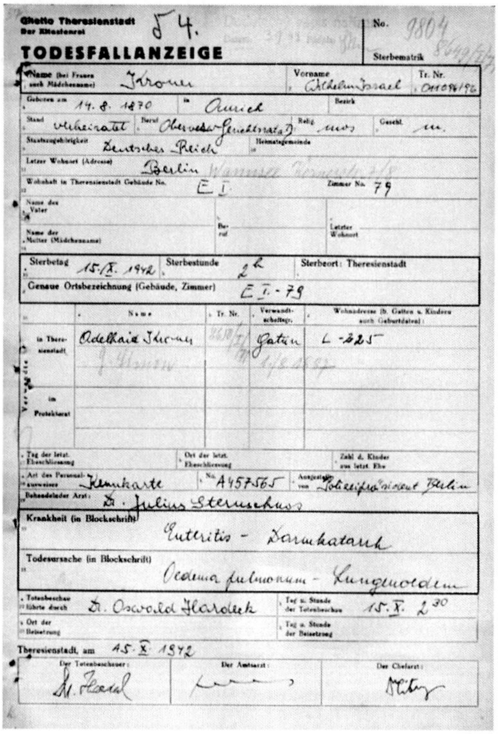
Ghetto Theresienstadt
Der Ältestenrat
54.
TODESFALLANZEIGE
No. 9804
Sterbematrik

Name (bei Frauen auch Mädchenname): Kroner
Vorname: Wilhelm Israel
Tr. Nr.: 011096/96
Geboren am: 14. 8. 1870 in: Aurich
Bezirk:
Stand: verheiratet Beruf: Oberverw.-Gerichtsrat a. D. Relig.: mos. Geschl.: m.
Staatsangehörigkeit: Deutsches Reich Heimatgemeinde:
Letzter Wohnort (Adresse): Berlin
Wohnhaft in Theresienstadt Gebäude No.: E I Zimmer No.: 79
Name des Vaters: Beruf: Letzter Wohnort:
Name der Mutter (Mädchenname):
Sterbetag: 15. X. 1942 Sterbestunde: 2 h Sterbeort: Theresienstadt
Genaue Ortsbezeichnung (Gebäude, Zimmer): E I - 79

Verwandte	Name	Tr. Nr.	Verwandtschaftsgr.	Wohnadresse (b. Gatten u. Kindern auch Geburtsdatum)
in Theresienstadt	Adelhaid Kroner		Gattin	L 225
im Protektorat				

Tag der letzt. Eheschliessung: Ort der letzt. Eheschliessung: Zahl d. Kinder aus letzt. Ehe:
Art des Personalausweises: Kennkarte No.: A457565 Ausgestellt von: Polizeipräsident Berlin
Behandelnder Arzt: Dr. Julius Sternschuss
Krankheit (in Blockschrift): Enteritis - Darmkatarrh
Todesursache (in Blockschrift): Oedema pulmonum - Lungenödem
Totenbeschau führte durch: Dr. Oswald Hardeck Tag u. Stunde der Totenbeschau: 15. X. 2 30
Ort der Beisetzung: Tag u. Stunde der Beisetzung:
Theresienstadt, am 15. X. 1942
Der Totenbeschauer: Dr. Hardeck Der Amtsarzt: Der Chefarzt:

59 Vermögensverwertungsakten (Deportationsakten) des Oberfinanzpräsidenten Berlin-Brandenburg, Brandenburgisches Landeshauptarchiv, Rep 36 A II Nr. 20570, Bl.10a und 20. Die Adresse „Levetzowstr. 7" ist auf den Zustellungsurkunden durchgestrichen. Die dortige Synagoge fungierte ebenfalls als Sammellager – es kommt in Betracht, dass Kroners zunächst dorthin verbracht worden waren.

60 So noch die Terminologie der Sondervermögens- und Bauverwaltung beim Landesfinanzamt Berlin im Rückerstattungsverfahren 7 WGA 652/60 und 6713/59 LArch Berlin, B Rep. 025 – 07 Nr. 652/60 und 6713/59.

61 http://www2.holocaust.cz/en/document/DOCUMENT.ITI.8338.

62 Vgl. Faupel, Rainer: Berlin Jenaer Straße 7: Zwei von sechs Millionen, 2013, S. 157 ff. m. w. N.

63 Todesfallanzeige online unter: http://www2.holocaust.cz/en/document/DOCUMENT.ITI.9556.

3. Nachkriegszeit

Im Herbst des Jahres 1946 erhielt Fritz Kroner Post von der ehemaligen Hauswartsfrau des Gebäudes Kurfürstendamm 146: Sie habe seine Eltern oft in Wannsee besucht. Kroners hätten ihr beim Abschied am 30. September 1942 einige Wertpapiere sowie ein Stammbuch zur Verwahrung gegeben. Fritz Kroner antwortete am 10. November 1946, exakt acht Jahre nach seiner Flucht aus Deutschland.

„Haben Sie also zunächst besten Dank, dass Sie geschrieben haben, vor allem aber, dass Sie die Ihnen von den Eltern übergebenen Papiere so treu verwahrten, und den Eltern in der letzten Berliner Zeit so beigestanden haben. Wenn man nun heute weiss, in welches Schicksal sie geführt wurden, als man sie von Berlin deportierte, klingt es fast wie ein Hohn, wenn Sie schreiben: ‚Tante Lenz und ich haben auf alle Wäsche die Namen genäht'. Wir haben nie wieder von den Eltern etwas gehört. Auch die Eltern meiner Frau mussten das gleiche Schicksal auf sich nehmen …"

Ab 1957 bemühten sich die drei Kinder von Wilhelm und Adelheid Kroner als deren Erben um Rückerstattungs-Leistungen. Neben Bankguthaben und dem Ersatz der 1939 bei dem Spediteur eigelagerten Sachen, für die sie einen präzisen Nachweis führen konnten, ging es dabei auch um ein paar Gegenstände, die nach verschiedenen Verordnungen ablieferungspflichtig gewesen waren. Am 5. September 1960 hielt es der Berliner Senator für Finanzen für angezeigt, sich dazu wie folgt zu äußern:

„In der Rückerstattungssache…bin ich bereit, das beanspruchte Radiogerät vergleichsweise mit einem Betrage von DM 100,– gemäß BRüG abzugelten. Bezüglich des darüberhinaus beanspruchten Bügeleisens sowie der Pelzsachen bedarf der Entziehungstatbestand noch weiterer Aufklärung, da nicht nachgewiesen ist, dass diese Gegenstände im Zeitpunkt der einschlägigen Ablieferungsanordnungen noch vorhanden gewesen sind, und damit erst recht nicht nachgewiesen ist, dass sie abgeliefert worden sind."[64]

Weder Fritz noch Ruth oder Ernst Kroner kehrten in ihr Geburtsland zurück.

64 LArch Berlin, B Rep. 025 — 07 Nr. 522/60.

Max Lothar Leo **Kürten**
Oberverwaltungsgerichtsrat

geboren am 13. Dezember 1881 in Ars an der Mosel, Elsaß-Lothringen
verheiratet seit Oktober 1913 mit Valentine, geb. von Westphalen
zwei Kinder: Paul, geb. 1915, und Luise-Charlotte, geb. 1916
gestorben 1963

1. Kaiserreich und Weimarer Republik

Max Kürten stammte aus einer katholischen Ärztefamilie. Sein im Kreis Düsseldorf geborener Vater Dr. Johann Wilhelm Kürten verzog aus dem Rheinland zunächst nach Ars an der Mosel, wo er sich als praktischer Arzt und Bahnarzt niederließ und Max Kürten zur Welt kam. Später nahm die Familie ihren Wohnsitz in Remelach (Rémilly) bei Metz. Dort war Max Kürtens Großvater mütterlicherseits, der in Marseille geborene Josef Klemens Friedrich Estre, ebenfalls als praktischer Arzt tätig. Nachdem Kürten seinen gesamten juristischen Referendardienst in Elsaß-Lothringen absolviert hatte, ernannte ihn der dortige Statthalter im Namen des Kaisers „mit dem Dienstalter vom 3. November 1908" zum Gerichtsassessor. Im Alter von 31 Jahren heiratete Kürten die aus Metz stammende Valentine von Westphalen. Die beiden gemeinsamen Kinder wurden während des Ersten Weltkrieges geboren. Dessen Ausgang „brachte es mit sich, daß ich Elsaß-Lothringen verlassen musste" – wie es Kürten 1945 in seinem handschriftlich abgefassten Lebenslauf formulierte[1]. Ohne die territoriale Neugliederung des Reiches wäre von ihm eine Karriere in Preußen, der früheren Heimat seines Vaters, vermutlich kaum in Betracht gezogen worden. Denn bis dahin hatte er seine richterliche Laufbahn ausschließlich im ehemaligen und späteren Frankreich absolviert:
Als Hilfsrichter war er unter anderem bei den Amtsgerichten in Straßburg, Metz, Diedenhofen (Thionville), Kaysersberg, Rufach (Rouffach) und Markolsheim sowie beim Landgericht in Zabern (Saverne) tätig. Mit seiner Ernennung zum Amtsrichter im Februar 1916 wurde er dem Amtsgericht in Mühlhausen zugeteilt. Antreten konnte er das Amt (zunächst) nicht, weil er seit Mitte September 1914 jährlich mehrere Monate als Landwehroffizier – zuletzt als Hauptmann – im Kriegsgebiet eingesetzt war.[2]
Nach dem Krieg, der für Kürten im Juli 1918 mit einem Lazarettaufenthalt endete, schied er im Einverständnis mit dem Reichsinnenminister, Abteilung Elsaß-Lothringen, aus dem Reichsdienst aus und wechselte in die allgemeine preußische Staatsverwaltung. Zum 1. Oktober 1920 ernannte ihn der Preußische Minister des

1 LASA, MD, K 12, Nr. 566, Personalbogen vom 8. September 1945 nebst handschriftlichem Lebenslauf mit Anlagen; GStA PK, I. HA Rep. 184, Pers.-Akten Nr. 1521, Fragebogen vom 24. Mai 1933.

2 LASA, MD, K 12, Nr. 566, Abschrift der Ernennungsurkunde vom 24. Mai 1909 sowie „Auszug aus der Kriegsrangliste des Hauptmanns d. L. I Max Kürten, Landwehr Fußartillerie-Bataillon 26". Danach nahm er vom 15. September 1914 bis zum 15. Dezember 1915 u.a. an der Besatzung der bedrohten Festungen Diedenhofen und Königsberg sowie vom 16. Dezember 1915 bis zum 7. Dezember 1917 an den Stellungskämpfen vor Dünaburg teil.

Innern im Namen der Staatsregierung zum Regierungsrat und überweis ihn bis auf weiteres der Regierung in Düsseldorf zur ferneren Verwendung. Knapp zwei Jahre später, am 1. August 1922, erhielt er eine Bestallung als Verwaltungsgerichtsdirektor in Trier. Er war Mitglied des Bezirksausschusses in Trier und Stellvertreter des Regierungspräsidenten im Vorsitz dieser Behörde. Im Frühjahr 1924 wechselte er nach Breslau und übernahm dort ebenfalls das Amt des Verwaltungsgerichtsdirektors.[3]

Mitte April 1926 wurde Kürten zum Oberverwaltungsgerichtsrat am Preußischen Oberverwaltungsgericht ernannt[4]. Im Juni 1929 wies ihn das Präsidium des Oberverwaltungsgerichts dem neu gebildeten, unter anderem für förmliche Disziplinarsachen zuständigen 9. Senat unter dem Vorsitz von Senatspräsident Grützner zu.[5] Außerdem bestellte ihn das Präsidium 1932 neben den Oberverwaltungsgerichtsräten Schellen, Strucksberg, von Lympius, Isay, von Dryander und Schrader zum Mitglied des Wahlprüfungsgerichts[6], eine Aufgabe, die nach der Weimarer Reichsverfassung (WRV) eigentlich dem Reichsverwaltungsgericht oblegen hätte (Art. 31 Abs. 2, 107, 166 WRV), bis zu dessen – in der Weimarer Republik nicht mehr erfolgter – Errichtung aber vom Reichsgericht wahrgenommen wurde.[7]
Seit 1925 gehörte Kürten der Zentrumspartei an.

2. NS-Zeit

Zum 1. Oktober 1933 wurde Max Kürten nach § 5 Abs. 1 BBG auf eine Regierungsratsstelle in Magdeburg versetzt.[8] Gegen ihn lag – ähnlich wie im Fall des Katholiken und langjährigen Zentrumsmitglieds Lougear[9] – im Grunde nichts vor, was seine Entfernung vom Gericht auf der Grundlage der Vorschriften des BBG nahe gelegt hätte. Denn weder § 3 BBG noch § 4 BBG hätten Maßnahmen gegen ihn gerechtfertigt.
Den von Gerichtspräsident Drews[10] am 22. Mai 1933 an alle Richter des Preußischen Oberverwaltungsgerichts verteilten Fragebogen hatte Kürten vollständig und vor allem umgehend ausgefüllt. Bereits unter dem 24. Mai 1933 teilte er unter anderem mit, „seit 1925 bis Juni 1933 der Zentrumspartei, vorher keiner Partei"

3 LASA, MD, K 12, Nr. 566, Schreiben des Innenministers vom 29. September 1920; Bestallungsurkunde vom 27. Juli 1922; Personalbogen vom 8. September 1945 nebst handschriftlichem Lebenslauf.
4 LASA, MD, K 12, Nr. 566, Abschrift der Ernennungsurkunde vom 15. April 1926.
5 Präs.-Reg. Pr. Oberverwaltungsgericht, Retent-Akten Sch(rader) Nr. 37 Bd. I, Bl. 1, Beschluss des Präsidiums vom 8. Juni 1929; Näheres zur Person des Senatspräsidenten im Kapitel „Walther Grützner".
6 Präs.-Reg., Retent-Akten Sch(rader) Nr. 37 Bd. I, Bl. 11, Beschluss des Präsidiums vom 15. Juni 1932; Näheres zu Schellen s. Einleitung, zu Strucksberg, Isay und Schrader s. die jeweiligen Lebensläufe in diesem Band.
7 Vgl. Stolleis, in: Erichsen, Hoppe, v. Mutius (Hg.), S. 57 ff., 64.
8 LASA, MD, K 12, Nr. 566, Schreiben des Preußischen Ministers des Innern vom 30. September 1933, unterzeichnet von Grauert.
9 Näheres zu seiner Person im Kapitel „Kuno Lougear".
10 Näheres zu seiner Person s. Einleitung.

angehört zu haben und „jetzt ausgeschieden" zu sein. Er sei weder Mitglied im Reichsbanner Schwarz-Rot-Gold, im Republikanischen Richter-/Beamtenbund oder in der Liga für Menschenrechte noch in der „Eisernen Front"[11] gewesen. Sein Votum muss Drews daraufhin – wie im Fall des schon Mitte Juni 1933 entlassenen Kroner – noch vor der abschließenden Auswertung der Fragebogenaktion Anfang Juli 1933 dem Ministerium des Innern übersandt haben, denn in dem Schreiben vom 5. Juli 1933, mit dem die letzten Fragebögen übermittelt worden sind, wird Kürten nicht unter der Kategorie a) gemeinsam mit Canditt, Lougear und Roeckner als einer derjenigen erwähnt, die für eine Anwendung nach § 5 Abs. 1 BBG in Frage kommen, „falls Begabung und Leistungen, die einen Beamten für eine andere Behörde besser geeignet erscheinen lassen, als Grund für die Anwendung des § 5 zu gelten haben"[12]. Allein diese Interpretation des § 5 Abs. 1 BBG, „dessen maßgebende Auslegung" Drews nach seiner eigenen Erklärung gegenüber dem Ministerium „nicht bekannt" war[13], war jedoch die Grundlage für die umstrittene Versetzung Kürtens.

Welche Einwände Kürten selbst am 9. September 1933 gegen die ihm drei Tage vorher mitgeteilte Versetzungsabsicht angeführt hat, lässt sich den Akten nicht entnehmen; möglicherweise konnte er einfach nicht nachvollziehen, warum gerade er in den Bannkreis des BBG geraten war. Jedenfalls sah sich Drews im Schreiben vom 11. September 1933 an den Minister des Innern unter Bezugnahme auf die Äußerung Kürtens zu folgender Begründung veranlasst:

„Kürten ist s. Zt. aus politischen Rücksichten – als Mitglied der Zentrumspartei – zum O.V.G. Rat ernannt worden. Seine Begabung ist schwach, sein Fleiß dagegen anzuerkennen. Seine Leistungen waren anfänglich <u>sehr</u> gering, haben sich aber im Laufe der Zeit gebessert: ihr Wert liegt allerdings nur noch mehr in der Quantität als in der Qualität."[14]

Am Tag darauf wehrte Kürten sich erneut. Der Preußische Minister des Innern – sprich: Ministerialdirektor Dr. Heinrich Schellen – hatte indes „keine Veranlassung", von dem Versetzungsvorhaben „auf Grund der von dem Beamten gemachten Ausführungen abzusehen"[15].

Während also Drews mit einzelnen seiner dem Ministerium des Innern im Juli 1933 übermittelten Vorschläge zur Anwendung des § 5 BBG in den Fällen früherer Zugehörigkeit zu Linksparteien und -verbänden möglicherweise Schlimmeres – nämlich die Anwendung des § 4 BBG – verhindern wollte und teilweise auch verhindert hat, bewirkte er für Kürten das Gegenteil. Bill Drews wollte Max Kürten, den er fachlich offenbar für eine glatte Fehlbesetzung hielt, als Richter des Oberverwaltungsgerichts loswerden und nutzte das BBG für seine Zwecke[16], indem er Leistungsschwäche als „dienstliches Bedürfnis" im Sinne des § 5 Abs. 1 Satz 1 BBG darstellte. Soweit Ule in diesem Zusammenhang rückblickend beklagt, Kürten selbst sei 1926 durch „parteipolitische Patronage" der Regierung Braun/Severing in

11 GStA PK, I. HA Rep. 184, Pers.-Akte Nr. 1521, Fragebogen.
12 GStA PK, I. HA Rep. 184, Präs.-Reg. 803.
13 Ebd.
14 GStA PK, I. HA Rep. 184, Pers.-Akte Nr. 1521, Unterstreichung im Original.
15 Ebd.
16 Vgl. Citron-Piorkowski, Festschrift für Berge, S. 25.
17 Ule in: Bracher u.a., S. 59 ff., 67.

sein Amt gelangt[17], dürfte dies kaum geeignet sein, den Eingriff von Drews in die richterliche Unabhängigkeit unter den Vorzeichen des BBG zu rechtfertigen.

Über Kürtens am 1. Oktober 1933 begonnene Dienstzeit in Magdeburg ist wenig bekannt. Er war im dortigen Regierungspräsidium als Dezernent mit Rechtssachen/Justizangelegenheiten betraut und vertrat offenbar auch den Verwaltungsgerichtsdirektor, bevor er 1945 auf Grund eines amtsärztlichen Gutachtens krankheitshalber bis zum 31. März 1945 beurlaubt wurde. Aus Sicht Kürtens, der Mitte Januar 1945 in Magdeburg „total ausgebombt" und deshalb mit seiner Familie „nach Westerhausen bei Quedlinburg, Haus 67" verzogen war, handelte es sich um eine Beurlaubung „mit dem Anheimstellen, mich später pensionieren zu lassen"[18].

3. Nachkriegszeit

Ende Mai 1945, die Verbindungen von Quedlinburg nach Magdeburg waren zwischenzeitlich abgerissen, fühlte sich Kürten wieder diensttauglich. Antragsgemäß wurde ihm aber Urlaub für weitere sechs Wochen gewährt, damit er sich in Magdeburg eine neue Wohnung suchen konnte[19], die er schließlich in der Benediktinerstraße fand. Am 14. Juni 1945 meldete er sich bei den Besatzungsbehörden fristgemäß zum Dienstantritt und unterzog sich zwei Tage später einer Entnazifizierungsbefragung. In dem Fragebogen gab er an, vor 1933 dem Zentrum und von 1935/36 bis 1945 dem NS-Rechtswahrerbund angehört zu haben. Von den Nationalsozialisten sei er degradiert worden, weil er „grundsätzlicher Gegner des Nationalsozialismus" gewesen sei. Als Zeugen, die die Wahrheit dieser Angabe bestätigen könnten, benannte er die Oberverwaltungsgerichtsräte Strucksberg und Citron – anscheinend hatte er beide als Mitglieder des Republikanischen Richterbundes in Erinnerung, war aber über den Selbstmord Citrons im Jahre 1938 nicht informiert. Ob Kürten nach seiner Versetzung 1933 Kontakt zu Strucksberg in Berlin hielt, lässt sich den Archivunterlagen nicht entnehmen.[20]
Die Übernahme Kürtens in die Bezirksverwaltung Magdeburg verlief trotz einer zwischenzeitlichen klinischen Behandlung „wegen eines Gemütsleidens" im Juli 1945 in der Nervenklinik des Krankenhauses Sudenburg[21] problemlos. Auf Anfrage der russischen Militärverwaltung wandte er sich Anfang Oktober 1945 als Dezernent für den Präsidenten der Bezirksverwaltung Magdeburg mit einer mehrseitigen Abhandlung zur geplanten „Wiedereinführung der Verwaltungsgerichtsbarkeit" an den Landeshauptmann in Merseberg, den späteren Ministerpräsidenten Erhard Hübener. Kürten skizzierte nicht nur Zuständigkeit und Instanzenzug der Verwaltungsgerichtsbarkeit, sondern äußerte sich grundsätzlich, historisch ausgreifend und teilweise lehrbuchartig unter anderem wie folgt:

---

18 LASA, MD, K 12, Nr. 566, Vermerke des Regierungspräsidenten vom 8. März 1945 und 31. Mai 1945.

19 LASA, MD, K 12, Nr. 566, Vermerk des Regierungspräsidenten vom 31. Mai 1945.

20 LASA, MD, K 12, Nr. 566, Fragebogen (Personnel questionnaire) vom 16. Juni 1945, zu Citron und Strucksberg s. die jeweiligen Lebensläufe in diesem Band.

21 LASA, MD, K 12, Nr. 566, Ärztliche Bescheinigung des Direktors der Nervenklinik des Krankenhauses Sudenburg vom 17. Juli 1945.

„Das Jahr 1848 ist in der modernen Geschichte Preußen-Deutschlands von allergrößter Bedeutung, denn es entschied sich, ob der Weg der Demokratie oder der der Reaktion beschritten werden sollte. Preußen-Deutschland schlug den letzteren Weg ein, der außenpolitisch zu den Katastrophen von 1918 und 1945 und innenpolitisch zu den Auswüchsen der nationalsozialistischen Geheimen Staatspolizei führen sollte. Die Rechtssicherheit ist unter dem System des Nationalsozialismus völlig zusammengebrochen. ...Für die Demokratie ist es eine Selbstverständlichkeit, daß Verwaltungsakte(n) der richterlichen Nachprüfung unterliegen soweit dies praktisch durchführbar ist. Die Verwaltungsgerichtsbarkeit ist als Einrichtung unentbehrlich, was sogar der Nationalsozialismus in der Theorie wenigstens anerkannt hat, indem er für Sachen mit schwierigen Rechtsfragen oder mit verwickelten Tatbeständen das gerichtliche Verfahren statt der Beschwerde zuließ."[22]

Hübener, der selbst 1933 aus seinem früheren Amt als Landeshauptmann in der Provinz Sachsen entfernt worden war[23], setzte indes zunächst andere Prioritäten. Das Provinzialpräsidium kam in seiner Sitzung vom 24. Mai 1946 mit Blick auf die Unfertigkeit der Verwaltungsorganisation zu dem Schluss, dass die Verwaltungsgerichtsbarkeit noch nicht eingerichtet werden könne. Es folgten zwar noch einige Entwürfe für ein Verwaltungsgerichtsbarkeitsgesetz, die Chance auf einen effektiven Verwaltungsrechtschutz , wie er etwa in Thüringen sowie in der britischen und amerikanischen Besatzungszone Berlins in Ansätzen bereits gewährt wurde, war jedoch vertan.[24]

Im Februar 1946 stürzte Kürten auf dem Weg zum Dienst kurz vor dem Regierungsgebäude infolge von Glatteis. Er brach sich den linken Oberarm und erlitt mehrere Verstauchungen.[25] Zwar meldete er sich nach dem stationären Aufenthalt im Sudendorfer Krankenhaus Ende April 1946 erneut zum Dienst. Anfang Mai 1946 bescheinigte ihm jedoch sein Arzt neben einer beginnenden Arteriosklerose und einer Entzündung im rechten Fußgelenk, die ihn am Gehen hindere, einen nervösen Erschöpfungszustand. Es folgte eine einmonatige Beurlaubung ab dem 15. Mai 1946.[26] Nach deren Ablauf nahm Kürten, inzwischen 64 Jahre alt, seinen Dienst in Magdeburg nicht mehr auf. Zwischenzeitlich war er auf der Grundlage eines Erlasses des Präsidenten der Provinz Sachsen vom 15. Februar 1946, der die Verwendung von Beamten in niedrigeren Stellen regelte, in die Besoldungsstufe A 2 b der Reichsbesoldungsordnung zurückgestuft worden; auch hatte man sein Besoldungsdienstalter um acht Jahre verkürzt[27]. Ein Versuch seines Dienstherrn im Juli 1946, ihn unter seiner Wohnanschrift in der Benediktinerstraße zu erreichen und zu einer Rücksprache in der Personalabteilung zu bewegen, blieb erfolglos.

22 LASA, MER, K 12, Nr. 294, Schreiben des Präsidenten der Bezirksverwaltung Magdeburg vom 3. Oktober 1945, Bl. 10 ff.

23 Vgl. Lubini, S. 30 ff., 32.

24 Ebd., S. 30 ff., 35 f.

25 LASA, MD, K 12, Nr. 566, Bl. 22, Unfallanzeige vom 22. Februar 1946.

26 LASA, MD, K 12, Nr. 566, Bescheinigung des Arztes Dr. Krüger vom 7. Mai 1946; Schreiben Kürtens an die Personalabteilung vom 9. Mai 1946 und Urlaubsgenehmigung durch den Bezirkspräsidenten vom selben Tag.

27 LASA, MD, K 12, Nr. 566, Schreiben des Regierungspräsidenten an Kürten vom 22. Mai 1946.

Das Schreiben kam am 23. Juli 1946 mit dem Vermerk zurück, dass Kürten nach Gießen verzogen sei.[28] Mit Ablauf des Monats Juli 1946 wurde die Zahlung der Dienstbezüge bis auf weiteres eingestellt.[29] Ein letzter Versuch der Personalabteilung im August 1946, Kürten unter seiner neuen Anschrift in Gießen mit der Bitte zu erreichen, zu den Beweggründen seines Verzuges Stellung zu nehmen und zu berichten, „ob und wann mit der Aufnahme Ihres Dienstes bei der Bezirksverwaltung Magdeburg zu rechnen ist", blieb ebenso unbeantwortet wie eine entsprechende Erinnerung im Oktober 1946.[30]
Die Entlassung Kürtens aus dem Dienst der Bezirksverwaltung Magdeburg erfolgte unter Hinweis auf sein grundloses Fernbleiben zum Jahresende 1946.[31]
Max Kürten verstarb 1963.[32]

28 LASA, MD, K 12, Nr. 566, Vermerk des Bezirkspräsidenten vom 22. Juli 1946.

29 LASA, MD, K 12, Nr. 566, Anweisung des Bezirkspräsidenten an die Bezirkshauptkasse vom 22. Juli 1946.

30 LASA, MD, K 12, Nr. 566, Schreiben des Bezirkspräsidenten an Kürten vom 29. August 1946 und Erinnerung vom 1. Oktober 1946.

31 LASA, MD, K 12, Nr. 566, Vermerk des Bezirkspräsidenten vom 4. Dezember 1946 und Schreiben an Kürten vom selben Tag.

32 Lubini, S. 34, FN 176.

Dr. Victor Ernst Benoit **von Leyden**

Senatspräsident

geboren am 2. März 1880 in Berlin
verheiratet seit 1903 mit Luise, geb. Reichenheim
fünf Kinder: Ernst, geb. 1903, Albrecht, geb. 1905, Rudolf, geb. 1908, Wolfgang, geb. 1911, und Victoria, geb. 1913
gestorben am 10. August 1963 in Garmisch-Partenkirchen

1. Kaiserzeit und Weimarer Republik

Victor von Leyden war der einzige Sohn von Prof. Dr. Ernst Victor (von) Leyden, dem Chefarzt der Inneren Klinik an der Berliner Charité, der als Begründer der Krebsforschung berühmt geworden war und 1896 von Kaiser Wilhelm II in den erblichen preußischen Adelsstand erhoben wurde.[1] Seine Mutter Marie war eine geborene Oppenheim.

Von Leyden war eigentlich ein Beamter, wie ihn sich seine Dienstherren damals nur wünschen konnten: Er gehörte weder einer Partei noch einem Verein an, war seit seinem Jurastudium in Bonn Mitglied des schlagenden überkonfessionellen Studentencorps Palatia Bonn, promovierte während seiner Referendarzeit und trat nach seinem zweiten juristischen Staatsexamen mit 27 Jahren in den Preußischen Verwaltungsdienst.
Zunächst – beim Landratsamt Glogau (Schlesien), dem er als Regierungsassessor zugewiesen war – nahm man allerdings an seinem großstädtischen Habitus Anstoß:
„... zumal er auch durch manche rasseneigentümlichen Anschauungen, wie in seinen politischen Ansichten der hiesigen ländlichen Bevölkerung fernsteht ...Daß Regierungsassessor von Leyden reichlich jüdisches Blut in den Adern hat, und daß seine Gattin – eine geborene Reichenheim – der Abstammung nach Vollblutjüdin ist, dürfte bekannt sein. Gewisse Rasseneigenschaften sind in dem Auftreten beider unverkennbar. Wenngleich beide die gesellschaftlichen Formen durchaus beherrschen, so verleitet die pekuniär sehr günstige Lage Leyden's ihn mitunter zu etwas protzenhaften Anwandlungen",
formulierte der Landrat im September 1909. Der vorgesetzte Regierungspräsident merkte zwar an, dass diese Beurteilung „etwas aus antisemitischem Herzen" kam, bezeichnete sie aber als durchaus zutreffend.[2] Aus dem provinziellen Rahmen fiel dann natürlich auch die einjährige Weltreise, die seine Frau und er im Jahr 1909 nach Afrika, Ostasien (einschließlich der Besteigung des Fuji Yama[3]), Indien und Amerika unternahmen – offiziell eine im Wesentlichen privat finanzierte Studienreise zum Thema der unmittelbaren und mittelbaren englischen Verwaltung in

1 Weiß, Lothar: „Preußische Kommunalaufsicht zwischen Reformen und Krisen. Victor von Leyden (1926 bis 1932)" in: Geschichte im Westen, Jahrgang 15 (2000) Seite 157 m. w. N.
2 GStA PK, I. HA Rep 184, Pers.-Akten Nr. 1621, Bl. 114 ff.
3 Leyden, A. R.: „Victor von Leyden" in: The Alpine Journal, no. 308, 1964, S. 177 f. (Nachruf seines Sohnes Rudolf in der Rubrik „In memoriam"): http://www.alpinejournal.org.uk/Contents/Contents_1964_files/AJ%201964%20169-180%20In%20Memoriam.pdf.

Indien. Ab 1910 war Victor von Leyden beim Landratsamt Bromberg tätig. 1912 wurde er nach Potsdam versetzt und dort zum 1. Januar 1915 zum Regierungsrat ernannt.
Während seiner Teilnahme am Ersten Weltkrieg wurde er unter anderem mit dem Eisernen Kreuz I. und II. Klasse ausgezeichnet.
Seit 1921 war er Oberregierungsrat im Preußischen Innenministerium und als Kommunalreferent tätig. Gefördert insbesondere von Preußens sozialdemokratischem Innenminister Carl Severing, war er von 1926 bis 1932 Ministerialdirektor und Leiter der Kommunalabteilung.

Das unvorhergesehene Ende dieser gradlinigen Ministerialbeamten-Karriere hatte seinen Anfang im „Preußenschlag" vom 20. Juli 1932, mit dem staatsstreichartig die Regierung des Freistaats Preußen, der seit 1920 von einer stabilen Koalition – der sogenannten Preußenkoalition aus SPD, Zentrum und Deutscher Demokratischer Partei – regiert worden war, ihres Amtes enthoben wurde. Reichskanzler Franz von Papen hatte sich vom Reichspräsidenten Hindenburg durch eine undatierte Notverordnung als „Reichskommissar für Preußen" bevollmächtigen lassen und gestützt hierauf die preußische Regierung durch ein Reichskommissariat unter seiner Führung abgelöst.
Im Rahmen des nachfolgenden Austauschs politischer Beamter der bisherigen Preußenkoalition gegen solche, die Papens Politik vorbehaltlos zu unterstützen versprachen, verlangte der frisch eingesetzte Reichskommissar für Inneres Franz Bracht, Victor von Leyden aus politischen Gründen in den einstweiligen Ruhestand zu versetzen.[4] Zum 27. September 1932 wurde diesem Wunsch entsprochen. Zugleich ernannte man Victor von Leyden mit Wirkung vom 1. Oktober 1932 zum Senatspräsidenten des Preußischen Oberverwaltungsgerichts. Bei Lichte betrachtet handelte es sich für ihn dabei um die Abschiebung auf einen politisch irrelevanten Posten. Schon ein Jahr später musste Victor von Leyden auch diesen Posten verlassen.

2. NS-Zeit

Victor von Leyden hatte am 24. Mai 1933 im Fragebogen angegeben, sein Großvater mütterlicherseits, Rudolph Oppenheim, geboren am 2. Juni 1811, sei 1826 evangelisch getauft worden. Eine solche Angabe war verräterisch: Der lange Abstand des Taufjahres zur Geburt sprach dafür, dass das getaufte Kind zuvor einer anderen Religion – gegebenenfalls der jüdischen – angehört hatte. Der Fragebogen wurde ihm postwendend „zur Vervollständigung" zurückgegeben, weil er keine Angaben zu einer früheren Konfession enthielt und keine Geburtsurkunden beigefügt waren. Hierdurch offenbar erst problembewusst geworden, legte von Leyden

4 Vgl. Weiß (FN 1) S. 181.

nun nicht etwa das vervollständigte alte, sondern ein neues Fragebogen-Exemplar vor. Darin beantwortete er die Frage nach seiner arischen Abstammung „im Sinne der Ersten Verordnung zur Durchführung des Gesetzes zur Wiederherstellung des Berufsbeamtentums vom 11. April 1933 (Reichsgesetzbl. I S. 195) zu § 3, Nr.2 Abs. 1" mit Ja und fügte hinzu: „wenn die Tatsache, daß alle vier Großeltern von vornherein ev. Konf. waren, maßgebend ist." Die ominöse Jahreszahl 1826 tauchte nun nicht mehr auf.

Gerichtspräsident Bill Drews reagierte darauf bereits am Tag nach Eingang des neuen Fragebogens. Er konstatierte das nunmehrige Fehlen des Taufdatums im Jahre 1826 und „ersuch(t)e...ergebenst um gefällige Mitteilung, ob durch die Fortlassung der erwähnten Angabe zum Ausdruck gebracht werden soll", dass der am 2. Juli 1811 geborene Großvater (Oppenheim) „gleich nach der Geburt und nicht erst später getauft worden ist."[5] Anschließend wurde in der Akte vermerkt: „1) Erledigt durch die Antwort vom 23. Juni 1933. 2) Z. d. A."

Diese „erledigende" Antwort ist unbekannt, ein Schreiben vom 23. Juni 1933 findet sich nicht bei den im Oberverwaltungsgericht geführten Personalakten. Möglicherweise erschöpfte sie sich, wie Drews' Schreiben vom 5. Juli 1933 nahelegt, in der Erklärung, weitere Urkunden, die „aus dem Ausland zu liefern gewesen wären", könnten nicht beigebracht werden. Das verräterische Taufdatum im Jahre 1826 scheint jedenfalls nicht entkräftet worden zu sein, der „neue" Fragebogen[6] wurde von fremder Hand um diese Jahreszahl ergänzt.

Wie schon oben im Kapitel „Constantin von Jerin" erwähnt, hatte der Gerichtspräsident Drews in seinem Schreiben vom 5. Juli 1933 Victor von Leyden keiner der drei Gruppen von Richtern zugeordnet, deren Entfernung vom Gericht er in Betracht zog. Andererseits war es hier gerade sein eigenes Nachbohren, durch das die „nichtarische" Herkunft über die antisemitische Beurteilung des Glogauer Landrats aus dem Jahre 1909 hinaus thematisiert wurde. Anhaltspunkte für eine persönliche Abneigung Drews' gegen von Leyden, wie sie zum Beispiel gegenüber Wilhelm Kroner bestand, lassen sich nicht finden. Es bleibt nur folgende Erklärung: Drews war wohl zu feige, über die ursprüngliche Angabe des Taufjahres 1826 hinwegzusehen und die Sache auf sich beruhen zu lassen. Denn Victor von Leyden stammte aus einer namhaften als „jüdisch" angesehenen Familie – der Bankiersfamilie Oppenheim:

Seine Mutter Marie von Leyden, Begründerin des Deutschen Frauenclubs[7], war eine Tochter des Königsberger Bankiers Rudolph Oppenheim. Der Name Oppenheim war im Berlin der zwanziger und dreißiger Jahre bekannt[8] und wurde als „typisch jüdisch" eingestuft: In Artur Landsbergers Satire „Berlin ohne Juden" aus dem Jahr 1925 heißt „der jüdische Bankier," eine der Hauptfiguren, wohl nicht zufällig Oppenheim. Victor von Leyden trug zwar den „arischen" Nachnamen sei-

5 GStA PK, I.HA Rep. 184, Präs.-Reg. Nr. 803.

6 GStA PK, I. HA Rep. 184 Pers.-Akten Nr. 1625, Bl. 59 f.

7 Veit-Wild, Flora (Enkelin Victor von Leydens): „Es ist kein Traum, Dir auf Deinen richtigen Brief zu antworten." in: Below; Hansen-Schaberg; Kublitz-Kramer (Hg.): „Das Ende des Exils?", 2014, S. 88 ff., 101.

8 Ein Bruder des Rudolph Oppenheim war Bauherr und Namensgeber der bekannten Villa Oppenheim in Charlottenburg. Marie von Leydens Bruder Benoit (gest. 1931), der das väterliche Bankhaus R.Oppenheim& Sohn übernommen hatte, war ein seinerzeit renommierter Kunstsammler.

nes Vaters. Angesichts der Berühmtheit[9] dieses in den Adelstand erhobenen Arztes – gerade im Vorjahr (am 8. Juni 1932) war die Leydenallee in Berlin-Steglitz nach ihm benannt worden –, dürfte aber dessen Verbindung zur Bankiersfamilie Oppenheim nicht nur innerhalb der Berliner Oberschicht bekannt gewesen sein.[10]
Drews wagte es unter diesen Umständen anscheinend nicht, das Taufdatum des Rudolph Oppenheim unerörtert zu lassen, zumal Victor von Leyden schon im Kontext des „Preußenschlages" wegen seiner kommunalpolitischen Karriere und insbesondere der Förderung durch sozialdemokratische Innenminister als politisch nicht hinreichend zuverlässig angesehen worden war. Der „Erfolg" gab ihm Recht: Mitte August 1933 hatte Ministerialdirektor Schellen Bilanz gezogen und vermerkt, dass „nach Prüfung aufgrund der §§ 2 bis 4 des Gesetzes zur Wiederherstellung des Berufsbeamtentums noch 4 jüdische Richter" verblieben. Hierzu notierte der ihm vorgesetzte Staatssekretär Grauert: „Ich halte v. Leyden als Senatspräsident für untragbar und würde hier von § 5 Gebrauch machen."[11] Die Tatsache, dass Victor von Leydens Ehefrau, Mitglied der gleichfalls „jüdischen" (zum evangelischen Glauben konvertierten) großbürgerlichen Berliner Familie Reichenheim, als Jüdin eingestuft wurde, spielte hingegen für das BBG-Verfahren keine Rolle.[12]
Wenig später wurde von Leyden vor die Alternative gestellt, entweder den Wechsel auf eine Stelle als Regierungsrat bei der Regierung von Stettin zu akzeptieren oder seine Versetzung in den Ruhestand zu beantragen. Obwohl er seinerzeit erst 53 Jahre alt war, entschied sich Victor von Leyden für den Ruhestand.[13] Er befürchtete wohl, in Stettin als sogenannter Nichtarier diskriminiert zu werden. Hierzu sei sein Kollege Alfred Oppler zitiert, der zur Regierung in Köln versetzt worden war und nach seiner Emigration in die USA seine Erlebnisse im Jahr 1940 in seiner Schrift „Mein Leben in Deutschland vor und nach dem 30. Januar 1933" eingehend geschildert hat:
„Ich war von verschiedenen Seiten gewarnt worden, als Nichtarier an eine Mittelbehörde in die Provinz zu gehen, wo mir das Leben durch den nationalsozialistischen Chef und die örtlichen Parteistellen sicherlich verleidet würde. Die übrigen Nichtarier unserer Behörde haben sich deshalb auch pensionieren lassen, u.a. der Senatspräsident von Leyden, der nur Halbjude war."

9 S. Oppler, Alfred: „Mein Leben in Deutschland vor und nach dem 30. Januar 1933",1940, S. 23.: „Sein Vater war einer der berühmtesten Mediziner Deutschlands und, soweit ich unterrichtet bin, der Leibarzt des Kaisers gewesen".

10 Nach Marie von Leydens Tod erschien in der *Vossischen Zeitung* vom 30. August 1932 (Ausg. 415) ein Nachruf, in dem ihre Herkunft „von einem angesehenen Königsberger Kaufmannshaus" erwähnt wurde. Durch die im selben Blatt veröffentlichte Todesanzeige konnte jeder Leser den Geburtsnamen Oppenheim erfahren – und als Namen eines der Angehörigen „Victor von Leyden".

11 Laut Vermerk hielt Grauert dasselbe bei Oppler und Isay für notwendig, s. BArch R 1501/207592 (Isays Personalakte im Innenministerium) Bl. 79. Der vierte von Schellen aufgelistete „jüdische" Richter dürfte der „alte Kämpfer" Oskar Simon gewesen sein, s. dazu oben Kapitel „Constantin von Jerin" bei FN 5.

12 Anders als in den bisherigen Publikationen zur Vita Victor von Leydens behauptet, in denen davon die Rede ist, er sei wegen seiner „jüdischen" Ehefrau aus dem Amt entlassen worden. Vgl. Veit-Wild, Flora (FN 7), S. 89; s. auch Weiß, Lothar (FN 1) S. 157, der die Familie Oppenheim (anders als die Herkunftsfamilie der Ehefrau) nicht näher beschreibt.

13 GStA PK, I. HA Rep. 184 Pers.-Akten Nr. 1625, Bl. 43.

Nach seiner auf § 5 Abs. 2 BBG gestützten Zurruhesetzung, die zum 1. Januar 1934 wirksam geworden war, verlegten er und seine Frau ihren Wohnsitz nach Garmisch-Partenkirchen. Zwei ihrer vier Söhne lebten bereits seit 1927 beziehungsweise 1933 in Bombay/Britisch Indien, einer seit 1933 in Florenz (und ab 1939 in England). Die beiden weiteren Kinder – ein Sohn und eine Tochter – blieben in Berlin.

In Bayern stürzte sich von Leyden zunächst auf seine alte Leidenschaft für das Bergsteigen und betätigte sich künstlerisch als Holzschnitzer. Doch der Schein einer Idylle trügt: Der endgültige Verlust seines Amtes hatte ihm einen schweren Schlag versetzt, von dem er sich nie wieder erholen sollte.[14]

In Garmisch-Partenkirchen konnte die Familie offenbar mithilfe der Lesart „Entlassung wegen der jüdischen Ehefrau" verbergen, dass Victor von Leyden eine eigene „jüdische" Herkunft hatte. So heißt es in dem am 17. August 1939 vom Bürgermeister erstellten „Verzeichnis der in Garmisch-Partenkirchen vorhandenen Anwesen jüdischer Besitzer": „Der Besitzer Viktor von Leyden ist nach unseren Aufzeichnungen kein Jude".[15]

Ob es ihm wohl gelungen wäre, einen eventuellen behördlichen Verdacht zu entkräften, dass auch seine 1818 im seinerzeit russischen Wilna geborene Großmutter Dorothea, geborene Heimann, ursprünglich Jüdin war und er selbst damit „Halbjude"? In Wilna, das damals kaum von christlichen Deutschen bewohnt war, wohl aber zu einem hohen Prozentsatz von Juden, konnten deutsch klingende Nachnamen auf eine jüdische Herkunft hinweisen. Angesichts des am Fall Constantin von Jerins[16] ablesbaren Jagdfiebers des „Sachverständigen für Rasseforschung" hätte für ihn wohl kaum eine Chance bestanden, den Verdacht zu entkräften. Für seine Maßregelung nach dem BBG war es dem Innenministerium auf die Klärung dieser Frage nicht angekommen, es genügte bereits ein „Viertel-Judentum". Das in Garmisch-Partenkirchen verbreitete Gerücht, er habe nur wegen seiner „jüdischen" Ehefrau sein Richteramt verloren, schützte Victor von Leyden jedenfalls jetzt davor, nach den Nürnberger Rassegesetzen vom 15. September 1935 sogar als „Geltungsjude"[17] eingestuft zu werden.

Auch seinen Kindern Ernst und Victoria, die in Berlin lebten, blieb glücklicherweise der Status von „Dreiviertel-Juden" und damit von Juden erspart.

Am 10. November 1938, einen Tag nach der „Reichspogromnacht", fand in Garmisch-Partenkirchen eine sogenannte Judenaktion statt. Victor von Leydens Ehefrau Luise wurde wie alle in der Gemeinde lebenden „Juden" vom dortigen NS-Kreisleiter ins Rathaus geladen und erhielt die Aufforderung, den Ort innerhalb von 48 Stunden zu verlassen.

„Vor dem Rathaus hatte sich ein Haufen Nazis angesammelt, die sie Spalier laufen ließen, mit üblen Parolen beschimpften und bespuckten."[18]

Der Entschluss beider zur Emigration stand nun fest. Sofort reisten sie nach Berlin, wo ihre Tochter Victoria und deren „halbjüdischer" Mann Otto Veit lebten, um die

14 Leyden, A. R. (FN 3) S. 179.

15 Staatsarchiv München – LRA Garmisch-Partenkirchen 61665, zitiert nach Schwarzmüller, Alois, 2006. Online unter: http://members.gaponline.de/alois.schwarzmueller/juden_in_gap_ereignisse/1939.htm.

16 S. oben Kapitel „Constantin von Jerin".

17 S. oben Kapitel „Fritz Citron" nach FN 31.

18 Veit-Wild, Flora (FN 7) S. 89.

notwendigen Papiere zu besorgen. Drei Wochen später wurde Luise von Leyden ein „Reisepass für Juden" ausgestellt, gekennzeichnet mit einem großen roten J[19]. Den in Bombay lebenden Söhnen, die die britische Staatsangehörigkeit angenommen hatten, gelang es, ihren Eltern für Indien, seinerzeit eine britische Kolonie mit restriktiver Immigrationspolitik[20], Einreisevisa zu verschaffen. Sie sorgten auch dafür, dass die von Leydens zunächst in die Schweiz fliehen konnten: Für den „Besuch" eines Freundes der Bombay-Söhne erhielten sie von der schweizerischen Gesandtschaft in Berlin am 23. Dezember 1938 eine „Zusicherung der Bewilligung zum Aufenthalt in der Schweiz", die sie binnen einer Woche zu nutzen hatten. Bereits zwei Tage später – am ersten Weihnachtsfeiertag – machten sie davon Gebrauch und gelangten über Basel in die Schweiz, um von dort aus ihre Weiterreise nach Britisch Indien zu organisieren.
Am 8. März 1939 war es schließlich soweit: Victor von Leyden und seine Frau passierten mit dem Zug den Grenzübergang Domodossola nach Italien und fuhren nach Venedig. Dort bestiegen sie noch am selben Tage die „SS Conte Verde", einen Überseedampfer der italienischen Schifffahrtsgesellschaft Lloyd Triestino, die in der Zeit zwischen November 1938 und dem Kriegseintritt Italiens im Juni 1940 insgesamt etwa 17 000 jüdischen Flüchtlingen aus Deutschland und Österreich die Flucht nach Shanghai ermöglichte und deren Schiffe dabei einen Zwischenstopp in Bombay machten. Am 20. März 1939 war es ihnen gestattet, in Bombay an Land zu gehen – „permitted to land", heißt es im Einreisestempel dieses Tages.

Als wenige Monate später der Zweite Weltkrieg ausbrach, wurde Victor von Leyden festgenommen und als „ enemy alien" in einem Lager interniert.[21]
Am 7. September 1939 schrieb er an seine Frau:
„Aliens Internment
Camp Deolali
Dear Lulu,
please send my reading glasses.
Victor von Leyden.
No.127".
Der mit Bleistift beschriftete Zettel spricht für einen überstürzten Aufbruch, bei dem nicht einmal die Lesebrille mitgenommen werden konnte, die englische Sprache für eine strenge Postzensur.
Das Schicksal der Internierung wäre ihm auch dann nicht erspart geblieben, wenn sein Reisepass wie der seiner Frau mit einem „J" gekennzeichnet gewesen wäre: Die Internierung erfasste 850 der am 1. September 1939 in Britisch Indien registrierten insgesamt 1520 Deutschen (Frauen und Männer), darunter sämtliche – wohl 317 – männlichen Juden[22] Alle hatten gegenüber dem „Darling Interrogation Committee" ihren Flüchtlingsstatus unter Beweis zu stellen.
Vermutlich entsprachen die Umstände für von Leyden denjenigen, die ein Leidensgenosse, der aus München nach Bombay mit einem „Reisepass für Juden"

19 S. oben Kapitel „Fritz Citron" nach FN 36.
20 Veit-Wild, Flora (FN 7) S. 88 m.w.N.
21 Der Sohn Wolfgang, der 1939 von Italien nach England geflohen war, wurde dort gleichfalls als „enemy alien" eingestuft und auf der Isle of Man festgesetzt.
22 S. Roland, Joan S.: The Jewish communities of India, 2. Aufl. 1998, S. 220.

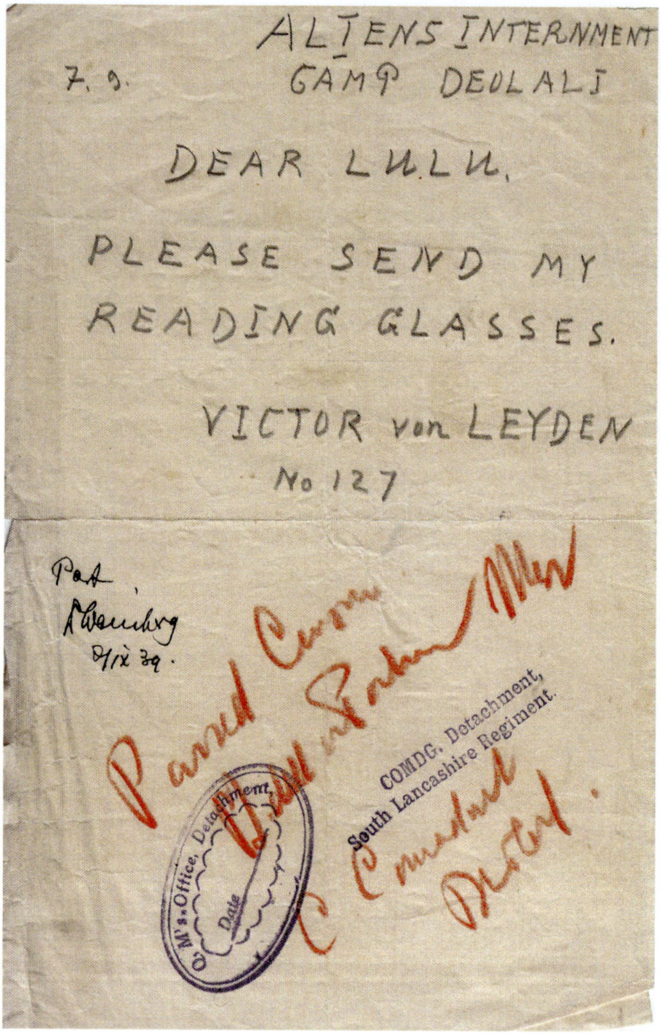
ALIENS INTERNMENT
7.9. CAMP DEOLALI
DEAR LULU.
PLEASE SEND MY
READING GLASSES.
VICTOR von LEYDEN
No 127
COMDG. Detachment,
South Lancashire Regiment.
O. C. M's. Office, Detachment,
Date

geflüchtete Deutsche Harry Uhlfelder, in seinen Lebenserinnerungen geschildert hat. Uhlfelder[23] berichtet: *„Wir wurden also festgenommen und unter schwerer Bewachung durch die indische Militärpolizei aufs Land befördert. Wir wurden in ein ehemaliges Militärlager gebracht, das nicht ausreichend ausgestattet war, uns aufzunehmen. Es gab keine Lebensmittel, und für die Übernachtung gab es primitive Feldbetten aus Metall ohne Matratzen ... Tatsächlich wurde uns nach wenigen Tagen mitgeteilt, dass im Lager die Cholera ausgebrochen war."*

Dank der Aktivitäten der „Jewish Relief Association" (JRA), einer 1934 in Bombay gegründeten Einrichtung zur Unterstützung europäischer Juden, die als Opfer nationalsozialistischer Verfolgung mittellos in Indien angekommen waren[24], dauerte der Aufenthalt für Victor von Leyden in dem 100 Meilen nordöstlich von Bombay gelegenen Camp Deolali nur bis zum 10. Oktober 1939[25]. Die JRA hatte ungeachtet ihrer eigentlich auf finanzielle Nothilfe beschränkten Zielsetzung alle Hebel in Bewegung gesetzt, um die Freilassung sämtlicher „jüdischen" Flüchtlinge zu erreichen, was ihr auch binnen weniger Monate schließlich gelang.

Ehemals Internierte wurden allerdings während des Krieges nicht offiziell aus ihrem Status als „feindliche Ausländer" entlassen und hatten etliche rechtliche Benachteiligungen und Unsicherheiten hinzunehmen. Eine seinen Fähigkeiten adäquate Berufstätigkeit war für Victor von Leyden nicht möglich.

23 Uhlfelder, Harry: „Lebenserinnerungen" in: Heusler, Andreas; Sinn, Andrea (Hg): Die Erfahrung des Exils, 2015, S. 36 ff., 42.

24 Roland, Joan S. (FN 22) S. 177.

25 Veit-Wild, Flora (FN 7) S. 97.

Die englische Staatsbürgerschaft und die Kontakte der beiden Söhne, der eine erfolgreicher Geschäftsmann, der andere Karikaturist und Kunstkenner, ermöglichten den von Leydens immerhin die baldige Integration in die britisch geprägte Kolonialgesellschaft und die Teilnahme an Zerstreuungen wie Bridge- und Dinnerparties und kulturellen Ereignissen. Auch eigene künstlerische Aktivitäten – Luise von Leyden nahm Zeichenunterricht bei dem aus Österreich vor den Nazis nach Bombay geflüchteten Kokoschka-Schüler Walter Langhammer und malte Aquarelle, Victor von Leyden fertigte Skulpturen – lenkten sie von den Belastungen des feuchtwarmen indischen Klimas, der bitteren europäischen Realität und den Sorgen insbesondere um die in Deutschland gebliebenen Kinder ab.

3. Nachkriegszeit

Einige Zeit nach dem Ende des Krieges, den bis auf den Sohn Ernst[26] alle engen Familienmitglieder überlebt hatten, nahm Victor von Leyden von Bombay aus am 24. Juli 1947 Kontakt zu Konrad Adenauer auf, den er noch aus seiner Zeit als Leiter der Kommunalabteilung im Preußischen Innenministerium kannte. Adenauer, nunmehr der erste Vorsitzende der Christlich-Demokratischen Union der britischen Zone, antwortete am 19. August 1947:
„Ich kann mir vorstellen, dass Sie Sehnsucht nach Deutschland haben, und ich wünsche, dass es Ihnen gelingen möchte, bald zurück zukommen. Aber Sie müssen sich darüber klar sein, dass das Leben hier sehr schwer ist."[27]
Welche Vorstellungen mag Adenauer bei diesem „Warnhinweis" von den Lebensumständen Victor von Leydens in Indien gehabt haben, insbesondere von den gesundheitlichen Belastungen während der Sommermonate?
Ebenfalls von Bombay aus beantragte Victor von Leyden beim Wiedergutmachungsamt (WGA) in Berlin die Auszahlung rückständiger Pensionsansprüche für die Jahre 1942 bis 1945: Das WGA erklärte sich für diesen Anspruch „in Höhe von angeblich jährlich RM 10 800" für unzuständig und verwies den Antragsteller auf das Entschädigungsamt. Von Leydens ließen sich indes weder durch das Misstrauen, das in dem vom WGA gebrauchten Wort „angeblich" zutage trat, noch durch Adenauers Warnung, das Leben in Deutschland sei sehr schwer, abschrecken und kehrten im Herbst 1948 aus Indien nach Deutschland zurück – zunächst zu ihrer Tochter und deren Mann nach Wiesbaden. Von dort aus unternahm Victor von Leyden erneut einen Vorstoß bei Adenauer.
„Es würde mich interessieren zu hören, ob Sie – etwa in Verbindung mit dem bevorstehenden Bund – irgendetwas wissen, wo ich meine Kenntnisse und Erfahrungen betätigen könnte."
Die Antwort Adenauers vom 11. Oktober 1948 klingt etwas spröde.
„Lieber Herr von Leyden!
Über den Empfang Ihres Briefes vom 8. d. Mts. habe ich mich gefreut. Ich begrüße Ihre Rückkehr in die Heimat. Wenn mich mein Weg nach Wiesbaden führt, setze ich mich vorher mit Ihnen in Verbindung. Ob sich bei der Schaffung der Bundes-

26 Ernst von Leyden wurde in Berlin im April 1945 wohl von „den Russen" erschossen.
27 Morsey; Schwarz (Hg.), Mensing, Hans Peter (Bearb.): „Adenauer. Briefe 1947–1949", 1984, Brief Nr. 602.

regierung Möglichkeiten bieten, lässt sich jetzt noch nicht überschauen. Ich werde Ihre Angelegenheit im Auge behalten, wie Sie es ebenfalls sicher tun werden. Mit freundlichen Grüßen
Ihr … (Adenauer)"[28].
Ende 1948 konnten von Leydens das ihnen zurückgegebene Haus in Garmisch-Partenkirchen beziehen.

Zu einer Einstellung Victor von Leydens in den Öffentlichen Dienst der (entstehenden) Bundesrepublik ist es nicht mehr gekommen, nur zu Gutachten-Aufträgen aus dem späteren Bundesinnenministerium.[29] Vermutlich war Adenauer die falsche Adresse: Wie dessen enge Verbundenheit mit seinem Kanzleramtsminister Globke, dem Kommentator der Nürnberger Rassegesetze, nahelegt, war die klare Gegnerschaft zum NS-Regime für Adenauers Personalpolitik – anders als für diejenige der Alliierten – kein Auswahlkriterium.
Vielleicht hätte von Leyden in der Verwaltungsgerichtsbarkeit eine relevante Funktion übernehmen können – wie seine vom BBG betroffenen (mehr oder weniger gleichaltrigen) früheren Kollegen Canditt, Müller, Roeckner, Schrader und Strucksberg, die bei der von den Alliierten begleiteten Wiederherstellung des Gerichtswesens zum Teil maßgebliche Funktionen erhielten; allerdings lag dort wohl nicht seine juristische Leidenschaft, betrachtete er doch schon den Wechsel vom Preußischen Innenministerium zum Preußischen Oberverwaltungsgericht als Degradierung.
Vielleicht kam er dafür aber auch einfach zu spät zurück und alle relevanten Stellen, die die Alliierten in diesem Bereich besetzen wollten, waren Ende 1948, während sich Victor von Leyden noch um die Anerkennung seiner deutschen Staatsangehörigkeit bemühen musste[30], bereits vergeben.
Zu seinem 80. Geburtstag im Jahre 1960 erhielt er das „Große Bundesverdienstkreuz mit Stern".
Am 10. August 1963 verstarb er in Garmisch-Partenkirchen.

28 Ebd., Brief Nr. 975 nebst Anm.
29 Weiß, Lothar (FN 1) S. 183.
30 Mensing, Hans-Peter (FN 27) Anm. zu Brief Nr. 975.

Dr. **Kuno** (Cuno) **Lougear**
Oberverwaltungsgerichtsrat

geboren am 18. Juni 1880 in Königlich Dombrowken/Westpreußen
verheiratet seit 1911 mit Margarete, geb. Ohnesorge
vier Kinder: Maria, geb. 1911, Günther, geb. 1914, Karl, geb. 1916, und Ruth, geb. 1919
gestorben 1939

1. Kaiserreich und Weimarer Republik

Kuno Lougear wuchs auf in Czersk, einer westpreußischen Kleinstadt mit einem erheblichen polnischsprachigen Bevölkerungsanteil. Sein Vater Adalbert Lougear, geboren in Kamin, war dort Rektor einer Volksschule. Kuno Lougear war ein guter Katholik: Nach dem Abitur besuchte er zunächst anderthalb Jahre lang ein klerikales Seminar, bevor er sich für das Studium der Rechtswissenschaft entschied.

Die Übernahme Lougears in den Referendardienst gestaltete sich schwierig. Die Einkünfte seines Vaters und auch die Unterstützung durch die Familie seiner Verlobten, einer Fabrikantentochter aus Czersk, reichten nicht aus, seinen Lebensunterhalt während der Referendarzeit sicherzustellen. Sein Vater beantragte deshalb für ihn ein Stipendium aus dem „Dispositionsfonds des Herrn Oberpräsidenten der Provinz Westpreußen". Hierfür musste die „deutsch-nationale Gesinnung" Adalbert Lougears überprüft werden, wozu sogar dessen Lehrer-Personalakten herangezogen wurden: Offenbar gab es in der Region Czersk, die später mit dem Versailler Vertrag Polen zugeordnet wurde, zu viele „unsichere Kantonisten" gerade unter Katholiken.

„In politischer Hinsicht habe er stets seine deutsche Gesinnung betont und sich für eine Stütze des Deutschtums ausgegeben. Die Schulaufsichtsbehörde stehe diesen Beteuerungen skeptisch gegenüber", referierte der Präsident des Oberlandesgerichts Marienwerder den Bericht des Regierungspräsidenten. Trotz insoweit verbliebener Zweifel wurde schließlich die hinreichende Zuverlässigkeit des Vaters anerkannt und das Stipendium für den Sohn bewilligt, was zu dessen Zulassung als Referendar am 26. Februar 1906 führte.[1]

Nachdem Kuno Lougear später die eigentlich zu seinem Unterhalt bestimmte Spareinlage verpfändet hatte, wurde ihm in einem Disziplinarverfahren ein „ernstlicher Tadel" ausgesprochen, ansonsten blieb sein Verhalten jedoch ohne Beanstandungen.

Im Jahre1908, noch während seiner Referendarzeit promovierte er; das Thema seiner Dissertation, „Das Ehehindernis der ordines maiores nach kanonischem Rechte", belegte wiederum seine Nähe zur katholischen Kirche, im damaligen mehrheitlich protestantischen Preußen nach wie vor eine suboptimale Karrierevoraussetzung[2]. 1910 wurde Kuno Lougear Gerichtsassessor, im Jahr darauf heira-

1 BArch R 3001/67097 (Lougears Personalakte im Preußischen Justizministerium) Bl. 6 ff.
2 Vgl. Beradt, Martin: Der deutsche Richter, 1930, S. 48 f.: statistisch widerlegt.– Kempner, Robert M. W.: „Der Republikanische Richterbund", in: *Recht und Politik*, Heft 4/1967, S. 129 (132).

tete er. Nicht lange danach trat er der Zentrumspartei bei. Seit 1915 war er Richter der ordentlichen Gerichtsbarkeit in Westpreußen, zunächst Amtsrichter in Berent, ab 1919 Landrichter in Thorn und 1920 Landgerichtsrat in Elbing. Dann entschloss sich Lougear zum Dienst in der preußischen Verwaltung und begann 1921 als Regierungsrat in Allenstein. Bald darauf folgten seine Ernennung zum Oberregierungsrat in Oppeln und 1924 der Wechsel nach Arnsberg im Sauerland, wo sein Katholizismus nun endlich eine Selbstverständlichkeit darstellte. Dort beförderte man ihn innerhalb von vier Jahren über die Ämter Regierungsdirektor und Abteilungsdirigent zum Verwaltungsgerichtsdirektor sowie stellvertretenden Abteilungsvorsitzenden des Bezirks-Ausschusses.

Mit Wirkung vom 16. Oktober 1928 wurde Kuno Lougear zum Oberverwaltungsgerichtsrat am Preußischen Oberverwaltungsgericht ernannt. Die Suche nach einer angemessenen Wohnung in Berlin bereitete ihm ähnliche Mühen wie dem im Jahr zuvor beförderten Ernst Isay, er sah sich mit Abstandsforderungen in Höhe von 6 000 bis 7 000 Reichsmark konfrontiert.

Nach seinem Umzug von Arnsberg in eine schließlich in Lichterfelde gefundene Sechs-Zimmer-Wohnung beantragte er die Anhebung der ihm bereits gezahlten Umzugsbeihilfe von 2500 auf 3300 Reichsmark und „outete“ sich als vehementer Kritiker der damaligen Wohnungspolitik:

„Die beiden Novellen, die die Lockerung der Zwangswirtschaft brachten, sind lediglich im Interesse der reichen Leute ergangen und haben das Wohnungselend für die Beamten im schlimmsten Maße vergrößert. In Berlin sind infolge der Novellen alle Wohnungen mit einer Friedensmiete von 2400 M, d.h. sämtliche Altbauwohnungen mit mehr als 5 Zimmern, der Zwangswirtschaft nicht mehr unterworfen, werden also von den Reichen, insbesondere von den Ausländern für hohes Geld gekauft. Dies ist notorisch. Die Beamten, die, wie ich, ihr ganzes Vermögen in Kriegsanleihe angelegten und es damit verloren, haben das Nachsehen.“[3]

2. NS-Zeit

Im Fragebogen vom Mai 1933 gab Kuno Lougear an, 20 Jahre lang dem Zentrum angehört zu haben und „jetzt“ in der Deutschnationalen Front und dem D.O.B. (Deutscher Offiziers-Bund) organisiert zu sein.

Nach Auswertung der Fragebogenaktion ordnete der Gerichtspräsident Drews ihn der Gruppe von Richtern zu, deren auf § 5 BBG gestützte Versetzung in ein Amt von geringerem Rang er in Betracht zog, „falls Begabung und Leistungen... einen Beamten für eine andere Behörde besser geeignet erscheinen lassen“. Eine Begründung hierfür ist nicht zu finden.

Schon am 9. August 1933 wurde Lougear nach § 5 Abs. 1 BBG mit Wirkung vom 16. August 1933 an die Regierung von Arnsberg, also den Ort seiner vorherigen Tätigkeit, versetzt. Er erhielt dort eine Regierungsratsstelle in der allgemeinen Verwaltung und damit ungeachtet der Beibehaltung seiner bisherigen Amtsbezeichnung und der Fortzahlung seiner bisherigen Dienstbezüge (mit Ausnahme der Ministerialzulage) ein Amt, das er zuletzt 1921 inne gehabt und gerade in Arnsberg in der Folgezeit um mehrere Beförderungsstufen „überschritten“ hatte.

3 GStA PK, I. HA Rep.184 Pers.-Akten Nr. 1711, Bl. 41 ff.

Über die Ursache seiner Versetzung kann man nur spekulieren. Möglicherweise machte ihn seine jahrzehntelange Zentrums-Mitgliedschaft missliebig; seine 1933 aktuelle Mitgliedschaft in der Deutschnationalen Front rückte ihn allerdings in die unmittelbare Nähe der Nationalsozialisten.

Denkbar ist auch, dass § 5 Abs. 1 BBG hier deswegen zur Anwendung kam, weil sich Drews und der im Innenministerium mit den Entlassungs- und Versetzungsverfahren nach dem BBG befasste Ministerialdirektor Schellen, bis Februar 1933 Drews' Personalreferent, in ihrer persönlichen Abneigung einig waren. Der ebenfalls nach § 5 BBG versetzte Oberverwaltungsgerichtsrat Alfred Oppler[4], berichtete zu der Klausel, wonach jeder in ein Amt geringeren Ranges versetzt werden könne:

„Dieses Schicksal hatte einige meiner Kollegen ereilt, weil sie entweder nach links neigten oder sich bei dem Personalreferenten missliebig gemacht hatten, der nun die Gelegenheit benutzte, um an ihnen sein Mütchen zu kühlen."

Für eine solche Abneigung spielte vielleicht Lougears Habitus eine Rolle. Der erwähnte Umzugsbeihilfe-Antrag lässt annehmen, dass Kuno Lougear nicht gerade zu „vornehmer" Zurückhaltung neigte. Mit dem Vorwurf, der Gesetzgeber habe bei seiner Wohnungspolitik allein die Interessen der reichen Leute im Blick gehabt, hatte er einen ungewöhnlich frechen Ton angeschlagen. In dem betreffenden Antrag wurde er zudem ausgesprochen kleinlich: Es ging um „Biergelder" und Schnaps für die Transportleute, geplatzte Glühbirnen wegen hiesigen Drehstroms, Verlängerung und Verbreiterung von Gardinen wegen der größeren Berliner Fenster etc. Möglicherweise ging Lougears Pfennigfuchser-Naturell dem „liberalen Grandseigneur alter Schule", wie der Präsident des Preußischen Oberverwaltungsgerichts Bill Drews damals[5] wahrgenommen wurde, einfach „gegen den Strich".

Die Arnsberger Behörde leitete im Herbst 1933 gegen Lougear ein Dienst-Strafverfahren ein und warf ihm vor, in den Jahren 1926 bis 1932 entgeltliche Gutachtenaufträge ohne vorherige Genehmigung übernommen zu haben.

Im Jahre 1939 starb er.

3. Nachkriegszeit

Am 21. August 1947 wurde Kuno Lougears Witwe unter dem Briefkopf: „Reichsverwaltungsgericht, Berlin-Charlottenburg" bescheinigt, dass ihr Mann etwa 20 Jahre dem Zentrum angehört habe und nicht Mitglied der NSDAP gewesen sei.[6]

---

4 Oppler, Alfred: „Mein Leben in Deutschland vor und nach dem 30. Januar 1933",1940, S. 20.

5 Z.B. von Robert Kempner, Mitglied des Republikanischen Richterbundes und während der letzten Jahre der Weimarer Republik Justiziar der Polizeiabteilung des Preußischen Innenministeriums, später stellv. US-Hauptankläger im Nürnberger Prozess gegen die Hauptkriegsverbrecher sowie im Nürnberger Wilhelmstraßenprozess: Kempner, Robert M. W. (FN 2) S. 129 (138).

6 GStA PK, I. HA Rep.184 Pers.-Akten Nr. 1711, Bl. 1.

Gerhard Müller

Oberverwaltungsgerichtsrat

geboren am 5. November 1876 in Wongrowitz (Posen)
verheiratet seit 1923 mit Clara, geb. Herrmann
zwei Kinder: Gerhard (aus erster Ehe), geb. 1912, und
Hanna (Stieftochter), geb. 1918
gestorben nach 1952, vermutlich in der Bundesrepublik Deutschland

Ein „Gerhard Müller" ist für eine Recherche kein leichter Fall, ist „Müller" doch der häufigste Familienname in Deutschland und hat der Vorname Gerhard ebenfalls keinen Seltenheitswert. „Gerhard Müller" hieß allerdings auch der erste Präsident des 1947 errichteten hessischen Verwaltungsgerichtshofs.

1. Kaiserreich und Weimarer Republik

Gerhard Müller kam 1876 als Sohn des katholischen Gymnasialprofessors Heinrich Müller in Wongrowitz, einer Kreisstadt in der preußischen Provinz Posen, zur Welt. Seine Mutter, Tochter des dortigen Kreisgerichtsrats, und er selbst waren evangelisch. Die Familie verzog während seiner Schulzeit nach Straßburg im Elsass, das zu jener Zeit zu Deutschland gehörte. Nach dem Abitur studierte Müller zunächst an der Technischen Hochschule München; anschließend absolvierte er im „Reichsland Elsaß-Lothringen" sein Jurastudium und seine beiden juristischen Staatsexamen. Im Juni 1905 wurde er Gerichtsassessor und dem Amtsgericht in Straßburg zur unentgeltlichen Beschäftigung zugeteilt. Fünf Jahre später, im Oktober 1910, folgte seine Ernennung zum Amtsrichter in St. Avold/Lothringen. Von Januar 1914 bis zum Ende des Ersten Weltkrieges war er beim Landgericht in Zabern/Elsass als Hilfsrichter tätig und fungierte dort auch als Untersuchungsrichter. Inzwischen war er verheiratet und Vater eines 1912 geborenen Sohnes.
Nach der Ausweisung der Familie aus dem nunmehrigen Frankreich wurde Gerhard Müller im Januar 1919 Verwaltungsangestellter in Karlsruhe. Bereits am 30. Dezember 1918 war er der knapp sechs Wochen vorher gegründeten linksliberalen Deutschen Demokratischen Partei (DDP) beigetreten. Ab März 1920 war er als Preußischer Beamter in Schlesien tätig. Im Oktober 1920 wurde Müller in Liegnitz zum Regierungsrat ernannt und zeitgleich zum kommissarischen Verwalter des Landratsamtes von Freystadt bestellt. Dies löste einen Sturm der Entrüstung bei der bürgerlichen Kreistagsmehrheit von Freystadt aus, die nicht zur Zusammenarbeit mit ihm bereit war, weil Müller, der die DDP inzwischen verlassen hatte, als Sozialdemokrat („Mehrheitssozialist") galt.[1] Die örtliche Presse widmete sich diesem „Skandal" mit großer Ausführlichkeit. Bereits Anfang 1921 stellte Müller seinen Posten zur Verfügung – er war es leid, seine Beschluss-Entwürfe für den Papierkorb zu machen –, aber erst im Juli wurde er abgelöst und konnte nach Liegnitz zurückkehren. Danach, am 1. September 1921, trat er der SPD bei.
Ab Januar 1922 war Gerhard Müller in Halle (Saale) Landrat des Saalkreises. Noch im selben Jahr verstarb seine Frau an einem Lungenleiden – mehrfach hatte er sich

1 GStA PK, I. HA Rep. 184 Pers.-Akten Nr. 1976.

ihretwegen darum bemüht, an einen Ort mit sauberer Luft versetzt zu werden. 1923 heiratete er eine ebenfalls verwitwete Frau mit kleiner Tochter.
Zum 1. Mai 1928 wurde er Regierungsvizepräsident in Oppeln und mit Wirkung vom 1. Juli 1931 erfolgte schließlich seine Ernennung zum Richter am Preußischen Oberverwaltungsgericht. Zum Vortag, dem 30. Juni 1931, war er aus der SPD ausgetreten, vermutlich, weil er annahm, eine Parteimitgliedschaft vertrage sich nicht mit seinem Richteramt, vielleicht aber auch, weil er sich aus der Politik ohnehin zurückziehen wollte. Er wurde dem seinerzeit von Dr. Walther Grützner geleiteten 6. Senat zugewiesen.
Gerhard Müller, dessen Geburtsort jetzt zu Polen gehörte, der im nunmehrigen Frankreich sein Abitur und seine juristische Ausbildung absolviert hatte und der bislang alle paar Jahre umgezogen war, ging offenbar davon aus, am Preußischen Oberverwaltungsgericht sein endgültiges berufliches Betätigungsfeld gefunden zu haben: Seine Frau und er erwarben in Berlin-Zehlendorf ein Einfamilienhaus, bezeichnenderweise in einer Straße namens „Heimat".

2. NS-Zeit

Nachdem Gerhard Müller im Fragebogen vom Mai 1933 seine ehemaligen Mitgliedschaften in der DDP und der SPD angegeben hatte, schlug der Präsident des Oberverwaltungsgerichts Bill Drews dem Preußischen Innenministerium am 5. Juli 1933 vor, auf ihn (ebenso wie auf sechs weitere Richter) wegen „früherer Zugehörigkeit zu Linksparteien und -verbänden" die Versetzungsregelung § 5 BBG anzuwenden; es schwebe „gegen M. eine gerichtliche Voruntersuchung (dort. Schreiben vom 4. Mai 1933 –Z. 7364–)."[2] Angesichts der ein volles Jahrzehnt andauernden SPD-Mitgliedschaft Müllers kam Drews' Vorschlag zwar nicht überraschend. Der Hinweis auf die gerichtliche Voruntersuchung ließ jedoch an eine parteipolitische Aktivität von strafrechtlicher Relevanz denken – Müllers Chance, eine Versetzung nach § 5 BBG doch noch abzuwenden, weil er ja die SPD immerhin bereits im Sommer 1931 verlassen hatte, war damit zunichte gemacht. Bereits knapp drei Wochen später teilte Drews ihm mit, das Innenministerium beabsichtige, ihn auf Grund des § 5 Abs. 1 BBG „in ein Amt von geringerem Range und planmäßigen Diensteinkommen – nämlich als Dezernent an eine Regierung" zu versetzen. „Hochwohlgeboren" werde ergebenst ersucht, sich binnen eines Monats zu äußern, ob er gemäß § 5 Abs. 2 BBG seine Versetzung in den Ruhestand nachsuche. Gerhard Müller gab kampflos auf und beantragte pünktlich vor Fristablauf, am 24. August 1933, seine Zurruhesetzung. Ein Wegzug von Berlin wäre für ihn und seine Familie mit unverhältnismäßigen Nachteilen verbunden, sein Sohn befinde sich hier in kaufmännischer Lehre und seine Frau und er hätten hier „ein kleines Häuschen erworben".
Eine Woche später wurde er mit Wirkung vom 31. Dezember 1933 in den Ruhestand versetzt.
Bei der von Drews gegenüber dem Innenministerium angeführten gerichtlichen Voruntersuchung, die Müller offenbar jeglichen Kampfgeist in Sachen Versetzung raubte, ging es um folgenden Vorgang: Der Saalkreis, in dem Gerhard Müller von

2 Rein formelle Mitteilung von Schellen über das betr. Verfahren der Justizbehörde in Halle.

1922 bis 1928 als Landrat fungiert hatte, war während der Weimarer Republik eine Domäne der SPD gewesen. Nach dem Machtwechsel Anfang 1933 wurden nun mit Eifer sämtliche in diese Zeit fallenden Verwaltungsvorgänge mit extra dafür abgestelltem Personal darauf durchleuchtet, ob sich Anhaltspunkte für Misswirtschaft, Korruption oder „Selbstbedienung" finden ließen. Im Zuge dessen war der Nachfolger Müllers, Otto Streicher, Landrat im Saalkreis bis August 1932, in den Verdacht der Untreue geraten und in Untersuchungshaft genommen worden. Da es bei den Vorwürfen gegen Streicher unter anderem um eine Verfahrensweise ging, die dieser von seinem Vorgänger übernommen hatte – die Herausgabe des Amts- und Verordnungsblattes durch „den Landrat" als „Privatperson", verbunden mit der Vereinnahmung gelegentlich entstehender Überschüsse –, wurde die Voruntersuchung wegen des Vergehens nach § 350 StGB im April 1933 auf Gerhard Müller ausgedehnt. Der hierbei miteinbezogene Gerichtspräsident Drews, der Abschriften von Aussagen erhalten hatte, die Müller belasteten, betrachtete die ganze Angelegenheit „als äußerst mißlich und peinlich für den höchsten preußischen Gerichtshof".[3] Müller selbst bat sofort seinen Senatspräsidenten Grützner[4], der während der jetzt untersuchten Vorgänge Regierungspräsident in Merseburg und damit sein Vorgesetzter gewesen war, um Unterstützung. Grützner sprang ihm bei und wandte sich an den aktuellen Landrat des Saalkreises. Zu jenem Zeitpunkt – im April 1933 – war dies noch Erich Kirschbaum, der 1929 zum Richter am Preußischen Oberverwaltungsgericht ernannt worden war und ein Jahr lang Grützners Senat angehört hatte; sehr zu Grützners Erleichterung, der diese Ernennung als „Fehlgriff" betrachtete, hatte Kirschbaum um seine Entbindung vom Richteramt gebeten, weil er sich selbst insoweit für ungeeignet hielt.[5] Walther Grützner schrieb also an seinen früheren „unfähigen" Beisitzer in herzlichem, persönlich gehaltenem Ton und machte geltend, es könne bei Müller allenfalls objektiv um Untreue gehen, keinesfalls aber subjektiv. Seine Intervention verlief schon deswegen im Sande, weil der Landrat Kirschbaum wenige Wochen später wegen ihm nachgesagter Nähe zur SPD beurlaubt und noch 1933 in den Ruhestand versetzt wurde.[6]

Am 29. November 1933 sprach die dritte große Strafkammer des Landgerichts Halle Gerhard Müller in zwei (zum ursprünglichen Vorwurf hinzugetretenen) Punkten frei; im Übrigen wurde das Verfahren wegen Verjährung eingestellt. Die Staatsanwaltschaft hatte dagegen zunächst Revision eingelegt, diese aber wieder zurückgenommen.

Müller selbst stand kein Rechtsmittel zu, so dass er die Wertung der Strafkammer, sein Verhalten habe sich als – wenn auch verjährte – „gewinnsüchtige" Untreue dargestellt, formell nicht aus der Welt schaffen konnte. Über Jahre hinweg bemühte er sich im Rahmen der nachfolgenden Zivilprozesse wegen Rückzahlung erhaltener Gelder um die Wiederherstellung seiner Reputation. Mehr als eine Herabstufung auf den Vorwurf der Fahrlässigkeit konnte er indes nicht erreichen: Seine

3 GStA PK, I. HA Rep. 184 Pers.-Akten Nr. 1979, Bl. 28, 36 R., 37 und LASA (MER), C 50 Saalkreis B, Nr. 15, Bl. 452, 460 ff.

4 Zu Grützner s. oben Kapitel „Dr. Walther Grützner".

5 Personalakte Kirschbaum: GStA PK, I. HA Rep.184 Pers.-Akten Nr. 1320 Bl. 11 ff.

6 Zilch; Holtz: Akte Borussica. Neue Folge, Protokolle des Preußischen Staatsministeriums, Bd. 12/II, 2004, S. 609.

Revision gegen das entsprechende Urteil des Oberlandesgerichts Naumburg wies das Reichsgericht mit Urteil vom 9. Juni 1936 (III 213/1935) zurück.
Gerhard Müller reichte regelmäßig Abschriften der in seinen Sachen ergangenen Urteile zu seinen Personalakten – in der Hoffnung, doch noch in den Dienst zurückgeholt zu werden: Vergebens, lag der eigentliche Grund seiner Zurruhesetzung doch in seiner sozialdemokratischen Vergangenheit.
Müllers ursprünglichen Mitangeklagten traf es allerdings ungleich härter: Der SPD-Mann Otto Streicher, für den übrigens Grützner gleichfalls eingetreten war und auch als Zeuge ausgesagt hatte, wurde unter anderem zu einer Gefängnisstrafe von zwei Jahren verurteilt. Nach deren Verbüßung verbrachte man ihn in das Konzentrationslager Oranienburg. Über Dachau gelangte er schließlich nach Auschwitz, wo er im Jahre 1945 zu Tode kam.[7]
Im Januar 1941 erbat Gerhard Müller vom Präsidenten des Preußischen Oberverwaltungsgerichts eine beglaubigte Abschrift seiner Ernennung zum Gerichtsassessor sowie der Urkunden, die er 1933 zum Nachweis seiner arischen Abstammung eingereicht hatte. Erstere erhielt er; zu den Herkunfts-Unterlagen hieß es, diese befänden sich wohl in den Akten des Reichsministers des Innern. Mit diesem Schreiben schließt seine im Preußischen Oberverwaltungsgericht geführte Personalakte.[8] Möglicherweise wollte Müller eine neue Stelle antreten – ob es dazu kam, ist unbekannt.

3. Nachkriegszeit

Nach Kriegsende lebte Gerhard Müller zunächst in Südbaden und damit in der französisch besetzten Zone. Anfang August 1945 nutzte er einen Besuch in Frankfurt am Main, das zur amerikanisch besetzten Zone gehörte, um an den Regierungspräsidenten in Wiesbaden, eine de jure noch preußische Behörde, seinen Wunsch nach Beschäftigung übermitteln zu lassen.
Einen Monat später, am 6. September 1945, stellte der Regierungspräsident ihn „vorbehaltlich der Genehmigung durch die Militärregierung" als Justiziar ein.
„I have seen Oberverwaltungsgerichtsrat Müller yesterday and I have got the impression that he is an official of high standing", vermeldete der temporäre Justizminister Robert Fritz am 19. Oktober 1945 gegenüber Major Franklin Potter, dem Leiter der Rechtsabteilung des Military Government.
Der kurz darauf zum Justizminister von Groß-Hessen ernannte Georg-August Zinn, der der SPD angehörte, entschied sich, Gerhard Müller und Dr. Adolf Arndt, deren Fragebögen von der amerikanischen Militärregierung gutgeheißen worden waren und die zu den wenigen politisch unbelasteten Juristen im Nachkriegsdeutschland gehörten, als Ministerialräte seines Ressorts vorzuschlagen; und so wurde Müller bereits am 25. November 1945 zum Ministerialrat des Großhessischen Justizministeriums und Leiter der Abteilung I „einberufen", zuständig unter anderem für Personalien von Richtern und Staatsanwälten sowie für Rechtsanwälte und Notare. Die Ermächtigung der Militärregierung zur „vorläufigen Ernennung" Müllers folgte erst vier Monate später.

---

7 Ebd., S. 709.
8 GStA PK, I. HA Rep.184 Pers.-Akten Nr. 1979, Bl. 155.

33

Nürnberg,den 6.4.46.

Der Ministerpräsident des Staates Groß-Hessen WIESBADEN
Eing. 13. APR 1946
5603/46 1 Anlagen

An das

Grosshessische Staatsministerium

Wiesbaden.
=============

Herrn Ministerialrat Gerhard Müller,Wiesbaden, welcher zur Teilnahme an den Sitzungen des Nürnberger Gerichtshofes abgeordnet war,wurde von der Stadtverwaltung Nürnberg bei mir Quartier zugewiesen. Herr Ministerialrat hat versehentlich den Zimmerschlüssel bei mir mitgenommen.
Da ich die Adresse des genannten Herrn nicht weiss,bitte ich beiliegenden Brief weiter leiten zu wollen.

Hochachtungsvoll !

E. [illegible]

Nürnberg,Maximilianstrasse 17/I

Der Ministerpräsident
des Staates Groß Hessen
Der Chef der Staatskanzlei

Groß-Hessisch. Staatsministerium
Der Minister der Justiz
Eing. 17. APR. 1946
Anl. 1 Abt. [illegible]

Ur. mit 1 Anlage

dem Herrn Minister der Justiz

weitergereicht, da ich festgestellt habe, daß der Ministerialrat Gerhard Müller im Ihrem Ressort verwendet wird.
Dem Einsender habe ich Abgabenachricht erteilt.

Wiesbaden, den 16.April 1946

Unterdessen hatte man Müller zur Teilnahme an den Sitzungen des Nürnberger Gerichtshofes abgeordnet – was nur deswegen aus seiner hessischen Personalakte[9] hervorgeht, weil er versehentlich den Schlüssel seines dortigen Quartiers nach Wiesbaden mitgenommen hatte und der/die Zimmerwirt(in) über das Großhessische Staatsministerium dessen Rückgabe anmahnte.
Nachdem parallel zu anderen Ländern der amerikanischen Besatzungszone auch Hessen im Herbst 1946 ein Gesetz über die Verwaltungsgerichtsbarkeit erlassen hatte[10], beschloss die Landesregierung am 9. Januar 1947, Gerhard Müller zum Vizepräsidenten des künftigen Verwaltungsgerichtshofs in Kassel zu ernennen. Der inzwischen 70-jährige Müller, der hiervon erst durch die Presse erfahren hatte, bat daraufhin den Justizminister, dem Herrn Ministerpräsidenten auszurichten, er sei zwar zur Übernahme des Amtes des Präsidenten, nicht aber zu der des Vizepräsidenten bereit.
„Er begründet seine Stellungnahme damit, dass für ihn mit dieser Berufung eine Beförderung nicht verbunden sei und er bei seinem Alter angesichts dieser Sachlage seine Stellung in Wiesbaden nicht aufgeben wolle, nachdem es ihm nunmehr nach 1 ½ Jahren gelungen sei, in Wiesbaden endgültig eine Wohnung zu bekommen“,
schrieb Georg-August Zinn am 11. Januar 1947. Der Umzug nach Kassel blieb ihm dennoch nicht erspart. Zwei Tage später revidierte das Kabinett seinen Beschluss dahingehend, „dass Ministerialrat Müller zum P r ä s i d e n t e n des Verwaltungsgerichtshofes ernannt wird.“ Die Personaldecke war, soweit es um unbelastete und zugleich qualifizierte Juristen ging, sehr dünn, so dass man auf Müller nicht verzichten konnte.
Bereits am 15. Januar 1947 trat er sein Amt in Kassel an, die förmliche Ernennung unter Berufung in das Beamtenverhältnis auf Lebenszeit erfolgte (mit Rückwirkung zum 13. Januar 1947) erst drei Monate später. Im Mai 1947 stand die ihm gerade verliehene Position allerdings bereits wieder infrage: Ein Landtagsausschuss hatte beschlossen, im Haushaltsplan die Präsidentenstelle zu streichen – in der Annahme, statt des selbständigen Verwaltungsgerichtshofes einen Senat des Oberlandesgerichts mit verwaltungsgerichtlichen Aufgaben betrauen zu können. Einen entsprechenden ursprünglichen Gesetzesvorschlag hatte die Militärregierung indes explizit abgelehnt und „die Zerstörung eines selbständigen und unabhängigen Gerichtssystems“ verboten; nachdem Gerhard Müller den hessischen Ministerpräsidenten mit Schreiben vom 30. Mai 1947 auf den insofern anzunehmenden Widerstand der Amerikaner hingewiesen hatte[11], konnte am 21. Juni 1947 endlich eine Feierstunde zur Eröffnung des Verwaltungsgerichtshofs stattfinden – für die auswärtigen Teilnehmer verbunden mit der Gelegenheit, „ein einfaches Mittagessen einzunehmen“.[12]

9 Soweit nicht anders notiert, liegt diesem Abschnitt die (nicht fortlaufend paginierte) Akte HHStAW Abt. 505 Nr. 3582 zugrunde.
10 Vgl. BVerfG E 4, 178 ff.
11 Festschrift „Fünfzig Jahre hessische Verwaltungsgerichtsbarkeit“, 1997, S. 84 f.
12 Ebd., S. 9.

Müller, der sich in der Folgezeit übrigens für die Möglichkeit eines dissenting vote einsetzte[13], wurde, nachdem die Verwaltungsgerichtsbarkeit schließlich dem Justizministerium zugeordnet war, im Mai 1949 von seinem Beamtenstatus „befreit" und stattdessen zum „Verwaltungsrichter auf Lebenszeit" berufen.
Fast 17 Jahre nach seiner schmählichen Pensionierung durch die Nationalsozialisten wurde Gerhard Müller im Alter von 73 Jahren am 1. Mai 1950 als Präsident des hessischen Verwaltungsgerichtshofs in den Ruhestand versetzt. 1953 erhielt er das Große Verdienstkreuz der Bundesrepublik Deutschland.

13 Ein dissenting vote, auch Sondervotum genannt, gibt die Meinung eines oder mehrerer Richter wieder, die von der (die Gerichtsentscheidung tragenden) Mehrheitsmeinung abweicht, und kann veröffentlicht werden; es ist in Deutschland nur im Bereich der Verfassungsgerichtsbarkeit zugelassen. Zum Vorgang s. Wernicke u.a., Der Parlamentarische Rat, 1948–1949: Akten u. Protokolle, Band 14, Teil 2 (2009), S. 1167.

Christian Anselm **Alfred** Karl **Oppler**

Oberverwaltungsgerichtsrat

geboren am 19. Februar 1893 in Diedenhofen (Lothringen)
verheiratet mit Charlotte, geb. Preuss
ein Kind: Ellen C., geb. 1928
gestorben am 24. April 1982 in Hightstown, New Jersey (USA)

Alfred Oppler hatte Glück – er entkam der nationalsozialistischen Juden-Verfolgung, weil er wegen seines lothringischen Geburtsorts auf der „Franzosen-Quote" ein Visum für die USA erhielt. Über sein „Leben in Deutschland vor und nach dem 30. Januar 1933" verfasste er im Jahre 1940 im Exil einen Text[1], der als Selbstzeugnis dem Folgenden neben den diversen Akten weitgehend zugrunde gelegt wird.

1. Kaiserzeit und Weimarer Republik

Alfred Oppler kam in Lothrigen zur Welt, im äußersten Westen des damaligen Deutschlands. 1893 wurde er in dem Städtchen Diedenhofen, das zwischen dem Ende des deutsch-französischen Krieges und dem Versailler Vertrag zum Deutschen Reich gehörte und vorher und nachher Thionville hieß, in eine protestantische preußische Familie hineingeboren. Seinen aus Schlesien stammenden Großvater, Oberstabsarzt im preußischen Heer, hatte es mit der kämpfenden Truppe in das eroberte Elsass-Lothringen verschlagen. Sein Vater Leo Oppler, ebenfalls noch in Schlesien geboren und verheiratet mit einer Hannoveranerin, begann in Metz seine Richterlaufbahn und war schließlich Oberlandesgerichtsrat in Colmar.
Während seiner ersten Schuljahre in Metz war Alfred Oppler mit dem gleichaltrigen Joachim von Ribbentrop, Hitlers späterem Außenminister, befreundet.
Erst als Zwölfjähriger erfuhr er von seinem „Geburtsfehler", der jüdischen Religion seiner Vorfahren – anlässlich eines Besuchs des Grabes jenes preußischen Oberstabsarztes, der kurz vor Alfred Opplers Geburt verstorben und mit militärischen Ehren auf dem jüdischen Friedhof in Weißenburg begraben worden war. Die väterliche Information über diese „jüdische Herkunft" hatte für ihn seinerzeit keinerlei Bedeutung. Seine Eltern hatten sich kurz nach ihrer Hochzeit evangelisch taufen lassen und ihre Kinder von vornherein im christlichen Glauben erzogen, nicht von ungefähr trug er auch den Vornamen Christian.
Nach dem 1911 in Colmar bestandenen Abitur begann er in München mit dem Studium der Rechtswissenschaft; es folgten die Universitäten von Berlin, Freiburg und Straßburg. Als er gerade sein sechstes Semester beendet hatte, brach der Erste Weltkrieg aus. Begeistert meldete er sich als Freiwilliger bei einem Straßburger Feldartillerie-Regiment, „heilig davon überzeugt, für Deutschlands Verteidigung und Existenz kämpfen zu müssen".[2] Fast vier Jahre lang nahm Oppler am Krieg teil, unterbrochen nur von seinem Referendarexamen, das er im Februar 1915 in

1 Oppler, Alfred: „Mein Leben in Deutschland vor und nach dem 30. Januar 1933", 1940. Im Folgenden zitiert als „Oppler".
2 Oppler, S. 4

Straßburg ablegte[3]; er wurde zum Offizier befördert und mit dem Eisernen Kreuz ausgezeichnet, bis er schließlich „nach dem Waffenstillstand ...in Straßburg blutenden Herzens den Einzug der französischen Armee" mitansehen musste.[4] Die Familie hatte sich nun zu entscheiden, ob sie bleiben und französisch werden oder das Land verlassen wollte.

„Wir haben nicht einen Augenblick geschwankt, wir waren entschlossen, Deutsche zu bleiben. Unter Zurücklassung all unserer Habe, nur mit dem erlaubten kleinen Handkoffer versehen, so verließen meine Eltern und ich die geliebte Heimat über die Kehler Rheinbrücke beim Gejohle des aufgehetzten Pöbels."

Es sollte nicht sein letzter Heimatverlust bleiben.

In Berlin erhielt sein Vater die Stelle eines Landgerichtsdirektors, so dass die Familie dort ihren neuen Wohnsitz begründete und Alfred Oppler seinen Referendardienst im Bezirk des Kammergerichts aufnahm. Da er die junge Weimarer Republik „als die Morgenröte eines freieren und entwickelteren Gemeinschaftslebens"[5] begrüßte, schloss er sich der Deutschen Demokratischen Partei an. Nach dem Referendardienst bestand er im Mai 1922 das Assessorexamen mit der Note „gut". Bald darauf war er zunächst Hilfsrichter und ab 1923 Landgerichtsrat beim Landgericht Berlin III und als „Hilfsarbeiter" an das Preußische Finanzministerium abgeordnet. Dort gewann er den Eindruck, dass das „Schwergewicht bei den alten Geheimräten der Vorkriegszeit" lag und „man die eigenen Totengräber am Steuer des Staatsschiffes" belassen hatte. Er war mit der brisanten Aufgabe betraut, die vermögensrechtliche Auseinandersetzung zwischen dem republikanischen Staat und dem vormaligen preußischen Königshaus zu bearbeiten.

„Auch hier wurde das Prinzip des Rechtsstaates in dem rührenden Bemühen, auch dem Gegner gerecht zu werden, auf die Spitze getrieben. Niemals ist ein entthronter Monarch besser und großzügiger behandelt worden, als Wilhelm II von den Weimarer Machthabern, welche die revolutionäre Lösung der Vermögensauseinandersetzung als ein Unrecht ablehnten",

schrieb Oppler im Jahre 1940.[6] Nachdem seine Aufgabe im Finanzministerium durch einen Vergleich, „in dem das Königshaus immer noch ausgezeichnet abschnitt," beendet war, wurde Alfred Oppler im April 1927 zum Regierungsrat ernannt, als „Hilfsarbeiter" an das Preußische Oberverwaltungsgericht abgeordnet und dort dem für Disziplinarsachen zuständigen I. Senat zugewiesen. Gegen Ende des Abordnungszeitraums, im Juni 1930, bat Gerichtspräsident Drews um dessen Verlängerung, weil Oppler auch weiterhin dringend benötigt werde. Er fügte eine wahre Lobeshymne hinzu:

„... er ist ein weit über den Durchschnitt befähigter Beamter, der sich durch umfassende Rechtskenntnisse, schnelle Auffassungsgabe und ungewöhnlichen Fleiß auszeichnet, und dessen glänzende Geisteseigenschaften mit einem sicheren, aber immer taktvollen Auftreten verbunden sind ... Bei seiner ausgesprochenen Veranlagung und Neigung für die Verwaltungsgerichtsbarkeit wird er überdies nach weiterer Schulung in der Provinzialinstanz späterhin vornehmlich für die Stelle eines Oberverwaltungsgerichtsrats in Betracht zu ziehen sein."[7]

3 BArch R 3001/ 70082 (Opplers Personalakte im Preußischen Justizministerium).

4 Oppler, S. 4

5 Ebd., S. 5.

6 Oppler, S. 6 f.

7 GStA PK, I. HA Rep. 184, Pers.-Akten Nr. 2087, Bl. 16.

Opplers Abordnung wurde um ein Quartal verlängert und bereits ein Jahr später, am 1. Oktober 1931, nach einer Zwischenzeit als Oberregierungsrat bei der Regierung Potsdam, kehrte er als Oberverwaltungsgerichtsrat und mit seinen 38 Jahren jüngstes Mitglied des Gerichts zu Drews zurück.
Seine steile Karriere nahm ihren Fortgang: Schon wenige Monate später wurde Alfred Oppler zum Vizepräsidenten des 1932 als höchstes preußisches Disziplinargericht neu gebildeten Dienststrafhofs[8] ernannt – sehr zum Missfallen von Drews, der geltend machte, die Arbeit Opplers für das Oberverwaltungsgericht in dem für Kommunalsachen zuständigen Senat werde darunter leiden, zumal mit dem Nebenamt die zeitraubende Aufgabe des Vorsitzenden eines Dienststrafsenats verbunden sei. Zudem hielt er Oppler für zu jung.[9]
Über diese Phase seiner Richtertätigkeit Im Jahre 1932 schrieb Oppler acht Jahre später:
„Wie haben wir Richter uns damals die Köpfe zerbrochen, um allen Gesichtspunkten des uns zur Entscheidung unterbreiteten Falles gerecht zu werden! ... Mit Amtsgeschäften überhäuft und ferne jeder eignen politischen Betätigung, wurde ich mir nicht voll bewußt, welch zerstörendes Gewitter sich am politischen Horizonte zusammenballte. Wohl sahen wir mit Besorgnis das Anwachsen der NSDAP ... und ihre Wahlerfolge, aber wir glaubten noch, daß die Vernunft des deutschen Volkes siegen werde. Wir hatten das Vertrauen, daß der alte Reichspräsident von Hindenburg, durch Brüning klug geleitet, die Zügel der Regierung niemals einem Hitler überliefern würde. Aus diesem schönen Traum wurden wir durch die Verabschiedung Brünings und mehr noch durch die Einsetzung der Junkerregierung von Papen höchst unsanft aufgerüttelt. Als dann die sozialdemokratische preußische Regierung durch von Papen gewaltsam entfernt wurde – es war im Sommer 1932 – habe ich deutlich gefühlt, daß das der Anfang vom Ende war. Braun und Severing, deren menschliche Qualitäten ich schätzte, hatten das Feld kampflos geräumt. Daß die Junker nur eine Brücke zu Hitler bildeten, darüber konnte kein Zweifel mehr bestehen.“[10]

2. NS-Zeit

Was die Stunde seit dem Ermächtigungsgesetz vom 24. März 1933 geschlagen hatte, erfuhr Alfred Oppler als erstes bei Ausübung seines Nebenamtes: Da sich der Sitz des Dienststrafhofs im Gebäude des Kammergerichts befand, war Oppler dort direkt von den im Justizbereich organisierten Maßnahmen des sogenannten „Judenboykotts“ vom 1. April 1933 betroffen – anders als am Oberverwaltungsgericht, das beim Innenministerium ressortierte.
Bereits am 31. März 1933 trieben SA-Leute alle diejenigen Richter, Beamten und Anwälte, die sie im Kammergericht antrafen und für Juden hielten, gewaltsam aus dem Dienstgebäude. Am Abend desselben Tages forderte der soeben zum „Reichskommissar für das preußische Justizwesen“ avancierte Hanns Kerrl[11] mit einem Telegramm – noch ohne jede zumindest formale „Rechtsgrundlage“, wie sie kurz

8 Zust. f. nichtrichterliche Beamte.
9 GStA PK, I. HA Rep. 184, Pers.-Akten Nr. 2087, Bl. 29 f.
10 Oppler, S. 11.
11 Vorher Justizbeamter des mittleren Dienstes.

darauf mit dem BBG nachgeliefert wurde – unter anderem die Oberlandesgerichtspräsidenten dazu auf, jüdischen Richtern „nahe zu legen, sofort ihr Urlaubsgesuch einzureichen"; falls sie dies nicht täten, sollte ihnen kraft Hausrechts das Betreten des Gerichtsgebäudes untersagt werden. Auch den meisten jüdischen Rechtsanwälten sollte Hausverbot erteilt werden. Kammergerichtspräsident Dr. Tigges, der vergeblich im Preußischen Justizministerium gegen die Ausschreitungen der SA protestiert hatte, reichte zwei Wochen später sein Abschiedsgesuch ein.[12]

Seit April 1933 prangten über dem Eingang des Kammergerichts die Worte „Juden ist der Eintritt untersagt" und Oppler „stand also vor der peinlichen Alternative, entweder diesem Verbot zuwider zu handeln" oder seinen Dienst zu versäumen; er entschied sich – ganz „Preuße" – für die Erfüllung seiner Amtspflicht; im Juni 1933 ließ er sich von der Aufgabe entbinden.[13]

Inzwischen hatte auch die „Säuberung" des Oberverwaltungsgerichts nach Maßgabe des BBG begonnen. Oppler füllte – wie alle seine Kollegen – den Fragebogen aus, gab dabei die evangelische Konfession seiner Eltern sowie die „mos." Religion aller seiner vier „Großelternteile" an und teilte mit, von Dezember 1918 bis zum 11. März 1933 Mitglied der Deutschen Demokratischen Partei beziehungsweise Staatspartei gewesen zu sein. Da er Frontkämpfer des Weltkrieges war, zudem mit dem Eisernen Kreuz dekoriert, schien er nach dem Buchstaben des Gesetzes (§ 3 Abs. 2 BBG) geschützt zu sein, fürchtete aber, als politisch unzuverlässig angesehen oder Opfer der Klausel zu werden, nach der jeder Beamte in ein Amt geringeren Ranges versetzt werden konnte.

„Die nächsten Monate waren eine harte Nervenprobe mit ihrer lähmenden Ungewißheit. Denn man ließ sich Zeit, ehe man an die sog. Säuberung meines Gerichtshofs heranging. Sein Präsident, der frühere Staatsminister Drews, sah zwar der bevorstehenden Schrumpfung seines Richterbestandes mit Sorge entgegen und litt zweifellos unter der Zeit. Aber er war ein alter, verbrauchter Mann, beinah taub und ohne Widerstand, und so hat er praktisch kaum etwas getan, um seine Richter zu schützen."[14]

Oppler war laut seinem Selbstzeugnis von Drews mit der Beruhigung in den Sommerurlaub entlassen worden, die Liste der aus dem Amt zu entfernenden Richter sei fertiggestellt und er sei nicht darunter. Man habe trotz seines „Geburtsfehlers" mit Rücksicht auf seine Tüchtigkeit und seine sowie seiner Familie Verdienste um Staat und Vaterland Wert darauf gelegt, ihn als Mitglied des Gerichts im Amt zu halten.[15] Aber noch während seines Urlaubs erreichte ihn der Erlass des Innenministeriums vom 22. August 1933, dass ihm nach § 5 Abs. 1 BBG ein Amt geringeren Ranges, nämlich eine Regierungsratsstelle bei der Regierung von Köln übertragen werde, er jedoch stattdessen seine Versetzung in den Ruhestand beantragen könne.

Sofort brach Oppler seinen Ferienaufenthalt ab; auf der Rückfahrt traf er im Zug einen Kollegen, der ein gleiches Schreiben erhalten hatte.

12 Bergemann, Hans; Ladwig-Winters, Simone: „Jüdische Richter am Kammergericht nach 1933", 2004, S. 14 f., 17 ff. u. 27 m. w. N.

13 Oppler, S. 19.

14 Ebd., S. 20.

15 Ebd., S. 21.

„Ich suchte sofort den Präsidenten auf, der mich mit Tränen in den Augen empfing und tröstend seinen Arm um meine Schulter legte. Als er in warmen Worten sein Bedauern ausdrückte, konnte ich nicht umhin, ihn zu fragen, was er denn unternommen hätte, um die Dezimierung seiner Behörde zu verhindern. Da erwiderte er traurig: ‚Was sollte ich tun? Das wäre ja das Gleiche, wie wenn man gegen eine Mauer anrennen wollte!' "

Anschließend sprach Oppler mit dem ihm „bekannten" Personalreferenten – mutmaßlich mit Schellen. Der bestätigte ihm, dass die Absicht bestanden habe, ihn zu schonen.

„Als er aber Göring, der damals preußischer Minister des Innern war, die Liste vorlegte, habe dieser gefragt: ‚Bleiben nun noch Nichtarier im Oberverwaltungsgericht?' Er habe das wahrheitsgemäß bejahen müssen, und da habe Göring kurz befohlen: ‚Die müssen hinaus!' "[16]

Weil der Personalreferent Alfred Opplers Frage, ob es der Regierung willkommen wäre, wenn er seine Pensionierung beantragte, „entschieden" bejaht hatte, war Oppler nun erst recht entschlossen, im Dienst zu bleiben – „immer noch in der törichten Hoffnung, daß der Spuk bald zu Ende sein werde".

Allerdings war er von verschiedenen Seiten gewarnt worden,

„als Nichtarier an eine Mittelbehörde in die Provinz zu gehen, wo mir das Leben durch den nationalsozialistischen Chef und die örtlichen Parteistellen sicherlich verleidet würde. Die übrigen Nichtarier unserer Behörde haben sich deshalb auch pensionieren lassen, u.a. der Senatspräsident von Leyden, der nur Halbjude war."[17]

So bemühte er sich zunächst, nach Potsdam versetzt zu werden, wo er auch wohnte, insoweit von Drews mit Hinweis auf seine „anerkannt guten Leistungen ...und besonderen bei ihm vorliegenden Verhältnisse" unterstützt[18], nahm dann aber die Stelle in Köln an.

Dort, in „der westlichen Hochburg des Katholizismus", in der die Mehrheit der Beamten, so Opplers Eindruck, noch antinationalsozialistisch dachte, wurde er herzlich empfangen –

„Mein bisheriger Senatspräsident am Oberverwaltungsgericht, Staatssekretär Dr. Meister, hatte die Freundlichkeit und den Mut gehabt, meinem neuen Chef einen Brief zu schreiben, der viel Anerkennung meiner Persönlichkeit und meiner Leistungen enthielt."[19]

Auf seinen Wunsch wurde ihm ein „unpolitisches" Dezernat am Kölner Bezirksverwaltungsgericht, der verwaltungsinternen Kontrollinstanz gegenüber der Ausgangsbehörde, zugeteilt. Mehrere frühere Landräte, die als Zentrumsleute ihres Postens enthoben und an die Kölner Regierung versetzt worden waren, betrachteten ihn als Leidensgenossen; man schloss Freundschaft. Auch mit seinem ehemaligen Kollegen Walther Grützner traf Oppler dort zusammen.

Seine Rolle als aktiver Beamter, die „rein arische" Herkunft seiner Frau und das „überaus germanische" Aussehen der blonden kleinen Tochter ermöglichten es, in der Kölner Gesellschaft akzeptiert zu werden, obwohl Alfred Oppler jeweils über

16 Ebd., S. 22; vgl. hierzu oben Kapitel „Dr. Ernst Isay", dort bei FN 15.

17 Oppler, S. 23.

18 GStA PK, Rep. 184, Präs.-Reg. Nr. 803.

19 Oppler, S. 24.

seine Abstammung aufklärte; die bisherige „Bürgerexistenz" konnte einstweilen weitergeführt werden.[20] Mit dem Erlass der Nürnberger Gesetze am 15. September 1935 ging diese Phase abrupt zu Ende: Am 30. September 1935 wurde Alfred Oppler von seinem Vorgesetzten mündlich eröffnet, dass er bereits mit Wirkung vom nächsten Tage beurlaubt sei.[21] Das geschah im Vorgriff auf die erst am 14. November 1935 (RGBl. I S. 1134) erlassene Erste Verordnung zum Reichsbürgergesetz, deren § 4 Abs. 2 für „jüdische Beamte" die Versetzung in den Ruhestand mit Ablauf des 31. Dezember 1935 vorsah. Zugleich war dort geregelt, dass Frontkämpfern des Weltkrieges bis zum Erreichen der Altersgrenze das bisherige Gehalt als Pension belassen wurde. So musste Oppler zunächst „nur" mit dem Verlust der – für den Anschein von Normalität relevanten – Stellung klarkommen und nicht darüber hinaus auch noch mit wirtschaftlicher Not.
Die neue Gesetzeslage hatte allerdings für die Familie noch weitere aktuelle Folgen. Opplers beschäftigten damals bereits seit Jahren ein „arisches" Dienstmädchen, das sie nun zum 31. Dezember 1935 entlassen mussten, weil ihr Haushalt als „jüdisch" galt: § 3 des Gesetzes zum Schutze des deutschen Blutes und der deutschen Ehre vom 15. September 1935 (RGBl. I S. 1146), das sogenannte Blutschutzgesetz, verbot Juden bei Strafe, „weibliche Staatsangehörige deutschen oder artverwandten Blutes unter 45 Jahren" in ihrem Haushalt zu beschäftigen. Diese Bestimmung galt mit Wirkung vom 1. Januar 1936. Für bestehende Beschäftigungsverhältnisse milderte § 12 der Ersten Verordnung zum Blutschutzgesetz vom 14. November 1935 (RGBl. I S. 1334) dies zwar etwas ab, die Altersgrenze lag bei 35 Jahren. Das half hier aber nicht, weil die bei Opplers beschäftigte „Marie" erst 34 Jahre alt war. Alfred Oppler, empört über die entehrende Unterstellung, dass er sich an seinem Dienstmädchen vergreifen könnte, handelte zunächst bei der Polizeibehörde eine Verlängerung aus, wurde dann aber in letzter Minute – am Silvestertag – gewarnt, die ihm erteilte Ausnahmebewilligung sei mangels polizeilicher Zuständigkeit unwirksam und er riskiere eine Gefängnisstrafe. So kam es, dass der Auszug der jungen Frau überstürzt organisiert werden musste und sie ihre Habe auch noch während der folgenden Tage nach und nach abholte. Das Ergebnis war eine Denunziation: Ein Spitzel hatte tagelang die Wohnung beobachtet und dann bei der NSDAP Anzeige erstattet. Die Ermittlungen verliefen jedoch zu Opplers Gunsten. Indes sorgte kurz darauf eine weitere Denunziation von irgendeinem seiner Gäste für Unruhe: Oppler hätte sich in einer Gesellschaft abfällig über Hitler geäußert. Zwar kam es auch hier nicht zu Konsequenzen, ihn quälte nun aber das Bewusstsein, in seinem Bekanntenkreis einen Verräter zu haben, und er lebte dauernd in der Angst, festgenommen zu werden. Dies führte zu dem Entschluss, nach Berlin zurückzukehren, und so gaben Opplers im April 1936 ihre Wohnung in Köln auf, machten ein halbes Jahr lang das Beste aus ihrer Situation, indem sie reisten, und trafen im Herbst in Berlin ein, um auf die Suche nach einer neuen Bleibe zu gehen. Diese Suche gestaltete sich schwierig. „Arische" Vermieter, bei denen sie möblierte Räume mieten wollten (ihre eigenen Möbel waren noch in Köln), hatten in aller Regel weibliches „arisches" Hauspersonal und Alfred Oppler fürchtete den Vorwurf, das Beschäftigungsverbot umgehen zu wollen. Sie zogen des-

20 Ebd., S. 27.
21 Ebd., S. 44.

halb zu einer jüdischen Familie – was Oppler als Beginn einer rassischen Trennung auch in räumlicher Beziehung erlebte.
Ihr eigentlicher Plan ging dahin, auf den Namen der „arischen" Ehefrau ein eigenes Haus am Rande Berlins – „in schöner Landschaft" – zu erwerben und dort in Zurückgezogenheit das Ende des Naziregimes abzuwarten. Die Zeichen der Zeit hatten sie noch nicht erkannt, sie hofften darauf, *„daß die Armee, die doch – an die preußische Disziplin gewöhnt – die wachsende Rechtlosigkeit im Lande aufs schärfste mißbilligen mußte, eines Tages mit dem ganzen Parteizauber aufräumen und Hitler und seine Trabanten ihrer Macht entsetzen würde"*[22]. Die für Beamte und Pensionäre vorgesehenen (günstigen) Hypothekendarlehen indes wurden ihnen verweigert, weil Alfred Oppler als Jude galt. Schließlich fanden sie ein preiswertes Grundstück, bei dem sie die Finanzierung sicherstellen konnten; es stand jedoch im Eigentum des Deutschen Reiches und der Verkauf an Charlotte Oppler war dem zuständigen Beamten und auch den nachfolgend befassten höheren Chargen zu heikel, weil sie erwähnt hatte, dass ihr Mann „nichtarisch" sei.
Schließlich gaben Opplers ihren Plan auf und mieteten ein Einfamilienhaus in Berlin Charlottenburg am Rande des Grunewalds[23]. „In der ersten Zeit ahnte noch niemand, dass ich nicht zur sog. arischen Volksgemeinschaft gehörte." Es dauerte indes nicht lange, bis die Nachbarschaft darüber Bescheid wusste. Denn während an Nationalfeiertagen in ihrer Umgebung allenthalben die Hakenkreuzfahnen wehten, beachteten Opplers das in § 4 des Blutschutzgesetzes für Juden ausgesprochene (und strafbewehrte) Verbot des Hissens der Nationalflagge[24], womit der Haushalt als „jüdisch" geoutet war, ihre ursprünglich sehr freundlichen Nachbarn sich kühl zurückzogen und der Blockwart vor dem Verkehr mit ihnen warnte. Eine seelische Stütze war für Oppler in dieser Zeit der gute Kontakt zu seiner Kirchengemeinde, die sich an der „Bekennenden Kirche" orientierte; dies blieb *„die letzte und einzige Gemeinschaft, aus der ich nicht ausgestoßen war. Unser Pfarrer*[25] *blieb mir die ganze Zeit über ein wahrer Beistand; er war auch mutig genug, in unser Haus zu kommen."*
Anfang 1937 hatte Alfred Oppler mit der Auffrischung seiner Französisch-Kenntnisse begonnen, weil ihm vage eine Rückkehr „in die elsässische Heimat vorschwebte", und sich dazu im Herbst desselben Jahres an der Berliner Auslandshochschule immatrikulieren lassen. „Auch hier hatte ich den unvermeidlichen Fragebogen über meine Ahnen auszufüllen, wurde aber schließlich als Frontkämpfer gnädig zugelassen" – allerdings mit einer andersfarbigen „Semesterkarte für Nichtarier".
Die zunehmende Zahl judenfeindlicher Bestimmungen und die damit einhergehende stete Gefahr, wegen irgendwelcher Bagatellen denunziert und inhaftiert, vielleicht sogar in ein Konzentrationslager verbracht zu werden, ließen den Gedanken an Auswanderung 1938 endlich Gestalt annehmen. Alfred Oppler

22 Ebd., S. 58.
23 Neidenburger Allee 45.
24 Nach Artikel 2 des Reichsflaggengesetzes, des dritten der sog. Nürnberger Gesetze vom 15. September 1935, war dies die Hakenkreuzflagge.
25 Es dürfte sich um die nahe gelegene Friedensgemeinde in der Tannenbergallee und den Pfarrer Ernst Gürtler gehandelt haben, vgl. Kennert, Ernst: Zur Geschichte der Ev. Friedensgemeinde Berlin-Charlottenburg, 2010, S. 23.

suchte das französische Konsulat auf und erkundigte sich nach den ersten Schritten einer Emigration.

„Aber der Beamte zeigte mir die kalte Schulter. ‚Ach, Sie sind aus dem Elsaß, und 1918 sind Sie nach Deutschland gegangen! Damals hätten Sie Franzose werden können. Aber jetzt wollen wir nicht. Das haben Sie davon, daß Sie ein so guter Deutscher waren'."

Oppler, der sich „intensiv für die französische Welt vorbereitet" und mit einer solchen Abfuhr nicht gerechnet hatte, war tief betrübt. Sein ohnehin von seiner Frau nicht geteilter Emigrationsentschluss geriet ins Wanken. In die USA auszuwandern, wo eine Schwester seines Vaters lebte, zog er, noch wählerisch, nicht in Betracht, weil er „in der Schule kein Englisch gelernt" hatte und sich „fragte ..., was ein deutscher Jurist in den Vereinigten Staaten tun solle, wenn er nicht einmal der Landessprache mächtig ist".

Als aber wenig später mit § 2 der Zweiten Verordnung zur Durchführung des Gesetzes über die Änderung von Familiennamen und Vornamen vom 17. August 1938 (RGBl. I S. 1044) für Juden die Zwangsnamen Israel und Sara eingeführt wurden[26], war auch für Alfred und Charlotte Oppler das Maß voll.

Sie hatten das Glück, eng mit Louis Paul Lochner befreundet zu sein, dem seinerzeitigen Leiter der amerikanischen Associated Press in Berlin, der kritisch über die Entwicklungen in Deutschland berichtete, aber bis dahin keinerlei Argwohn der Nazi-Größen auf sich gezogen hatte. Von ihm erfuhren sie, dass Alfred Oppler wegen seines nun in Frankreich gelegenen Geburtsorts unter die Visa-Quote für Franzosen fallen würde, die anders als die Quote für Deutsche noch nicht erschöpft war, und insofern eine realistische Chance bestand, nach nicht allzu langer Wartezeit ein Visum zu erhalten. Er war es auch, zu dem Alfred Oppler nach der „Reichspogromnacht" flüchtete:

Am 10. November 1938 hatte Oppler den Anruf eines früheren Kollegen, „Antinazi, aber mit guten Verbindungen zur Gestapo", erhalten:

„Wie, Sie sind zu Hause? ... Ach, ich würde an Ihrer Stelle fortgehen und mich zerstreuen, z. B. ins Theater. Zu Hause kommen Sie nur auf dumme Gedanken."

Oppler verließ daraufhin zwar vorsichtshalber sein Haus, ahnte den wahren Sinn des Anrufs aber erst, nachdem er von der Verhaftung eines Freundes erfahren hatte. Am Tag darauf meldete er sich unter falschem Namen im Büro seines Bekannten als Besucher an und erfuhr, dass seit den vergangenen 24 Stunden in Berlin Tausende von Juden verhaftet und ins Konzentrationslager nach Oranienburg (Sachsenhausen) gebracht worden waren.

„Man hat gerade Leute, wie Sie, geholt, höhere Beamte, Professoren, Anwälte, Aerzte, christliche Männer mit arischen Frauen. Sie stehen sicher auf der Verhaftungsliste ... Nach meinen Informationen ... handelt es sich um eine Verhaftungsaktion als Repressalie gegen den Pariser Mord, die ein paar Tage andauern und dann, wenn die Lager überfüllt sind, abgeblasen wird. Wen sie dann nicht gefasst haben, den werden sie wahrscheinlich laufen lassen."

Oppler beschloss daraufhin, sich bei Lochner zu verstecken.

„Ich kann nicht genug den wundervollen Mut und die Hilfsbereitschaft Lochners rühmen, der Tag und Nacht tätig war, um gefährdeten Menschen zu helfen und

26 Es sei denn, sie führten einen in der „Richtlinie über die Führung von Vornamen vom 18. August 1938" gelisteten Vornamen.

Verhaftete, die kurz vor der Auswanderung nach Amerika standen, aus dem Konzentrationslager herauszubekommen. In tiefster Nacht kamen Leute in seine Wohnung, um seinen Rat zu erbitten oder Unterschlupf bei ihm zu finden. Manchmal glich die Wohnung einem Nachtasyl und manchmal einer Nachrichtenzentrale."[27]
Während der zehn Tage, die er sich dort versteckt hielt, wurde Alfred Oppler klar, dass er vogelfrei war und es jetzt darum ging, das nackte Leben zu retten. Auch zu Hause, nach seiner Rückkehr, übernachtete er nur in Straßenkleidung, um bei einer drohenden Verhaftung durch die Hintertür und den Garten entfliehen zu können. In den Tagen nach der „Reichspogromnacht" war zudem erneut eine Reihe antijüdischer Maßnahmen beschlossen worden; unter anderem wurden Juden vom Besuch öffentlicher kultureller Veranstaltungen und „deutscher Schulen" sowie Hochschulen (an denen es seit 1933 sowieso nur noch wenige jüdische Studenten gab) ausgeschlossen, womit auch Opplers Immatrikulation an der Auslandshochschule kurz vor dem Abschlussexamen ihr Ende fand.
Nun endlich schrieb er an seine „Tante Münsterberg" in Cambridge, Massachusetts[28], und bat sie um ein Affidavit;. Weihnachten 1938 traf es ein.
Allerdings fielen seine Frau und sein Kind nicht unter die Franzosen-Quote. Sie sollten ihm erst folgen dürfen, wenn er in den USA ein zu ihrem Lebensunterhalt ausreichendes Einkommen erzielte.
Die Wochen danach musste Oppler sich mit den verschiedensten bürokratischen Hemmnissen herumschlagen. Er besaß keinen Pass mehr und konnte den neuen – mit dem Zwangsnamen Israel und dem großen roten J auf der ersten Seite[29] nur bekommen, wenn er mit einem von der Gestapo abgesegneten Unbedenklichkeitszeugnis der Steuerbehörde nachwies, dass er die „Judenbuße"[30], in seinem Fall 1 600 Reichsmark, bezahlt hatte. Das erwies sich als langwierig. Inzwischen war seine Pension auf die Hälfte gekürzt worden. Das Abheben des Betrages von seinem gesperrten „jüdischen" Bankkonto wurde ihm nicht genehmigt, er wurde darauf verwiesen, Schmuck zu verkaufen. Nachdem er belegt hatte, dass er nichts zum Verkauf Geeignetes besaß, erhielt er schließlich die Erlaubnis, Wertpapiere zu veräußern. Weitere Wochen vergingen, bis das Unbedenklichkeitszeugnis endlich vorlag und der Pass und damit auch das Visum erteilt werden konnten. Aber nicht genug: Vor der Buchung einer Schiffspassage bedurfte es einer Genehmigung der Devisenstelle für die Mitnahme neuerer Kleidung et cetera, wofür er den Anschaffungswert der Sachen noch einmal zu entrichten hatte. Am Abend des 13. März 1939, nach der Zerschlagung der Tschechoslowakei und unmittelbar vor dem Einmarsch der Deutschen Wehrmacht in die „Rest-Tschechei", traf die Genehmigung endlich bei ihm ein. Aus Angst, bei dem jetzt denkbaren Ausbruch eines allgemeinen Krieges und einem Kriegseintritt der USA Deutschland nicht mehr verlassen zu können, bestieg Alfred Oppler schon zwei Tage später[31] in Hamburg den nächsten Dampfer nach

27 Oppler, S. 75.
28 Malerin Selma Oppler, Witwe des deutsch-amerikanischen Harvard-Professors Hugo Münsterberg, (Psychologe und Philosoph).
29 Verordnung über die Reisepässe von Juden vom 5. Oktober 1938 , RGBl. I S. 1342.
30 Die Judenvermögensabgabe nach der „Verordnung über eine Sühneleistung der Juden deutscher Staatsangehörigkeit" vom 12. November 1938 (RGBl. I S. 1579).
31 Abmeldung „nach Nordamerika" am 15. März 1939, vgl. Brandenburgisches Landeshauptarchiv Rep. 36 A Nr. 28931 (Vermögensverwertungsakten des Oberfinanzpräsidenten Berlin-Brandenburg) , Bl. 3.

1

DEUTSCHE BANK

Depositenkasse S 2, Berlin-Charlottenburg 9, Adolf-Hitler-Platz 2

DRAHTANSCHRIFT: DEUTSTADT FERNRUF: 93 05 96 POSTSCHECKKONTO: BERLIN NR. 137336

An den

Oberfinanzpräsidenten
Berlin-Brandenburg
Vermögensverwertung-Aussenstelle

Berlin NW.40

Alt-Moabit 143.

Dieser Brief enthält keine Akkreditierungen, Scheckavise, sowie keine Überträge, Anschaffungen oder sonstige Wertverfügungen zu Ihren Gunsten von dritter Seite bzw. zugunsten Dritter.

Der Oberfinanzpräsident Berlin 21. MAI 1942 Vermögensverwertung-Außenstelle

Bei Beantwortung bitten wir anzugeben: Ky. Ihre Nachricht vom Ihre Zeichen Berlin-Charlottenburg 9, 16. Mai 1942.

Stichtag : 27.November 1941.

Vermögensverfall ausgewanderter Juden.

Gemäss § 7 der Elften Verordnung zum Reichsbürgergesetz vom 25.November 1941 erstatten wir die nachstehende Anzeige über u.E. von dem Vermögensverfall betroffene Werte. Mangels der in § 8 der Verordnung vorgesehenen Feststellung des Chefs der Sicherheitspolizei un des SD. erfolgt die Anmeldung unter Vorbehalt, weil wir nicht zweifelsfrei feststellen können, ob die Voraussetzungen für den Vermögensverfall vorliegen.

A) Angaben zur Person (soweit uns bekannt)

A. Kartei nicht [illegible]

O p p l e r , Alfred Israel
Oberverwaltungs-Gerichtsrat a.D.

Letzte inländische Anschrift Bln.-Charlottenburg 9
Neidenburgallee 45. / 8 Bond Street
Jetzige Anschrift Cambridge (Mass.) USA, c/o.Mrs.Kershaw,
Generalvollmacht z.G.Rechtsanwalt u.Notar Ernst Sachs,
Bln.-Wilmersdorf, Helmstedterstr.2.

B) Vermögenswerte (nach dem Stande vom 27.11.1941)

1) Kontoguthaben RM 7.356.35 auf Sonderkonto Versorg.-Bezüge.

2) Depot : –

DEUTSCHE BANK
Depositenkasse S 2
Bln.-Charlbg. 9, Adolf-Hitler-Platz 2

10437/43

37 Ka/S 2
39 /6558)

Amerika – die „Deutschland" – und verließ, während die Schiffskapelle das Horst-Wessel-Lied intonierte, „Frau und Vaterland" in Richtung Westen, „der Freiheit, der Zukunft entgegen".[32]

Seine Hoffnung wurde nicht enttäuscht. Alfred Oppler war mit seinen 46 Jahren gerade noch jung genug, in der „Neuen Welt" Fuß zu fassen und seine Zukunft zu gestalten.
Zunächst war er im Haushalt seiner „Tante Münsterberg" in Massachusetts aufgenommen worden. Auf der Suche nach einer Anstellung begegnete er Justine Kershaw, die ihn einlud, als Gast in ihrer Sommerresidenz zu wohnen. Nachdem er sich dort ein paar Monate auf das Erlernen der englischen Sprache konzentriert hatte, wurde er damit betraut, ihre der Öffentlichkeit zugängliche Bibliothek mit Tausenden von Büchern des Bildungsverlages „Houghton Mifflin Publishing Company", den ihr Vater mitbegründet hatte, zu reorganisieren und ihre Geschäftsbriefe zu schreiben. Als „Bibliothekar" berufstätig und unterstützt durch ein großzügiges Affidavit von Justine Kershaw, konnte er endlich Visa für den Nachzug von Frau und Tochter beantragen.
Inzwischen war der Zweite Weltkrieg ausgebrochen, so dass Charlotte und Ellen Oppler sich für eine Schiffspassage von Italien aus entscheiden mussten. Sie erwischten den letzten italienischen Dampfer, der von Genua aus nach Amerika in See stach, bevor Mussolini sich Hitler anschloss und in den Krieg mit eintrat. Im Dezember 1939 war die Familie wieder vereint.[33] Man mietete ein Haus in Cambridge, Charlotte studierte in Harvard und Alfred Oppler lehrte Deutsch an der Berlitz School in Boston. Im Herbst 1941 begann er mit Forschung und Lehre im Bereich „Comparative Government" der Harvard University.
Zur Vorbereitung einer militärischen Besetzung Deutschlands unterrichtete er schließlich einen ausgewählten Personenkreis über die Strukturen der deutschen öffentlichen Verwaltung und schrieb hierzu auch diverse Handbücher für das zukünftige Besatzungspersonal.
Im Januar 1945 nahmen Alfred Oppler und seine Frau, die inzwischen in Harvard einen Master of Education erworben hatte, die amerikanische Staatsbürgerschaft an. „This legally sanctioned the breach with the past we had factually already made long since", beschrieb Oppler diesen Schritt drei Jahrzehnte später in seinem Vorwort zu „Legal Reform in occupied Japan: A participant looks back".[34]

3. Nachkriegszeit

Genau dort, in Japan, widmete sich Alfred Oppler nach dem Ende des Zweiten Weltkriegs dem Aufbau eines rechtsstaatlichen Systems – nicht in Deutschland, der Bruch der Opplers mit ihrer früheren Heimat war endgültig. Ab 1946 gehörte er zum Stab von General MacArthur, dem mit der Demilitarisierung und Demokratisierung Japans beauftragten Oberkommandierenden der Alliierten Mächte (SCAP). Er wirkte mit an dem Entwurf der neuen Verfassung Japans, leitete die Gerichts-

32 Oppler, S. 90.
33 Oppler, Alfred: „Legal Reform in occupied Japan: A participant looks back", 1976, S. 8 f.
34 Ebd., S. 10.

und Rechtsabteilung der Besatzungsmacht in Tokyo (ab 1948 die Abteilung Gesetzgebung und Rechtsprechung) und spielte eine Schlüsselrolle bei der Reform des japanischen Gerichtswesens und des Zivilrechts. Nach der Auflösung der Besatzungsbehörde im Jahre 1957 blieb Oppler als International Affairs Officer im Dienst des Armee-Kommandos Japan und kehrte erst 1959 wegen seiner Pensionierung in die Vereinigten Staaten zurück.
Nach Alfred Opplers Tod im Jahre 1982 übergab seine Tochter Ellen C. Oppler[35], inzwischen Professorin für Kunstgeschichte an der Universität Syracuse im Staat New York, seinen gesamten schriftlichen Nachlass der Universität Albany, die die „Alfred C. Oppler-Papers" in der Sammlung „German and Jewish Intellectual Émigré Collection" erfasste. In der dortigen biographischen Notiz heißt es:
„He also remained committed to the defense of civil liberties and outspokenly supported numerous liberal political causes, among them passage of the Equal Rights Amendment, abolition of the death penalty, and legalized abortion."
Sein Nachruf in der New York Times vom 27. April 1982 trug die Überschrift: ALFRED OPPLER, JURIST IN GERMANY, AIDED MacARTHUR IN JAPAN

35 Der Versuch der Verfasser, zu der 1939 als Elfjährige in die USA eingereisten Tochter Opplers (telefonischen) Kontakt aufzunehmen, scheiterte: Sie erklärte kategorisch: „I can't deal with this".

Dr. Rudolf Roeckner
Oberverwaltungsgerichtsrat

geboren am 5. April 1886 in Pfeilswalde/Ostpreußen
verheiratet seit 1914 mit Charlotte, geb. Weise
zwei Kinder: Waltraut, geb. 1919, und Erika, geb. 1920
gestorben 1970 in der Bundesrepublik Deutschland

1. Kaiserzeit und Weimarer Republik

Rudolf Roeckner kam in Pfeilswalde/Kreis Sensburg, einer Oberförsterei inmitten der Masurischen Seenplatte, zur Welt. Schon seit Generationen war diese Forststation von Mitgliedern der Familie Roeckner verwaltet worden. Seine Eltern zog es dann allerdings aus den ostpreußischen Wäldern nach Danzig, wo Rudolf Roeckner 1906 das Abitur bestand. Seit jener Zeit verstand er sich als „Danziger".
Das erste juristische Staatsexamen absolvierte er im Juni 1909 in Königsberg.
Während seines Referendardienstes promovierte er 1910 mit einer Dissertation zum Thema „Die strafrechtliche Bedeutung des Streiks nach Reichs- und preussischem Landesrecht". Seine Große juristische Staatsprüfung bestand Rudolf Roeckner im Februar 1914. Während des Ersten Weltkriegs war er als Kriegsgerichtsrat und nach Kriegsende als Amtsrichter in Strasburg/Westpreußen tätig.
Eigentlich strebte Roeckner eine Tätigkeit als Justiziar in der Verwaltung an. Bereits nach dem Assessorexamen hatte er sich um die Übernahme in die allgemeine Staatsverwaltung beworben und hieran auch in einem Gesuch von 1916 erinnert, gerichtet an den Königlich Preußischen Herrn Staatsminister des Innern.[1] Der spätere Oberverwaltungsgerichts-Präsident Bill Drews, der damals als Vertreter des Innenministers fungierte, hatte daraufhin am 11. April 1916 eine Beurteilung der Fähigkeiten Roeckners erbeten und vom Danziger Regierungspräsidenten dazu Folgendes erfahren:
„Nach Auskunft des hiesigen Landgerichts-Präsidenten ist gegen die Persönlichkeit, die Fähigkeit und die Führung des Bewerbers nichts einzuwenden, und seine politische Gesinnung ist unzweifelhaft königstreu und staatserhaltend … Der Vater des Bewerbers … ist in Oliva[2] mit Grundbesitz im Werte von 37500 M angesessen und

1 Soweit nicht anders notiert, liegt den Teilen 1 und 2 Roeckners Personalakte im Preußischen Innenministerium zugrunde: BArch R 1501/210066 (unpaginiert).
2 Vorort von Danzig.

versteuert ein Einkommen von 4616 M. ... Die Familie Roeckner erfreut sich guten Rufes und verkehrt in Oliva in den ersten Gesellschaftskreisen."

Das Bewerbungsverfahren war indes trotz dieser wohlmeinenden Worte mit der am Rande der Mitteilung platzierten Bleistiftnotiz: „Z. Zt. keine Gelegenheit" im Innenministerium ad acta gelegt und Roeckner entsprechend unterrichtet worden. Nach Kriegsende, im November 1919, erneuerte Rudolf Roeckner seine Bewerbung. Am 20. Dezember 1919 teilte derselbe Regierungspräsident von Danzig dem nunmehrigen republikanischen Preußischen Minister des Inneren mit:

„In politischer Hinsicht ist Dr. Roeckner in keiner Weise hervorgetreten. Es sind daher weder hieraus noch aus seinen Familienverhältnissen irgend welche Bedenken gegen seine Übernahme in den höheren Verwaltungsdienst zu entnehmen. Nach dem Berichte des Amts- und Gemeindevorstehers von Oliva ist er von durchaus einwandfreier Führung, von conciliantem Wesen und seiner ganzen Lebensauffassung nach für den staatlichen Verwaltungsdienst ausgezeichnet geeignet."

Jetzt endlich gelang dem durchgehend staatstragenden Rudolf Roeckner der ersehnte Übertritt in die allgemeine Verwaltung. Im Januar 1920 wurde er „Probejustiziar" bei der zu diesem Zeitpunkt noch bestehenden Regierung von Danzig – erst ab 15. November 1920 gab es den unabhängigen Staat „Freie Stadt Danzig" – und kurz darauf ernannte ihn der Preußische Innenminister zum Regierungsassessor. Am 31. Dezember 1921 wurde er Regierungsrat. Inzwischen hatte er sich unentbehrlich gemacht. Der Deutsche Reichs- und Staatskommissar in Danzig, dem er nun zugeteilt war, betonte bei Anfragen aus dem Preußischen Innenministerium und dem Freistaat Danzig in der Folgezeit regelmäßig, Roeckner sei wegen der neu eingerichteten Fürsorgestelle für die Beamten und Lehrer des an Polen abgetretenen Gebietes unabkömmlich.

Eine Zeitlang stand dennoch sein Übertritt in den Dienst der „Freien Stadt Danzig" zur Debatte, kam dann aber nicht zustande, weil man Roeckner aus Stichtagsgründen keine Garantie für seine Rückkehr in die Preußische Verwaltung geben konnte. Schließlich, im Februar 1923, wurde er als „Hilfsarbeiter" in das Preußische Ministerium des Innern in Berlin[3] „einberufen", bei dem er „sofort" seinen Dienst anzutreten hatte. Seine Familie blieb zunächst in Danzig und konnte ihm erst im September 1924 folgen: Die in Berlin herrschende Wohnungsnot war groß, so dass es ihm lange nicht gelang, hier eine geeignete (bezahlbare) Wohnung zu finden. Im April 1925 erhielt er seine Beförderung zum Oberregierungsrat.

Am 4. Juni 1929 wurde Rudolf Roeckner zum Richter am Preußischen Oberverwaltungsgericht „bestallt". Im Januar 1930 erhielt er zusätzlich die Funktion eines Beisitzers im Oberfürsorgeamt für Beamte und Lehrpersonen aus den Grenzgebieten – eine Folge seiner vorherigen Referententätigkeit.

Bis dahin hatte der stets „conciliante" Rudolf Roeckner, dessen liebenswürdige Umgangsformen auch in einem Befähigungsbericht vom 12. November 1927 noch lobend erwähnt worden waren, immer alles richtig gemacht ...

3 Das Preußische Innenministerium wurde seinerzeit von dem Sozialdemokraten Carl Severing geleitet, der sich nach 1945 noch gut an Röckner erinnerte, LArch Schleswig-Holstein Abt. 761 Nr. 14313 (Entschädigungsakte), Bl. 55.

2. NS-Zeit

Im Fragebogen vom Mai 1933 verwies Rudolf Roeckner bei der Frage, welchen politischen Parteien er bisher angehört habe (Nr. 5 a), auf eine „beigefügte Anlage".

Darin erklärte er:

„Ohne mein Ersuchen ist mir Anfang Januar 1929 eine Mitgliedskarte mit Verpflichtungserklärung für die Reichsliste der demokratischen Partei überreicht worden. Ich habe aber eine Verpflichtungserklärung niemals unterschrieben und meine Streichung veranlasst. Ich bemerke, dass ich seit Jahren in der Heimatbewegung tätig bin; ich bin Vorsitzender des Vereins der Danziger in Berlin, des Reichsvereins zur Erhaltung der St. Marienkirche in Danzig und seit 1927 alter Herr der Grenzmannschaft ‚Alt-Preußen'."

Seine Beteuerungen halfen ihm nicht: Bei Nr. 5 a) wurde von fremder Hand mit Bleistift das Wort „Demokrat" eigetragen. In der Tat war Roeckner schon „frühzeitig" der im November 1918 gegründeten Deutschen Demokratischen Partei beigetreten[4]. Der Gerichtspräsident Bill Drews ordnete Rudolf Roeckner nach Auswertung der Fragebogenaktion am 5. Juli 1933 der Gruppe von Richtern zu, deren auf § 5 BBG gestützte Versetzung in ein Amt von geringerem Rang er in Betracht zog, „falls Begabung und Leistungen ... einen Beamten für eine andere Behörde besser geeignet erscheinen lassen". In dieser von Hugo Canditt[5] angeführten „Liste" erhielt Roeckner entgegen der alphabetischen Reihenfolge vor Kuno Lougear den Platz 2.

Schon am 27. Juli 1933 teilte Drews ihm mit, dass der Preußische Innenminister beabsichtige, ihn nach § 5 Abs. 1 BBG als Dezernenten an eine Regierung zu versetzen. Rudolf Roeckner demonstrierte: Er habe angesichts seiner nationalen Einstellung die beabsichtigte Versetzung nicht verdient. Notfalls stelle er sich aber für eine Versetzung nach Danzig zur Verfügung, er sei Danziger Staatsbürger. Das Ministerium – respektive Schellen – hielt jedoch kommentarlos an seiner Absicht fest.

Am 27. September 1933 wurde er auf eine Regierungsratsstelle in Stettin[6] versetzt. Sein Kollege Hugo Canditt erklärte später – 1954 in Roeckners Entschädigungsverfahren –, dieser sei wie er selbst wegen Mitgliedschaft in der Deutschen Demokratischen Partei vom Preußischen Oberverwaltungsgericht entfernt worden.[7] Ob das der wirkliche Versetzungsgrund war, ist indes unklar. Anders als Canditt hatte Rudolf Roeckner keine besonderen Aktivitäten für diese Partei entfaltet. In den ihn betreffenden Akten des Preußischen Oberverwaltungsgerichts und des Innenministeriums werden keinerlei Motive für die Anwendung von § 5 Abs. 1 BBG erwähnt.

4 Laut Selbstauskunft Roeckners nach 1945 in einem Fragebogen, LArch Schleswig-Holstein, Abt. 761 Pers.-Akten Nr. 1142, hatte er die „Reichlisten-Nummer" 356, laut Wiedergutmachungs- und Feststellungsbescheid des Innenministers des Landes Schleswig-Holstein vom 26. Dezember 1954, LArch Schleswig-Holstein, Abt. 761 Pers.-Akten Nr. 1143, die „Reichsmitgliedsnummer" 356: Der von Roeckner verwendete Begriff „Reichsliste" meinte also wohl keine Liste der Kandidaten für Reichstagswahlen, sondern die „reichsweite" Mitgliederliste.

5 S. oben Kapitel „Hugo Canditt".

6 GStA PK, I. HA Rep. 184 Pers.-Akten Nr. 2324, Bl. 24.

7 LArch Schleswig-Holstein, Abt. 761 Entschädigungsakte Nr. 14313 Bl. 72.

Es kommt daher auch in Betracht, dass Roeckner sich aus „unpolitischen" Gründen bei Drews oder seinem ehemaligen Kollegen Schellen unbeliebt gemacht hatte und diese – wie im Fall Max Kürten[8] – das BBG nutzten, um ihn loszuwerden. Ministerialdirektor Heinrich Schellen jedenfalls war Roeckner nicht wohlgesinnt. Unter Hinweis auf § 3 BBG hatte er von sich aus dessen ausgefüllten Fragebogen und die zum Beleg einer arischen Abstammung eingereichten Urkunden mit der Bitte um Begutachtung an den Sachverständigen für Rasseforschung Dr. Gercke weitergeleitet – anscheinend hegte er in dieser Hinsicht „Zweifel" und hoffte auf deren Bestätigung.[9] Gercke antwortete indes am 28. Juli 1933, dass seinerseits „gegen die arische Abstammung kein Bedenken" bestehe. Roeckners Zugehörigkeit zur DDP dürfte aber jedenfalls insofern eine Rolle gespielt haben, als dem Innenminister die Entfernung eines „Demokraten" vom Oberverwaltungsgericht generell willkommen war.
Rudolf Roeckner selbst jedenfalls empfand seine Versetzung nach Stettin als politisch motivierte Maßnahme, bemühte er sich doch darzulegen, dass er diese angesichts seiner „nationalen Einstellung" nicht verdient hatte.
Im September und November 1934 bat er nochmals, die Maßnahme zu überprüfen und hierzu seine

„dienstlichen Vorgesetzten im Oberverwaltungsgericht: den Herrn Vizepräsidenten des OVG. Dr. Meister und die Herren Senatspräsidenten Dr. Scholz u. Groethuysen zu einer Aeusserung darüber veranlassen zu wollen",

ob seine Tätigkeit am Oberverwaltungsgericht seine Versetzung notwendig gemacht habe – vergebens: Das Ministerium sah „keinen Anlaß, z.Zt. auf die Eingabe etwas zu veranlassen"; der Makel der Versetzung nach § 5 BBG blieb bestehen.
In der Folgezeit unterließ er jeden Widerspruch. So hieß es im Befähigungsbericht seines damaligen Stettiner Vorgesetzten Gottfried Graf von Bismarck Schönhausen vom 10. April 1935: „Er folgt willig jeder Anregung und Anweisung – vielleicht, weil er etwas leicht zu beeinflussen ist...Taktvoll bis oft zu großer Bescheidenheit." Seine Bereitschaft, alles zur Zufriedenheit seiner Dienststelle zu erledigen, wurde Roeckner als Schwäche ausgelegt; so einem konnte man keine „stramme" nationalsozialistische Haltung zutrauen, vor dem Hintergrund seiner ominösen Versetzung nach § 5 BBG war diese Konzilianz zudem verdächtig. Um einen solchen Eindruck etwas zu relativieren, berichtete derselbe Vorgesetzte später – am 15. März 1938:

„Nicht unerwähnt kann jedoch bleiben, daß er leicht beeinflußbar ist, wodurch der Eindruck einer gewissen Unbestimmtheit und schwankenden Anschauungsweise entstehen könnte. Ich führe dieses Verhalten jedoch zum Teil auf die ihm seiner Ansicht nach ungerechtfertigt zugefügte Behandlung gemäß § 5 BBG. zurück. Seit kurzem ist er Parteianwärter mit der Berechtigung zum Tragen des Parteiabzeichens."

Seinerzeit stand seine Versetzung auf die Stelle des Verwaltungsgerichtsdirektors[10] in Gumbinnen zur Debatte. Schon 1934 war Roeckner dem „Bund nationalsozia-

8 S. oben Kapitel „Max Kürten".
9 Gem. Ziffer 2 Abs. 3 der Ersten DVO zum BBG vom 11. April 1933 (RGBl. I , S. 195) – zu § 3 BBG; s. oben Kapitel „Constantin von Jerin".
10 „Verwaltungsgerichtsdirektor" hießen die Vorsitzenden der in die Verwaltung eingeglieder-

listischer Deutscher Juristen" beigetreten. Später – 1937 – war er dem Rat Bismarcks gefolgt und hatte seine Aufnahme in die NSDAP beantragt.[11] Nachdem die NSDAP am 10. August 1938 ihr Einverständnis mit Roeckners Ernennung zum Verwaltungsgerichtsdirektor erklärt und die Reichsstelle für Sippenforschung am 9. September 1938 die Abstammung seiner Ehefrau überprüft und den „Unbedenklichkeitsbescheid" erteilt hatte, gelangte der Reichsminister des Innern am 27. September 1938 zu der für Roeckners Beförderung maßgeblichen Erkenntnis:

„An seiner nationalsozialistischen Zuverlässigkeit besteht kein Zweifel. Er hat früher einer politischen Partei nicht angehört[12] und ist jetzt Parteianwärter. Auch aus der Anwendung des § 5 des Berufsbeamtengesetzes gegen ihn, die s. Zt. unter Anlegung eines strengen Maßstabes erfolgt ist, sind Bedenken nicht herzuleiten."

Nachdem Roeckner im fernen Gumbinnen zusätzlich als Direktor des Oberversicherungsamtes fungiert hatte, übernahm er im Februar 1940 zunächst im Wege der Abordnung und ein Jahr später unter Ernennung zum Regierungsdirektor die Leitung des Oberversicherungsamtes im inzwischen von Deutschland besetzten Danzig. Vor Roeckners endgültiger Versetzung zum dortigen „Reichsstatthalter in Danzig-Westpreußen" erinnerte sich ein Ministerialrat des Innenministeriums plötzlich an den seit dem Frühjahr 1933 mit Füßen getretenen Grundsatz der richterlichen Unabhängigkeit: Auf einem den Versetzungsvorgang betreffenden Schreiben vom 8. März 1941 findet sich am oberen Rand des Bogens der Vermerk: „Der Ver-Ger.Dir.Dr. Roeckner ist richterlicher Beamter und kann daher nur mit seiner Zustimmung versetzt werden."

Bis zum Kriegsende leitete Roeckner die Oberversicherungsämter in Danzig und (vertretungsweise) in Bromberg. Seiner späteren Angabe zufolge gehörte er in dieser Zeit

„wie der Oberbürgermeister Dr. Koch – Wesermünde u. der Landrat Lotz – Eutin[13] ... in Danzig zu dem Kreis von Männern ..., die die Politik der Partei mißbilligten, Möglichkeiten zur Abwehr erörterten u. in häufigen Besprechungen die Frage erörterten, was zur Rettung des Reichs u. des deutschen Volkes geschehen könne."

1944 habe in Danzig ein Ermittlungsverfahren der Gestapo geschwebt, das allerdings keine bösen Folgen für ihn gehabt habe.[14]

Ende März 1945 verließ er Danzig auf dem Seeweg und meldete sich „im Auftrag seines Gauleiters zum weiteren Einsatz im RMdI" in Berlin. Von dort aus wurde er zunächst nach Gera „in Marsch gesetzt", wo sich seine Ehefrau aufhielt, und schließlich, als es ihm nicht gelungen war, dorthin durchzukommen, Mitte April 1945 zum Regierungspräsidenten von Schleswig beordert, wo er die „Betreuung der aus den feindbesetzten Gebieten rückgeführten Volksgenossen" übernehmen sollte – sein Spezialgebiet seit dem Ende des Ersten Weltkriegs.

---

ten sog. Bezirksausschüsse, die, besetzt mit Juristen ohne richterliche Unabhängigkeit, als Verwaltungsgerichte erster Instanz fungierten.

11 Nach Mitteilung des Document Center vom 20. März 1956: Aufnahme 1. Mai 1937, Mitgliedsnummer 5 783 248, s. LArch Schleswig-Holstein, Abt. 761 Entschädigungsakte Nr. 14313 Bl. 54.

12 Also glaubte man ihm jetzt, dass er ohne seine Zustimmung von der DDP als Mitglied geführt worden war?

13 Vermutlich Dr. Helmut Andreas Koch und Erich Walter Lotz.

14 Nach 1945 in einem Fragebogen, s. LArch Schleswig-Holstein, Abt. 761 Pers.-Akten Nr. 1142.

3. Nachkriegszeit

Nach der Kapitulation Deutschlands gehörte Rudolf Roeckner in Schleswig-Holstein zu den ersten reaktivierten Beamten: Bereits im September 1945 wurde er als Koordinierungsbeamter für Angelegenheiten der Sozialversicherung eingesetzt. Auf die Offiziere der Britischen Militärregierung machte er offenbar einen untadeligen Eindruck.[15] Sein ehemaliger Stettiner Vorgesetzter Gottfried Graf von Bismarck Schönhausen bescheinigte ihm 1946[16], nur auf Druck der NSDAP beigetreten zu sein:

„Herr Dr. Rudolf Röckner ist mir seit dem Jahre 1934 bekannt, als er Decernent der Regierung in Stettin war ... Als im Jahre 1937 ein starker Druck auf die Beamten ausgeübt wurde, entweder der Partei beizutreten oder aus dem Staatsdienst auszuscheiden, legte ich als damaliger Leiter der Behörde Herr Röckner nahe, in die Partei einzutreten, da mir daran lag, der Regierung eine so zuverlässige und aufrechte Kraft wie Herrn Röckner zu erhalten. Wenn die pommersche Gauleitung seine Aufnahme in die Partei auch nicht von vornherein ablehnte, legte sie doch Wert darauf, ihn aus Stettin loszuwerden und beantragte beim Innenministerium seine Versetzung. Dr. Röckner wurde daraufhin nach Gumbinnen versetzt, eine Veränderung, die im allgemeinen als Strafversetzung angesehen wurde."

Gumbinnen lag zwar im östlichsten Zipfel Ostpreußens nahe der litauischen Grenze. Bei der von Roeckner im Oktober 1938 dort angetretenen Stelle des Verwaltungsgerichtsdirektors handelte es sich jedoch nichtsdestotrotz um eine Beförderungsposition, so dass die Charakterisierung als Strafversetzung etwas übertrieben sein dürfte.

Nach Errichtung der Landesregierung war Roeckner als „Oberregierungsrat" Leiter der Sozialversicherung im Ministerium für Arbeit, Wohlfahrt und Gesundheitswesen. Ende September 1951 versetzte man ihn wegen Erreichens der Altersgrenze in den Ruhestand.

Inzwischen war das Bundesgesetz zur Regelung der Wiedergutmachung nationalsozialistischen Unrechts für Angehörige des öffentlichen Dienstes (BWGöD) vom 11. Mai 1951 in Kraft getreten. Rudolf Roeckner, der bereits im Juni 1947 Wiedergutmachung begehrt und dazu seine erneute Beschäftigung als Verwaltungsrichter erbeten hatte, beantragte daher im Dezember 1951, ihm die Rechtsstellung und Besoldung zu gewähren, die er bei regelmäßigem Verlauf seiner Dienstlaufbahn voraussichtlich erreicht hätte. Er machte geltend, er hätte ohne eine politische Schädigung bis Februar 1941 eine Besoldung als Richter beim Preußischen Oberverwaltungsgericht und ab März 1941 eine solche als Richter am Reichsverwaltungsgericht bezogen. Drei Jahre später wurde sein Antrag beschieden: Am 26. Dezember 1954 bescheinigte ihm der Innenminister des Landes Schleswig-Holstein unter Hinweis auf die erwähnte Erklärung Hugo Canditts, dass seiner Versetzung im Jahre 1933 politische Motive zugrunde lagen. Weiter hieß es:

„§ 8 BWGöD steht der Wiedergutmachung nicht entgegen. Der Antragsteller war seit 1937, also seit Einführung der Zwangsmitgliedschaft (Kontrollratsverordnung Nr. 24 Zif. 10) Parteimitglied und ist nur als nominelles Mitglied zu bewerten; die-

16 Am 21. Juli 1946: LArch Schleswig-Holstein, Abt. 761 Entschädigungsakte Nr. 14313 Bl. 54.

se Mitgliedschaft war aber außerdem durch vorausgegangene Verfolgungsmaßnahmen bedingt."

Insoweit stützte man sich auf die oben erwähnten Angaben Bismarcks. Im Jahre 1941 sei das Preußische Oberverwaltungsgericht nach dem Führererlass vom 3. April 1941 (RGBl. I S. 201) zusammen mit anderen Spruchbehörden zum Reichsverwaltungsgericht vereint worden. Von 46 dienstjüngeren früheren Kollegen Roeckners am Preußischen Oberverwaltungsgericht seien damals mindestens 34 und höchstens 39 beim Reichsverwaltungsgericht weiterverwendet und 27 von ihnen zu Reichsrichtern befördert worden. Es sei deshalb mit erheblicher Wahrscheinlichkeit davon auszugehen, dass auch er bei normalem Verlauf zum Reichsverwaltungsrichter ernannt worden wäre. Rudolf Roeckner wurden deshalb erhöhte Dienst- und Versorgungsbezüge zuerkannt; zu seinem Wiederanstellungsbegehren allerdings hieß es, dieses habe sich durch das Erreichen der Altersgrenze erledigt.[17]

Einige Jahre später, im März 1959, wurde Roeckner ergänzend auf seinen Antrag hin bewilligt, die Amtsbezeichnung „Reichsrichter a.D." zu führen.

Ob diese Bezeichnung ihm zur Ehre gereichte, steht dahin: War doch gerade das Reichsverwaltungsgericht eine erst durch den Führererlass von 1941 etablierte Institution, die von vornherein der NSDAP gehorchte.[18] Sein vorheriger Titel „Oberverwaltungsgerichtsrat a. D." wirkte jedenfalls für politisch sensible Kenner der Verhältnisse weitaus ehrenvoller.

Ab 1951 gab Rudolf Roeckner zusammen mit Horst Werner Bluschke einen Kommentar zum Bundesversorgungsgesetz heraus, der als „Roeckner-Bluschke" für die Kriegsopferversorgung Bedeutung hatte. Wegen seines Einsatzes im Bereich der Sozialversicherung wurde ihm 1953 oder 1954 das Bundesverdienstkreuz verliehen.

Bis Mitte der sechziger Jahre war er ehrenamtlicher Richter am Bundessozialgericht.

1970 berichtete das Blatt *Unser Danzig* über sein Ableben.

---

17 LArch Schleswig-Holstein, Abt. 761 Pers.-Akten Nr. 1143.

18 Ludwig Freges Übernahme in das Reichsverwaltungsgericht z.B. scheiterte am Einspruch der NSDAP: BArch R 1501/ 206387 (Freges Personalakte im Innenministerium).

Dr. Hans-Wilhelm Schrader
Oberverwaltungsgerichtsrat

geboren am 13. Januar 1889 in Berlin
seit Januar 1912 verheiratet mit Margaret(h)e, geb. Gordan (auch Gordon)
drei Kinder: Alice-Edith, geb. 1915, Hans-Oskar Rolf Edmond, geb. 1920, und Ruth-Ilse, geb. 1923
gestorben am 7. Juni 1958 in Düsseldorf

1. Kaiserreich und Weimarer Republik

Hans-Wilhelm Schrader stammte aus einer protestantischen Beamtenfamilie. Sein in Quedlinburg geborener Großvater väterlicherseits war „Eskadronsarzt" in Deutsch-Eylau/Ostpreußen. Dort wuchs sein Vater Oskar Hermann Adalbert Schrader auf, der zuletzt als Geheimer Rechnungsrat im Reichspostamt in Berlin tätig war. Seine Mutter, Tochter eines Postdirektors, kam in Königberg zur Welt.

Schrader trat am 5. August 1910 als Gerichtsreferendar beim Amtsgericht Berlin-Weißensee in den preußischen Justizdienst ein. Im November 1911 schloss er an der Universität Heidelberg seine Promotion zum Dr. jur. ab. Bald danach heiratete er. Seine Ehefrau Margaret(h)e, geborene Gordan, stammte aus einer jüdischen Familie, gehörte aber wie er selbst der evangelischen Kirche an.[1] Nach seiner Großen Staatsprüfung im Januar 1915 war er bis Mai 1918 zunächst als Gerichtsassessor tätig, bevor er als Bürgermeister in den Kommunaldienst in Bramsche (Bezirk Osnabrück) wechselte. Noch im selben Jahr wurde er Zweiter Bürgermeister in Finsterwalde (Niederlausitz) und bereits 1919 übernahm er dort das Amt des Bürgermeisters. Mitte Februar 1921 trat Schrader zur Reichsfinanzverwaltung über und war in den Folgejahren als Regierungsrat beim Finanzamt in Berlin-Spandau tätig. Dort schloss er sich am 1. Mai 1926 der SPD an.[2] Zugleich pflegte er offenbar eine politische, aber wohl auch persönliche Freundschaft mit dem jüdischen Sozialdemokraten Carl Herz, der 1926 zum Bezirksbürger-

1 Sie war die Tochter des jüdischen Kaufmanns Max Gordan aus Görlitz und seiner ebenfalls jüdischen Ehefrau Elisabeth, geb. Nissen, s. Entschädigungsakten Rolf Schrader 20.971, Geburtsurkunde Nr. 1771 vom 6. November 1893 für Margarethe.
2 Entschädigungsakten Hans-Wilhelm Schrader 220.271, Mitgliedsbuch.

meister von Berlin-Kreuzberg gewählt und Mitte März 1933 aus seinem Amt vertrieben wurde.[3]
Im Alter von 40 Jahren wurde Hans-Wilhelm Schrader durch Bestallungsurkunde des Preußischen Staatsministeriums des Innern vom 4. Juni 1929 zum Oberverwaltungsgerichtsrat am Preußischen Oberverwaltungsgericht ernannt.[4] Kurz darauf wurde er Mitglied des Republikanischen Richterbundes[5], dem seine Kollegen Citron, Kroner und Strucksberg bereits angehörten. Das Präsidium des Oberverwaltungsgerichts hatte Schrader nach seiner Ernennung dem unter anderem für Gewerbesteuer und andere öffentlich-rechtliche Abgaben zuständigen 6. Senat unter dem Vorsitz des Senatspräsidenten Dr. Franz Scholz zugewiesen.[6] Gemeinsam mit zwölf weiteren teils amtierenden und teils bereits in den Ruhestand getretenen Richtern des Preußischen Oberverwaltungsgerichts wirkte er an dem ersten Band des von seinem Senatspräsidenten herausgegebenen und 1932 im Otto Schmidt-Verlag erschienenen „Handbuch des gesamten öffentlichen Grundstücksrechts (Reich und Preußen)" als Autor mit.[7]
Ebenfalls 1932 – im Juni – bestellte ihn das Präsidium zusätzlich neben den Oberverwaltungsgerichtsräten Schellen, Strucksberg, von Lympius, Kürten, Isay und von Dryander zum Mitglied des organisatorisch noch beim Reichsgericht angebundenen Wahlprüfungsgerichts[8]. Niemand dürfte zu diesem Zeitpunkt davon ausgegangen sein, dass die Amtszeit für die Mehrzahl der sieben Mitglieder des Oberverwaltungsgerichts beim Wahlprüfungsgericht nur noch von kurzer Dauer sein würde.
Zum Jahreswechsel 1932/33 trat Schrader von der SPD zur NSDAP-nahen Deutschnationalen Volkspartei (DNVP) über. Er zog damit, so scheint es, die Konsequenzen aus den Erfolgen der antisemitischen Rechtsparteien und trennte sich lieber von seinem Parteibuch als von seiner „jüdischen" Ehefrau.

---

3 Vgl. Hanke, S. 243, 339.

4 Präs.-Reg. Pr. Oberverwaltungsgericht, Retent-Akten Sch. Nr. 37 Bd. I, Bl. 3 und 6 ff.

5 Vgl. Citron-Piorkowski, Festschrift für Berge S. 27; GStA PK, I. HA Rep. 184, Präs.-Reg. Nr. 803.

6 Präs.-Reg. Pr. Oberverwaltungsgericht, Retent-Akten Sch. Nr. 37 Bd. I, Bl. 1, Beschluss des Präsidiums vom 8. Juni 1929; Scholz (1955), S. 56 zu den Zuständigkeiten seines Senats seit 1931.

7 Diese erste große Gesamtdarstellung „des Grundstücks in seinen vielfältigen Beziehungen vom Erwerb bis zum Verlust" wurde anlässlich des Erscheinens des zweiten Bandes (1935) weiter unter Nennung seines Namens und seiner Funktion als Oberverwaltungsgerichtsrat beworben, obwohl er zu diesem Zeitpunkt bereits seit drei Jahren nicht mehr im Justizdienst war. Die Anzeige befand sich in einem neuen, an die nationalsozialistische Diktion angepassten Werk von Scholz aus dem Jahre 1936: Die Verwaltungsgerichtsbarkeit im Dritten Reich, 1936; zu den „stark mit nationalsozialistischer Phras(e)ologie verbrämt(en)" Schriften von Scholz fand auch die Entnazifizierungskommission des Magistrats von Groß-Berlin im Entnazifizierungsbeschluss vom 11. Oktober 1949 deutliche Worte, vgl. Landesarchiv Berlin, B Rep. 031-01-02 Nr. 1260; dazu Näheres im Kapitel „Georg Strucksberg", der seinerseits im Berufungsverfahren des Appellanten Scholz als Entlastungszeuge vernommen wurde.

8 Präs.-Reg. Pr. Oberverwaltungsgericht, Retent-Akten Sch. Nr. 37 Bd. I, Bl. 11, Beschluss des Präsidiums vom 15. Juni 1932; Näheres zum Wahlprüfungsgericht im Kapitel „Max Kürten".

2. NS-Zeit

Im Fragebogen gab Schrader an, aufgrund einer Herzerkrankung nicht im Weltkrieg gekämpft zu haben, bejahte die Frage 4 e) nach seiner „arischen Abstammung" und fügte – was ausdrücklich als Antwortmöglichkeit vorgesehen war – seine Erklärungen zu den Fragen 5 a) und b), also zur politischen Parteizugehörigkeit und zu etwaigen Mitgliedschaften im Reichsbanner Schwarz-Rot-Gold, im republikanischen Richter-/Beamten-bund oder in der Liga für Menschenrechte, in einem verschlossenen Umschlag bei.[9] In dieser „Anlage zum Fragebogen", die zu den Akten des Ministeriums des Innern gelangte[10], äußerte sich Schrader ausführlich und im Ergebnis teilweise überraschend zu seinen Mitgliedschaften in der SPD und im Republikanischen Richterbund. Er stellte sich als vollkommen unpolitisch dar, wobei ihm opportunistische Überlegungen offenkundig nicht fremd waren: Das Amt des Bürgermeisters in Finsterwalde habe er Anfang 1921 aufgegeben, nachdem die Linksparteien die Stadtverordnetenmehrheit erlangt hätten. Zunächst sei er zwar als Unpolitischer geduldet worden, die Gegensätze hätten sich allerdings allmählich verschärft. Nach dem Wechsel zur neugebildeten Reichsfinanzverwaltung habe er sich nicht nur in der Besoldung erheblich verschlechtert, sondern die Tätigkeit dort habe ihm auch nicht zugesagt. Er habe deshalb eine neue Bürgermeisterstelle gesucht, aber nicht gefunden.

„Als ich keinen anderen Weg mehr sah, ließ ich mich durch das Beispiel früherer Kollegen 1924 oder 1925 verleiten, der S.P.D. beizutreten. (Ich betätigte mich darin nie, besuchte nicht einmal eine einzige Veranstaltung. 1931 stellte ich die Beitragszahlungen ein.)"[11].

Trotz Eintritts in die SPD sei ihm die Rückkehr in den Kommunaldienst verwehrt geblieben, weil ihm nicht verziehen worden sei, sich als Bürgermeister einer Stadt mit Linksmehrheit nicht gehalten zu haben. Seine langjährige Betätigung als „wissenschaftlicher Schriftsteller" für Kommunal- und Beamtenverbände habe ihm jedoch sodann 1929 den Weg in das Oberverwaltungsgericht geebnet. Sein „Befürworter innerhalb des Ministeriums des Innern sei ein rechtsstehender Ministerialrat, ein Herr Uter" gewesen[12].

„Diese Ernennung war eine mir schon lange vorher versprochene Wiedergutmachung der Nachteile, die ich durch die politische Herausdrängung aus meiner Kommunallaufbahn erlitten hatte, denn für meine Bürgermeisterstelle galt nach sperrgesetzlicher Prüfung dieselbe Besoldung, wie für die Oberverwaltungsgerichtsräte. Es war damals üblich, Beamten, deren Leistungen man achtete, die man aber politisch nicht brauchen konnte, an das Oberverwaltungsgericht zu setzen."[13]

Ferner gab Schrader an, nach seiner Ernennung von seinem Kollegen Wilhelm Kroner zum Eintritt in den von diesem geleiteten Republikanischen Richterbund ge-

9 Im Fragebogen selbst erklärte er zu diesem Komplex als Nachtrag lediglich, nicht Mitglied der „Eisernen Front" gewesen zu sein. Präs.-Reg. Pr. Oberverwaltungsgericht, Retent-Akten Sch. Nr. 37 Bd. I, Bl. 25 f.

10 BArch R 1501/210696 (Personalakten), Anlage zum Fragebogen.

11 Ebd.

12 Vermutlich Ministerialrat Uter, der unter Schellen auch mit der Umsetzung des BBG betraut war und an der späteren Versetzung Schraders nach Aurich mitwirkte.

13 BArch R 1501/210696 (Personalakten), Anlage zum Fragebogen.

drängt worden zu sein. Er habe nur an einer einzigen Sitzung teilgenommen: An derjenigen, in welcher ein zur selben Zeit wie er ernannter Senatspräsident des Oberverwaltungsgerichts mit Vorwürfen überschüttet worden sei.[14] Der Vorgang habe auf ihn so peinlich gewirkt, dass er sich schon deshalb danach völlig zurückgezogen habe. Außerdem habe sich zwischen Kroner und ihm eine immer stärker werdende Gegnerschaft entwickelt. Schon 1930 oder 1931 habe er *Die Justiz* – die vom Republikanischen Richterbund herausgegebene Zeitschrift – abbestellt und auch keine Einladungen mehr erhalten.

Schließlich reklamierte er, es sich „als ein Verdienst um den nationalen Gedanken" anrechnen zu können, bereits als Bürgermeister vielen Beamten geholfen zu haben, die wegen ihrer nationalen Gesinnung zu leiden gehabt hätten. Dadurch seien seine ersten Beziehungen zu rechtsgerichteten Beamtenverbänden entstanden, nämlich zum Komba[15] und zum Militäranwärterbunde. Er könne zwar nicht leugnen, die nationale Erhebung erst erkannt zu haben, als seine Kinder die Begeisterung aus der Schule mitgebracht hätten. Sodann sei er aber mit Wirkung vom 1. Januar 1933 in die DNVP eingetreten[16] und

„als dann der Preußische Richterverein alle Richter zum sofortigen Beitritt in die NSDAP. öffentlich aufforderte, folgte ich, und zwar am 24. April"[17].

Ob – und wenn ja, in welchem Umfang – dem Gerichtspräsidenten Bill Drews Schraders Angaben über seine „nationalen Verdienste" verborgen geblieben sind, ist nicht bekannt. In seinem Bericht an das Innenministerium vom 5. Juli 1933 über die Auswertung der Fragebögen ging er jedenfalls ersichtlich und allein von den (gerichts-)bekannten Tatsachen aus und subsumierte den Fall Schrader unter § 5 Abs. 1 BBG, falls – was er fragend in den Raum stellte – „die frühere Zugehörigkeit zu Linksparteien und -verbänden einen Grund für die Anwendung" der Vorschrift darstelle[18]. Die Reaktion des Ministeriums erfolgte prompt und für Schrader angesichts der dort eingegangenen Anlage in der Sache unerwartet. Der inzwischen als Ministerialdirigent im Ministerium des Inneren tätige frühere Präsidialrichter Schellen, der noch Juni 1932 vom Präsidium des Oberverwaltungsgerichts gemeinsam mit Schrader zum Mitglied des Wahlprüfungsgerichts bestellt worden war, unterrichtete Drews unter dem 20. Juli 1933 von der Absicht, Schrader gemäß § 4 BBG aus dem Dienst zu entlassen. Dazu angehört, gab sich Schrader kämpferisch: In mehreren Stellungnahmen an das Ministerium wandte er sich gegen die Annahme nationaler Unzuverlässigkeit infolge bloßer SPD-Zugehörigkeit. Er betonte erneut, vielen Beamten geholfen zu haben, die wegen ihrer nationalen Gesinnung zu leiden gehabt hätten, und führte einen Einzelfall an, der Schellen schließlich überzeugen sollte. Schrader hatte über die Beamtenverbände offenbar seit Jahren den (früheren) Bürgermeister von Oranienburg, Dr. Heinn, unterstützt und ihm juristischen Beistand gewährt, nachdem dieser wegen seiner Beteiligung am Kapp-

14 Dabei handelte es sich offenkundig um Grützner, s. oben Kapitel „Walther Grützner".

15 Reichsbund der Kommunalbeamten und -angestellten.

16 Die Ortsgruppe Lietzensee der DNVP – Geschäftsstelle Westend – bestätigte ihm, dass seine Aufnahmebemühungen bereits im Dezember 1932 eingesetzt hätten, BArch R 1501/ 210696 (Personalakten), Anlage zum Schreiben Schraders vom 2. August 1933 an den Preußischen Minister des Innern.

17 BArch R 1501/210696 (Personalakten), Anlage zum Fragebogen.

18 GStA PK, I. HA Rep. 184, Präs.-Reg. Nr. 803.

Putsch sein Amt verloren hatte.[19] Heinn, NSDAP-Mitglied, bestätigte dies dem „liebe(n) Parteigenosse(n) Schrader" schriftlich[20] und sprach wenige Tage später nochmals mit Schellen, der im Anschluss vermerkte:

„Dr. Hein(n) teilte mir heute mit, dass der Oberverwaltungsgerichtsrat Schrader ihn und verschiedene ihm bekannte Mitglieder der NSDAP., die wegen ihrer Parteizugehörigkeit unter dem verflossenen System verfolgt worden sind, durch juristische Beratung und Anfertigung von Schriftsätzen bei ihrer Verteidigung unterstützt habe. Mit Rücksicht hierauf bat Dr. Hein(n), gegen den Oberverwaltungsgerichtsrat Schrader nicht § 4 des Gesetzes vom 7. 4. 1933 ... zur Anwendung zu bringen, sondern Dr. Schrader auf Grund des § 5 des erwähnten Gesetzes an eine Provinzialbehörde zu versetzen."[21]

So geschah es. Schellen gab den Vermerk noch am selben Tag einem Regierungsassessor zur weiteren Veranlassung. Nach erneuter Prüfung der Sache beabsichtigte das Ministerium unter dem 16. August 1933 „in Abänderung des ursprünglichen Erlasses" nur noch eine Versetzung Schraders nach § 5 Abs. 1 BBG in ein Amt von geringerem Rang; dieser verzichtete darauf, in den vorzeitigen Ruhestand (§ 5 Abs.2 BBG) zu treten. Vielmehr teilte er Drews[22] mit:

„Ich werde mein neues Amt freudig antreten und zweifle nicht, daß es mir gelingen wird, durch mein Verhalten zu beweisen, daß ich fest auf dem Boden des neuen Staates stehe".

Zugleich bat er ihn allerdings darum, aus Rücksicht auf seine drei minderjährigen Kinder und seine alte Mutter an eine in Berlin gelegene Behörde versetzt zu werden, „gern zum Bezirksausschuß Berlin"[23].

Diesem Wunsch folgte Schellen nicht mehr. Mit Wirkung vom 10. Oktober 1933 wurde Schrader an die Regierung in Aurich versetzt. Dort hatte er, wie bereits zwölf Jahre zuvor in der Reichsfinanzverwaltung, die Stelle eines Regierungsrats – nunmehr in der allgemeinen Verwaltung – inne. Er behielt seine bisherige Amtsbezeichnung und das Diensteinkommen eines Oberverwaltungsgerichtsrats mit Ausnahme der Ministerialzulage[24]. Nachdem ihm mitgeteilt worden war, er werde mit Ablauf des 9. Oktober 1933 von seinen Dienstgeschäften beim Oberverwaltungsgericht entbunden, verabschiedete er sich an seinem letzten Diensttag schriftlich in „größter Ehrerbietung" bei seiner „Exzellenz" Drews „mit dem Ausdrucke herzlichsten Dankes für das mir stets erwiesene Wohlwollen"[25].

Obwohl damit das Schlimmste vorerst abgewendet zu sein schien, gab Schrader noch lange nicht auf. Seinen Dienst im fernen Aurich trat er nie an. Er erkrankte am 10. Oktober 1933 „infolge von monatelangen Aufregungen an einem akuten Nervenzusammenbruch ... völlig arbeitsunfähig und nicht imstande, zu reisen"[26].

---

19 BArch R 1501/210696 (Personalakten), Schreiben Schraders vom 27. Juli, 1. und 2. August 1933 an den Preußischen Minister des Innern.

20 BArch R 1501/210696 (Personalakten), Schreiben vom 31. Juli 1933 an Schrader.

21 BArch R 1501/210696 (Personalakten), Schellens Vermerk vom 10. August 1933.

22 GStA PK, I. HA Rep. 184, Präs.-Reg. Nr 803.

23 BArch R 1501/210696 (Personalakten), Schreiben an Drews vom 20. September 1933.

24 Präs.-Reg. Pr. Oberverwaltungsgericht, Retent-Akten Sch. Nr. 37 Bd. I, Bl. 14.

25 Ebd., Bl. 20 und 23.

26 BArch R 1501/210696 (Personalakten), Fachärztliches Gutachten des Nervenarztes Fritz Künkel vom 10. Oktober 1933.

Dabei blieb es. Am 10. November 1933 erklärte er seinen Eintritt in den Reichsverband Deutscher Schriftsteller e.V., um wissenschaftlich publizieren zu können. Als Bürgen für seine politische Zuverlässigkeit benannte er wiederum den bereits bewährten Bürgermeister Heinn und – erstmals – seinen ehemaligen Senatspräsidenten Scholz. Im Mitgliederfragebogen gab er an, Mitglied der NSDAP und des nationalsozialistischen Juristenbundes zu sein. Seine Religionszugehörigkeit sei ebenso wie die seiner Ehefrau evangelisch.[27]
Es folgten in den Monaten Januar und April 1934 weitere amtsärztliche Gutachten.[28] Diagnostiziert wurde eine sogenannte reaktive Depression, deren auslösende Ursache in „seine(r) Versetzung in die Provinz" liege. In dem letzten Gutachten heißt es weiter:
„Dieselbe würde behoben werden und es würde vollkommene Dienstfähigkeit eintreten, wenn die auslösende Ursache... beseitigt würde und wenn er in oder in der Nähe von Berlin als Beamter weiter verbleiben könnte. Auf der anderen Seite glaube ich nicht, dass der depressive Zustand sich ändern wird und mit einer Wiederherstellung seiner Gesundheit und Dienstfähigkeit zu rechnen ist"[29].
Nach dieser ärztlichen Prognose legte der Regierungspräsident in Aurich „auf den Dienstantritt des Oberverwaltungsgerichtsrats Dr. Schrader kein(en) Wert mehr". Eine örtlich beschränkte Dienstfähigkeit könne es beim Verwaltungsdienst nicht geben. Entweder der Beamte sei dienstfähig, dann müsse er auch in der Provinz Dienst tun können, oder er sei nicht dienstfähig, dann könne er auch in Berlin keinen Dienst versehen.[30]
Gute acht Monate später, Ende Juni 1934, wurde Schrader nach § 6 BBG in den Ruhestand versetzt.[31] Und wieder ließ er nichts unversucht. Er wandte sich erneut schriftlich an das Ministerium, um sich über Schellen und dessen Voreingenommenheit und Uninformiertheit zu beklagen. Zugleich schaltete er erneut Heinn ein.[32] Außerdem ließ er sich völlige Gesundheit sowie Dienstfähigkeit bescheinigen und teilte dies dem Ministerium mit der Anregung mit, die Versetzung in den Ruhestand zurückzunehmen und mehr Rücksicht auf die persönlichen Verhältnisse eines kinderreichen Beamten zu nehmen als noch vor einem Jahr.[33]
Sein Insistieren blieb nicht ohne Erfolg. Mitte Oktober 1934 nahm Schrader seinen Dienst als Justitiar der Domänenabteilung bei der Regierung in Frankfurt (Oder) auf. Dort kam es jedoch schon bald zu Irritationen über seinen Familienwohnsitz, die in eine grundsätzliche Auseinandersetzung mit dem Reichs- und Preußischen

27 Landesarchiv Berlin, B Rep 004 Nr. 3970, Vorgang 57200.
28 BArch R 1501/210696 (Personalakten), Kreisärztliche Gutachten des Medizinalrats Dr. Schwer vom 2. Januar und 24. April 1934.
29 Ebd., Kreisärztliches Gutachten des Medizinalrats Dr. Schwer vom 24. April 1934.
30 Ebd., Schreiben des Regierungspräsidenten in Aurich an den Preußischen Minister des Innern vom 30. April 1934.
31 Präs.-Reg. Pr. Oberverwaltungsgericht, Retent-Akten Sch. Nr. 37 Bd. I, Bl. 28; vgl. zur zweimaligen Anwendung des BBG auf dieselbe Person die Ausführungen im Kapitel „Walther Grützner".
32 BArch R 1501/210696 (Personalakten), Schreiben an das Ministerium vom 16. Juli 1934 und an Heinn vom 26. September 1934: „Lieber Pg. Heinn! Recht herzlichen Dank, daß Sie sich meiner noch einmal annehmen wollen!"
33 Ebd., Schreiben Schraders an den Preußischen Minister des Innern vom 19. September 1934; Kreisärztliches Zeugnis des Medizinalrats Dr. Schwer vom 28. September 1934.

Minister des Innern über den Umfang der Residenzpflicht für Beamte mündeten. Fest steht, dass Schrader ein Zimmer in Frankfurt (Oder) angemietet hatte. Den Umzug seiner Familie lehnte er jedoch ab, hielt ihn rechtlich nicht für geboten und bezweifelte unabhängig davon unter anderem, ob die auf dem Allgemeinen Landrecht aus dem Jahre 1794 beruhende Residenzpflicht den heutigen Zeit- und Verkehrsverhältnissen überhaupt noch entspreche.[34]

Im Frühjahr 1937 wendete sich das Blatt zu Ungunsten von Schrader. Zwischenzeitlich – Mitte September 1935 – waren die Nürnberger Rassegesetze in Kraft getreten, woraufhin er am 27. September 1935 freiwillig „wegen seiner Ehe mit der Jüdin Margarete J(G)ordan" aus der NSDAP ausgetreten war.[35] Bei Durchsicht seiner Personalakten im Innenministerium war jetzt aufgefallen, dass die seit April 1934 vorgeschriebene Anzeige über seine Verheiratung fehlte. Der Regierungspräsident von Frankfurt (Oder) wurde daher um umgehende Einreichung derselben unter Beifügung der Urkunden über die Abstammung von Schraders Ehefrau (Geburts- und Heiratsurkunde der Ehefrau, ihrer Eltern und Großeltern) ersucht.[36] Auf die entsprechende Aufforderung seiner Dienstbehörde versuchte Schrader Zeit zu gewinnen, er bat um Fristverlängerung: Es fehlten ihm noch wichtige Namen und Daten. Seine Ehefrau habe durch Todesfälle und andere Gründe alle Beziehungen zu Verwandten, die Auskunft geben könnten, verloren. Außerdem stehe sein Sommerurlaub bevor.[37] Das Ministerium beharrte jedoch darauf, vorab zumindest das ausgefüllte Formblatt 2 (Anzeige über die Verheiratung) zu erhalten. Unter dem 16. August 1937 gab Schrader seinen hinhaltenden Widerstand auf und erklärte handschriftlich, seine Ehefrau sei evangelisch; als Kind sei sie mosaisch gewesen, ihr Vater Max und ihre Mutter Elisabeth – jedenfalls als dessen Ehefrau – ebenfalls. Im Übrigen verwies er auf weitere Ermittlungen.[38]

Wenige Tage später, am 23. August 1937, wurde Hans-Wilhelm Schrader auf Anordnung des Regierungspräsidenten amtsärztlich untersucht und angesichts seiner Vorerkrankungen als dauernd dienstunfähig eingestuft. Der Untersuchte lasse eine große Niedergeschlagenheit und Depression erkennen. Er leide an einer reizbaren Schwäche des Nervensystems (Neurasthenie).[39] Seine Versetzung in den Ruhestand erfolgte auf seinen Antrag zum 1. Februar 1938. Schrader war zu diesem Zeitpunkt 49 Jahre alt. Er wohnte mit seiner Familie in Berlin-Charlottenburg, Kaiserdamm 96[40]. Die von ihm begehrte Zulassung als – zur Vertretung in Verwaltungsstreitverfahren befugter – Verwaltungsrechtsrat lehnte das Preußische Ober-

34 BArch R 1501/210696 (Personalakten), Schreiben Schraders an den Reichs- und Preußischen Minister des Innern vom 8. Februar 1936.

35 Unterlagen des Berlin Document Center, Landesarchiv Berlin, B Rep 004 Nr. 3970 (Vorgang 57200).

36 BArch R 1501/210696 (Personalakten), Schreiben des Reichs- und Preußischen Ministers des Innern an den Regierungspräsidenten in Frankfurt (Oder) vom 14. Mai 1937.

37 Ebd., Schreiben des Regierungspräsidenten in Frankfurt (Oder) an den Reichs- und Preußischen Minister des Innern vom 29. Juni 1937.

38 Ebd., Anzeige über die Verheiratung vom 16. August 1937.

39 BArch R 1501/210696 (Personalakten), Amtsärztliches Attest des Gesundheitsamtes Frankfurt (Oder) vom 23. August 1937.

40 Präs.-Reg. Retent-Akten Sch. Nr. 37 Bd. I, Bl. 30 f.

verwaltungsgericht mit rechtskräftigem Beschluss vom 10. Februar 1938 ab[41]. In einem abschließenden Vermerk des Innenministeriums wird eine Wiederverwendung Schraders ausgeschlossen. Sie „dürfte – abgesehen von seiner politischen Vergangenheit – schon deshalb nicht in Frage kommen, weil seine Ehefrau nicht arisch ist (Mischling 1. Gr., wenn nicht sogar Volljüdin, vgl. die – nicht vollständige – Anzeige)". Aus demselben Grund musste sein 1920 geborener Sohn Rolf 1940 das gerade begonnene Medizinstudium abbrechen.[42]
Die Kriegsjahre verbrachte Schrader überwiegend in Berlin. Nachdem die Wohnung in Berlin-Charlottenburg am 31. Januar 1944 durch Bombenangriffe beschädigt worden war, zog er mit seiner Familie nach Berlin-Spandau in seine Wohnlaube.

3. Nachkriegszeit

Hans-Wilhelm Schrader, der das Kriegsende in Berlin erlebt hatte, zögerte keine Sekunde, beruflich wieder als Jurist Fuß zu fassen. Bereits ab dem 15. Mai 1945 verrichtete er Aufräumarbeiten im Gebäude des früheren Preußischen Oberverwaltungsgerichts, in dessen Keller sich auch die alten Personalakten der Richter befanden, darunter seine eigene, in der – anders als in der beim Innenministerium geführten Akte – „glücklicherweise" kein Hinweis auf seine NSDAP-Phase enthalten war. Zu seinen Aufgaben gehörte unter anderem die Ordnung der Bibliothek im Rahmen der Abwicklung des Reichsverwaltungsgerichts. Für seine Tätigkeit bezog er mit Wirkung vom 1. Juni 1945 auf Anordnung der Britischen Militärregierung aus Mitteln der Stadt Berlin eine laufende Vergütung.[43] Seine jüngste Tochter Ruth-Ilse arbeitete als Dolmetscherin ebenfalls für die Britische Militärregierung.[44]
Angesichts dieses frühen Kontakts mit den Alliierten verwundert es nicht, dass ihm entsprechend seiner Qualifikation schon am 16. November 1945 das Amt des Verwaltungsgerichtsdirektors bei dem Stadtverwaltungsgericht Kreuzberg – Amerikanischer Sektor von Berlin – übertragen wurde, auch wenn er es nur einen Monat wahrnehmen sollte.[45] Zu dieser Zeit lebte die Familie bereits in einer 6-Zimmerwohnung in der Roscherstraße 1 in Berlin-Charlottenburg. Schraders 25-jähriger Sohn Rolf setzte sein 1940 zwangsweise wegen seiner „jüdischen Herkunft" unterbrochenes Medizinstudium fort. In seinen Haushalt aufgenommen hatte er zudem die 1936 und 1945 geborenen Kinder seiner ältesten – verwitweten und nicht arbeitsfähigen – Tochter Alice-Edith, die – wie später im Entschädigungsverfahren angegeben – in erster Ehe mit einem jüdischen Mann verheiratet gewesen war. Für seine beiden Enkelkinder wurden ihm auf Antrag Kinderzulagen vom Präsidenten

41 BArch R 1501/210696 (Personalakten), Mitteilung des Senatspräsidenten Froelich an das Reichs- und Preußische Ministerium des Innern vom 8. März 1938.

42 Ebd., Vermerk vom 14. Dezember 1939; Entschädigungsakten Rolf Schrader 20.971, Exmatrikulationsaufforderung der Friedrich-Wilhelms-Universität Berlin vom 9. April 1940.

43 Vgl. Präsidialakten Bezirksverwaltungsgericht Nr. 2, Bd. I, Bl. 1 sowie Bl. 21: Bescheinigung des Präsidenten des Oberverwaltungsgerichts Berlin vom 17. Februar 1953.

44 Akten Verwaltungsgerichtsdirektor Sch 3, Bl. 1.

45 Bis zu seiner Ernennung zum Vizepräsidenten des Bezirksverwaltungsgerichts – Britischer Sektor von Berlin – am 19. Dezember 1945, Akten Verwaltungsgerichtsdirektor, Sch 3, Bl. 11; Präsidialakten Bezirksverwaltungsgericht Nr. 2, Bd. I, vor Bl. 1, Bl. 4.

des Bezirksverwaltungsgerichts im amerikanischen Sektor in Zehlendorf, Frege, seinem früheren Kollegen am Preußischen Oberverwaltungsgericht, bewilligt. Die Kinderzulage für seinen Sohn Rolf wurde mit der Begründung abgelehnt, dass als „Verzögerung des Abschlusses der Berufsausbildung" nach den maßgeblichen Reichsbesoldungsvorschriften „nur die bis zur Vollendung des 24. Lebensjahres tatsächlich abgeleisteten gesetzlich vorgeschriebenen Zeiten im Arbeits- und Wehrdienst anzusehen" seien und – allerdings handschriftlich gestrichen – „nicht ... Zeiten, in denen dem Kinde wegen der politischen Einstellung des Vaters das Studium versagt war"[46]. Ende Dezember 1945 erhob Schrader hiergegen bei demselben Bezirksverwaltungsgericht Klage. Er trug vor, bei vernünftiger Überlegung verstehe es sich von selbst, dass jemand, der bisher aus rassischen Gründen nicht habe studieren dürfen, nicht schlechter gestellt werden dürfe als jemand, der durch – seinem Sohn zudem gleichfalls verwehrten – Militärdienst daran gehindert gewesen sei. Der ablehnende Bescheid beruhe auf einer Auslegung, die „eine bewußte Fortsetzung der Benachteiligung der Nichtarier aus rassischen Gründen" bedeute. Nach dem Hinweis, Verwaltungsgerichte seien für Beamtensachen, soweit es um vermögenrechtliche Fragen gehe, nicht zuständig, nahm Schrader seine Klage zwei Monate später zurück.[47]

Während seiner knapp einmonatigen Dienstzeit als Verwaltungsgerichtsdirektor sagte Schrader seine Teilnahme an den Montagsbesprechungen im Bezirksverwaltungsgericht Zehlendorf, die der Koordinierung der verwaltungsgerichtlichen Aufgaben und Anordnungen im amerikanischen Sektor dienten, gleich zweimal ab und bat jeweils sein Fernbleiben zu entschuldigen. Die – nachvollziehbaren – Gründe könnten unterschiedlicher kaum sein. Der erste ist ein persönlicher, der zugleich allgemein die Lage Berlins im Nachkriegswinter 1945/46 beschreibt:

„Durch den ständigen Aufenthalt in einer ungeheizten Wohnung und in ungeheizten Diensträumen habe ich mir eine mit Fieber verbundene Erkältung zugezogen. Ich versehe weiter meinen Dienst, kann aber in diesem Zustande nicht auch noch die Fahrt nach Zehlendorf auf mich nehmen, bei der ich jedesmal auf freien Bahnhöfen längere Zeit auf die Anschlußzüge warten muß."[48]

Der zweite zeigt die berufliche Umtriebigkeit Schraders. Unter dem 13. Dezember 1945 teilte er dem Präsidenten des Bezirksverwaltungsgerichts Frege mit:

„Wie Sie gewiss schon gehört haben, ist im englischen Sektor die Errichtung eines Bezirksverwaltungsgerichts so weit vorbereitet, daß mit der alsbaldigen Eröffnung des Gerichts gerechnet werden muß. Es finden deshalb fortgesetzt Besprechungen statt, an denen ich teilzunehmen die Ehre habe. Die Frage meines Übertritts an das neue Gericht ist bereits zwischen der britischen und amerikanischen Militärregierung besprochen worden. Unter diesen Umständen werden Sie es begreiflich finden, daß ich am Montag einer Sitzung wegen des neuen Bezirksverwaltungsgerichts nicht fernbleiben darf und deshalb nicht nach Zehlendorf kommen kann."[49]

46 Akten Verwaltungsgerichtsdirektor Sch 3, Bl. 5 und 6; Entschädigungsakten Margaret(h)e Schrader 21.562, Begründung ihres Einspruchs vom 16. November 1951 gegen die Versagung einer Geldentschädigung wegen Freiheitsentzugs; Entschädigungsakten Rolf Schrader 20.971, Exmatrikulationsaufforderung der Friedrich-Wilhelms-Universität Berlin vom 9. April 1940.

47 Landesarchiv Berlin, B Rep. 074 Nr. 7993.

48 Akten Verwaltungsgerichtsdirektor Sch 3, Bl. 7.

49 Ebd., Bl. 8.

Frege fand es begreiflich und war bereits informiert.[50] Nachdem Schrader am 19. Dezember 1945 seinen Dienst als Vizepräsident des Bezirksverwaltungsgericht im britischen Sektor in dem Gebäude des früheren Preußischen Oberverwaltungsgerichts in der Hardenbergstraße 31 angetreten hatte, bedankte er sich nochmals ausdrücklich bei Frege. Er wünschte ihm für die „nicht leicht(e) Aufgabe des Schaffens aus einem Nichts heraus" beim „ersten Aufbau der Verwaltungsgerichtsbarkeit im USA-Sektor" weiterhin rasche Fortschritte und äußerte zugleich sein Vertrauen darauf, „daß die guten persönlichen Beziehungen zwischen uns alten Mitgliedern des OVG innerhalb der neuen Organisation dieselben bleiben werden"[51].
Als erster Präsident des britischen Bezirksverwaltungsgerichts in Charlottenburg amtierte der inzwischen 72-jährige frühere Senatspräsident am Preußischen Oberverwaltungsgericht Franz Scholz[52], mit dem Schrader 1932 an der ersten Gesamtdarstellung des öffentlichen Grundstücksrechts gearbeitet hatte und dessen Senat er angehörte. Scholz war – wie er in seinen Erinnerungen berichtet – auch nach seinem Eintritt in den Ruhestand im November 1938 fast täglich im Oberverwaltungsgericht, seiner ihm „so lieb gewordenen Arbeitsstätte, um die alten Kameraden zu begrüßen und die ausgezeichnete dortige Bibliothek zu benutzen"[53]. Er war publizistisch insbesondere im Gesellschaftsrecht tätig, begrüßte 1941 die Errichtung des Reichsverwaltungsgerichts und erhielt trotz seines Ruhestandes den Auftrag, zum 1. April 1943 den Vorsitz in einem Senat des neuen Reichsverwaltungsgerichts (Reichskriegsschädenamt) zu übernehmen, den er „bis Ende April 1945 mit der Einnahme Berlins durch die Russen" inne hatte. Nach dem Zusammenbruch „verweste" er das stillgelegte Reichsverwaltungsgericht[54], schützte es vor Plünderungen und wurde bei den Aufräumarbeiten ab Mitte Mai 1945 offenbar bereits von Schrader unterstützt.[55]
Knappe zwei Jahre amtierte Schrader erfolgreich im Amt des Vizepräsidenten, wobei er bereits im Rechnungsjahr 1946 die Dienstgeschäfte des Präsidenten wahrnehmen musste, dessen Stelle nicht mehr besetzt war.[56] Denn im März 1946 war das Entnazifizierungsgesetz für Groß-Berlin in Kraft getreten, dem Scholz aufgrund seiner Tätigkeit im Reichsverwaltungsgericht unterfiel. Dessen „amtliche Laufbahn" bei den Alliierten „ging nun schnell zu Ende", ohne dass er selbst dies nachvollziehen konnte: „ein ‚damnum emergens' entstand mir in der Demokratie"[57].
Schrader hingegen bestätigte durch seinen Einsatz das in ihn gesetzte Vertrauen der Britischen Militärregierung. In deren Namen übertrug ihm der Chief Legal Officer

50 Ebd., Bl. 9.
51 Ebd., Bl. 11.
52 Lubini, S. 44.
53 Scholz (1955), S. 57 f.
54 Ebd.
55 S. oben.
56 Für das Geschäftsjahr 1946 war deshalb eine Dienstaufwandsentschädigung vorgesehen, die im Juni 1948 bewilligt, aber nicht mehr vor der Währungsumstellung ausgezahlt wurde, vgl. Präsidialakten Bezirksverwaltungsgericht Nr. 2, Bd. I, Bl. 14 R.
57 Scholz (1955), S. 55 und 60 f.: „Die Folge war, daß ich ohne Gehalt, Pension oder Unterstützung auf die Straße gesetzt, und daß überdies mein gesamtes Vermögen beschlagnahmt wurde. Inzwischen bin ich rehabilitiert".

C.W. Harris mit Wirkung vom 15. Oktober 1947 die Amtsbezeichnung „President of the Bezirksverwaltungsgerichts of the British Sector of Berlin"[58].

Damit hatte Schrader in seinem „zweiten juristischen Leben" mit 58 Jahren als Präsident des Bezirksverwaltungsgerichts allerdings – rückblickend betrachtet – erst ein Etappenziel erreicht, angekommen am Ende seiner beruflichen Laufbahn war er nicht. Unter dem 17. Juli 1948 wandte sich Schrader als Gerichtspräsident in eigener Angelegenheit mit einer auf den ersten Blick eher außergewöhnlichen Bitte an den Legal Branch, HQ Military Government, British Troops Berlin. Er begehrte höflich „anzuordnen, dass mir mein bisheriges Diensteinkommen für die Zeit bis zum 28. August 1948 einschliesslich noch vor meiner Abreise ausgezahlt wird", zugleich wäre er dankbar, „wenn ... die Zahlung in voller Höhe in West-Mark erfolgt, da die Ost-Mark in der Britischen Zone keine Gültigkeit hat". Schließlich bat er darum, „die Antwort hierauf durch Boten abholen lassen zu dürfen, weil eine Übersendung durch die Post drei oder mehr Tage in Anspruch nehmen würde."[59]
Was war geschehen? Offenbar war Schrader zu diesem Zeitpunkt bekannt, dass er von seiner Stellung als Präsident „befreit" werden sollte (und wahrscheinlich auch befreit werden wollte). Denn bereits mit Schreiben vom 19. Juli 1948 teilte ihm die Britische Militärregierung – Legal Branch – mit:
„You are released from your post as President of the Bezirksverwaltungsgericht for the British Sector of Berlin with effect from 31. August 1948, and you are granted leave until such date.

E. Steiner (Dr. E. Steiner) for Chief Legal Officer"[60].

Fünf Tage später, am 24. Juli 1948, trat Schrader auf Anordnung der Britischen Militärregierung eine Dienstreise an. Er flog vom Flugplatz Gatow nach Hamburg und fuhr mit dem Zug über Hannover nach Herford zur „Besprechung (am 25. Juli 1948) über Angelegenheiten der Verwaltungsgerichtsbarkeit". In der Reisekostenabrechnung des Bezirksverwaltungsgerichts vom 28. Juli 1948 hieß es lapidar: „im Anschluß hieran Urlaubsbeginn"[61]. Eine kurzfristige Rückkehr nach Berlin war im Lebensplan von Schrader nicht mehr vorgesehen.

Dass der Entlassung kein Zerwürfnis mit der Militärregierung – etwa wegen eines nachträglichen Bekanntwerdens seiner NSDAP-Mitgliedschaft von 1933 bis 1935 – vorausging, liegt mit Blick auf seine künftige berufliche Verwendung in der britischen Besatzungszone auf der Hand: Noch im Juli 1948 übernahm er die Leitung der Personalabteilung des Innenministeriums, bevor er im Frühjahr 1949 für fast sieben Jahre das Amt des Präsidenten am neu gegründeten Landesrechnungshof in Nordrhein-Westfalen inne hatte. Gleichwohl wirkte sein Weggang aus Berlin konspirativ: Mit Schreiben vom 6. August 1948 wandte sich die Francke'sche Grundstücksverwaltung mit Sitz in der Roscherstraße 1 in Berlin-Charlottenburg, in deren Haus Schrader mit seiner Familie seit Jahren lebte, an das Bezirksverwaltungsgericht mit der Bitte, den Aufenthaltstort ihres Mieters bekannt zu geben. Denn

58 Präsidialakten Bezirksverwaltungsgericht Nr. 2, Bd. I, Bl. 7 f.
59 Ebd., Bl. 15.
60 Ebd., Bl. 19.
61 Ebd., Bl. 16.

Schrader habe zwar vor etwa 14 Tagen die Augustmiete bezahlt, weil er mit seiner Frau „nach dem Westen in Urlaub" habe fahren wollen. Inzwischen habe seine Tochter jedoch die Wohnung zum 1. September 1948 gekündigt, obwohl dies laut Mietvertrag erst zum 30. September 1949 möglich sei. Außerdem habe sie „am Baum vor dem Hause einen Anschlag gemacht, mit welchen sie mitteilt, dass sie die Möbel verkauft". Entgegen seiner persönlichen Mitteilung kehre Schrader wohl nicht mehr zurück.[62] Die vom Vizepräsidenten F(oitzick) unterzeichnete Antwort des Bezirksverwaltungsgerichts kann die Hausverwaltung nicht zufrieden gestellt haben: Schrader sei „zur Zeit beurlaubt", „Briefschaften" seien „zu Händen seiner mit Generalvollmacht versehenen Tochter, Fräulein Ruth-Ilse Schrader, Berlin-Charlottenburg, Roscherstr. 1" zu richten. Erst unter dem 7. Februar 1950 übermittelte das Gericht auf die private Anfrage eines Nachbarn kommentarlos die neue Adresse Schraders in der Freiligrathstraße in Düsseldorf.[63]
Zu dieser Zeit war Schrader bereits seit fast einem Jahr der erste Präsident des nordrhein-westfälischen Landesrechnungshofs, der nach der Umwandlung der Düsseldorfer Zweigstelle des „Zonenrechnungshofs" am 1. März 1949 offiziell seine Tätigkeit aufgenommen hatte.[64] Schrader amtierte vom 2. Mai 1949 bis zum 31. Januar 1957.[65] Sein Vizepräsident in der ersten Zeit in Düsseldorf hieß Dr. Hans Globke (1898–1973) – Mitkommentator der Nürnberger Rassegesetze, Adenauers Berater in Personalfragen und von 1953 bis 1963 Staatssekretär im Bundeskanzleramt.[66]

Während seiner Zeit als Präsident des Landesrechnungshofs und auch noch danach führten Schrader, seine Frau Magaret(h)e und sein Sohn Rolf jeweils über mehrere Jahre und Instanzen hinweg zahllose Wiedergutmachungsverfahren und -prozesse mit dem Ziel umfassender Entschädigung für erlittene Nachteile während der NS-Zeit. Im November 1953 verneinte Schrader in seinem Antrag an das Entschädigungsamt Berlin unter anderem die Frage nach „einer Mitgliedschaft bei der NSDAP oder einer ihrer Gliederungen". Dies stand in Widerspruch zu den Unterlagen, die das Berlin Document Center dem Entschädigungsamt im Sommer 1957 auf Anfrage zur Verfügung stellte.[67] Vielleicht hatte seine „saubere" Pesonalakte ihn zu diesem „Nein" verleitet, mit dem die Chance vertan war, seinen guten Gründen für diese Parteimitgliedschaft, die zum Schutz seiner gefährdeten „jüdischen" Angehörigen beitrug, Gehör zu verschaffen. Mit Bescheid vom 10. September 1957 wurden die geltend gemachten Ansprüche auf Entschädigung wegen Schadens im beruflichen Fortkommen im Wesentlichen mit der Begründung abgelehnt, als ehemaliges Mitglied der NSDAP sei er von der Entschädigung ausgeschlossen. Lediglich bei nomineller Mitgliedschaft könne unter bestimmten Vor-

62 Ebd., Bl. 17.
63 Ebd., Bl. 20; vgl. auch Präs.-Reg. Pr. Oberverwaltungsgericht, Retent-Akten Sch. Nr. 37 Bd. I, Bl. 32.
64 Vgl. zur Geschichte des Landesrechnungshofs NRW lrh.nrw.de „Wir über uns".
65 http:// www.archive.nrw.de/LAV NRW, Ziff. 5.1.3 Landesrechnungshof; Auskunft der Pressestelle des LRH NRW vom 7. März 2016.
66 Vgl. Kabinettsprotokolle Online „Globke, Hans", online unter: http://www.bundesarchiv.de.
67 Landesarchiv Berlin B Rep. 004 Nr. 3970, Vorgang 57200.

aussetzungen eine Entschädigung gewährt werden. In eine solche Prüfung einzutreten, erübrige sich jedoch, denn er habe in seinem Antrag auf Entschädigung die Frage nach der Mitgliedschaft zur NSDAP mit „Nein" beantwortet und die Richtigkeit seiner Angaben versichert.[68]

Schrader verwahrte sich vehement gegen die Unterstellung, jemals Mitglied der NSDAP gewesen zu sein. Er kämpfte weiter um seine Sicht der Dinge, erhob Klage gegen den Bescheid und fügte seiner Klagebegründung zum Beweis seiner behaupteten Nichtzugehörigkeit zur Partei insbesondere Erklärungen früherer Kollegen aus Frankfurt (Oder), aber auch aus Düsseldorf bei, die jeweils die Richtigkeit seiner Behauptung – teilweise eidesstattlich – versicherten. Schrader trug ferner unter anderem vor, der SPD bis zu ihrer Auflösung 1933 angehört zu haben, dann der DNVP, von der er sich noch einen gewissen Widerstand erhofft habe. Es sei für ihn als Ehemann einer Jüdin hingegen unmöglich gewesen, Mitglied der NSDAP zu werden. Bei der Reichsschrifttumskammer habe er sich seinerzeit auf Anraten desselben „prominente(n) Gönner(s), der schon das Innenministerium zu einer so ungewöhnlichen Nachgiebigkeit mir gegenüber veranlasst hatte", mit falschen Angaben angemeldet, um seine Bücher im Handel belassen und weiter schriftstellerisch tätig sein zu können.[69]

Das Landgericht sah daraufhin weiteren Aufklärungsbedarf. Es gab Schrader auf, insbesondere den „prominenten Gönner"[70] zu benennen sowie das Aktenzeichen eines etwaigen Entnazifizierungsverfahrens mitzuteilen und lud die Beteiligten schließlich unter dem 22. Mai 1958 zur mündlichen Verhandlung auf den 10. Oktober 1958.

Dazu kam es nicht mehr. Schrader verstarb am 7. Juni 1958 in Düsseldorf.[71] Der durch seinen Tod unterbrochene Prozess wurde von seiner Ehefrau nicht wieder aufgenommen. Sie nahm die Klage im Mai 1959 zurück.[72]

Eigene Ansprüche auf Entschädigung wegen Freiheitsentzugs („illegales Leben") für die Zeit vom 31. Januar 1944 bis zum 8. Mai 1945 in der Wohnlaube in Berlin-Spandau haben auch Margaret(h)e und Rolf Schrader nicht mit Erfolg geltend machen können.[73] Soweit ersichtlich erhielt lediglich Rolf eine Entschädigung in Höhe von 5 000 DM nach den Vorschriften des Bundesgesetzes zur Entschädigung für Opfer der nationalsozialistischen Verfolgung „wegen Schadens in der Ausbildung". Er habe sein 1940 aus rassischen Gründen unterbrochenes Studium erst 1946 fortsetzen können.[74]

---

68 Entschädigungsakten Hans-Wilhelm Schrader 220.271, Antrag vom 27. November 1953, Bescheid des Entschädigungsamtes Berlin vom 10. September 1957.

69 Ebd., Klagebegründung vom 13. Oktober 1957.

70 Damit dürfte erneut der frühere Bürgermeister Heinn gemeint gewesen sein.

71 Auskunft der Pressestelle des LRH NRW vom 7. März 2016.

72 Entschädigungsakten Hans-Wilhelm Schrader 220.271, Mitteilung des Landgerichts Berlin vom 15. Mai 1959.

73 Entschädigungsakten Margaret(h)e Schrader 21.562, Landgericht Berlin, Beschlüsse vom 25. Februar 1952 und vom 26. März 1953; Kammergericht, Beschlüsse vom 20. Juni 1952 und vom 10. Juni 1953; Entschädigungsakten Rolf Schrader 20.971, Urteil vom 12. Januar 1954.

74 Entschädigungsakten Rolf Schrader 20.971, Entschädigungsamt Berlin, Teil-Bescheid vom 11. September 1956, s. auch FN 46.

Dr. Georg Hermann Franz Strucksberg
Oberverwaltungsgerichtsrat

geboren am 6. Juni 1884 in Herzogswaldau, Niederschlesien
seit November 1939 verheiratet mit Anna, geb. Jakoby
ein Kind: Helga, geb. 1940
gestorben am 13. Februar 1965 in Berlin

1. Kaiserreich und Weimarer Republik

Georg Strucksberg, evangelisch, wuchs in einem bürgerlichen Elternhaus auf. Sein Vater Franz Hubert Strucksberg, gebürtiger Rheinländer, war Pfarrer der altkatholischen Kirche, die nach der Spaltung der Katholiken im Deutschen Reich 1875 das Zölibat aufgegeben hatte.[1] Seine in Schlawa (Kreis Freystadt) geborene Mutter, evangelisch, stammte väterlicherseits aus dem Adelsgeschlecht von Raumer und mütterlicherseits aus der Breslauer Kaufmannsfamilie von Zerboni di Sposetti.

Nachdem Strucksberg im Alter von knapp 22 Jahren vor dem Juristischen Prüfungsamt des Oberlandesgerichts Naumburg die Erste Juristische Staatsprüfung mit der Note „gut" bestanden hatte, nahm er im Juli 1906 seinen Referendardienst zunächst im dortigen Gerichtsbezirk auf und wechselte im Frühjahr 1907 nach Berlin. Im Juli 1907 schloss er seine Promotion an der Universität Halle/Saale zum Dr. jur. mit einer Dissertation zu einem zivilrechtlichen Thema ab. Nach seiner Großen Staatsprüfung im November 1910, die er ebenfalls mit der Note „gut" bestanden hatte, war er als Gerichtsassessor sowohl bei verschiedenen Amtsgerichten im Bezirk des Kammergerichts, unter anderem in Charlottenburg, als auch beim Landgericht I tätig, bevor er am 23. August 1912 vom Preußischen

1 Ausführlich zu Herkunft, Leben und beruflichem Werdegang Strucksbergs unter Auswertung der u.a. auch hier herangezogenen – im Gebäude des Oberverwaltungsgerichts Berlin-Brandenburg aufgefundenen – unvollständigen Personalaktenvorgänge erstmals Kipp, Kammergerichtspräsident Dr. Georg Strucksberg (2008) sowie ders., Einhundert Jahre (2013), S. 248 ff.

König zum Landrichter ernannt und dem Landgericht Stade zugewiesen wurde.[2] Er galt bereits damals als „Hoffnungswert“ der preußischen Justiz. Über den 29-jährigen Strucksberg äußerte sich der zuständige Präsident des Oberlandesgericht Celle, der den Übungen für Referendare bei den Landgerichten seines Bezirks beiwohnte, schon unter dem 14. März 1914 mehr als nur lobend:

„... ich möchte behaupten, daß das Beste, was ich auf diesem Gebiete habe beobachten können, die Übung unter der Leitung des Landrichters Dr. Strucksberg war. Mit einem ungemein beweglichen Geist, der in die Tiefe zu dringen strebt und versteht, verbindet er ein außergewöhnlich reiches Maß von Kenntnissen, ein untrügliches, klares und scharfes Urteil, und er hat eine frische, äußerst sympathische Art, mit den Referendaren zu verkehren. Ich müsste mich sehr täuschen, aber ich glaube, dem Landrichter Dr. Strucksberg eine mehr wie gewöhnliche Laufbahn vorhersagen zu dürfen.“[3]

Die Gewöhnlichkeit der Laufbahn Strucksbergs nahm ein rasches Ende, aber vermutlich zunächst anders als von seinem Mentor prognostiziert. Wenige Wochen nach Beginn des Ersten Weltkrieges wies ihn der Preußische Justizminister auf Ersuchen des Staatssekretärs des Reichsmarineamts telegraphisch an, sich umgehend bei dem Inspekteur der II. Marineinspektion in Wilhelmshaven „zwecks Verwendung in einer Marinekriegsgerichtsratsstelle zu melden“[4]. Die entsprechende Funktion hatte er bis 1918 überwiegend in Wilhelmshaven, Rüstringen, Friedrichsort und Ostende unter Zuordnung zu den jeweiligen Gerichtsherrn inne.[5] Währenddessen wurden allerdings auch die weiteren Weichen für seine zivile Zukunft gestellt. Strucksberg hatte offenbar bereits 1916 um eine Anstellung bei einem der Berliner Landgerichte nachgesucht. Dies nahm der Präsident des Oberlandesgerichts Celle unter Bezug auf seinen wörtlich wiedergegebenen Aktenvermerk aus dem Jahre 1914 zum Anlass, mit Schreiben an den „Herrn Justizminister in Berlin“ vom 22. September 1916 „die besondere Aufmerksamkeit Eurer Exzellenz auf diesen in seltenem Maße tüchtigen Richter zu lenken“, der auch für „eine Beschäftigung als Hilfsarbeiter im Ministerium...durchaus geeignet“ sei. Das Schreiben des Oberlandesgerichtspräsidenten schloss mit der Einschätzung, er sei „mit dem Landgerichtspräsidenten ... der Meinung, dass Dr. Strucksberg in so kleinen Verhältnissen wie in Stade nicht an seinem Platze ist“. Eine Versetzung des „Marinegerichtsrat(s) im Felde“ sei „jedenfalls alsbald nach dem Friedensschluß“ zu empfehlen.[6]

Nachdem Strucksberg Ende November 1918 aus dem Marinejustizdienst entlassen worden war und seinen Dienst zunächst wieder am Landgericht Stade aufgenom-

2 Königliches Kammergericht, Personalakten (Referendar und Gerichtsassessor) einschließl. Anlage- und Zeugnisheft.

3 BArch R 3001/77789 (Personalakten), zitierter Aktenvermerk im Schreiben des Präsidenten des OLG Celle vom 22. September 1916 an den „Herrn Justizminister in Berlin“.

4 Königliches Kammergericht, Personalakten, Schreiben des Justizministers an den Präsidenten des OLG Celle vom 27. November 1914.

5 Personalakten Marine-Hilfskriegsgerichtsrat, Protokoll der Vereidigung vom 1. Dezember 1914; zur Beleihung und zu den Gerichtsherrn s. auch die Auskunft des Reichwehrministeriums an Drews vom 15. Dezember 1924, Präs.-Reg. Pr. Oberverwaltungsericht, S. Nr. 31 Bd. I., Bl. 9.

6 S. FN 3; vgl. auch Kipp (2008), S. 6 f.

men hatte[7], änderten sich die „kleinen" Verhältnisse rasant. Schon mit Wirkung zum 5. Februar 1919 wechselte er – wie empfohlen – als sogenannter Hilfsarbeiter ans Preußische Justizministerium in Berlin und zum 1. Oktober 1919 wurde er, während er „bis auf weiteres in seiner Tätigkeit im Justizministerium" verblieb, an das Landgericht III in Berlin versetzt. Kurze Zeit später ernannte man ihn dort zum Oberjustizrat/Landgerichtsrat. Am 14. Mai 1921 erfolgte seine Ernennung zum Kammergerichtsrat und zugleich seine Bestellung zum hauptamtlichen Mitglied der Justizprüfungskommission[8]. Gute drei Jahre später, am 1. Oktober 1924, wurde Strucksberg zum Oberverwaltungsgerichtsrat am Preußischen Oberverwaltungsgericht befördert. Er war dort in den ersten Jahren dem unter anderem für Wasserrecht zuständigen 5. Senat zugewiesen.[9] Durch Beschluss des Präsidiums des Oberverwaltungsgerichts vom 15. Juni 1932 wurde er zusätzlich – wie Isay, von Dryander, Kürten, von Lympius, Schellen und Schrader – zum Mitglied des Wahlprüfungsgerichts bestellt.[10]

Strucksberg war seit Mitte der zwanziger Jahre zunächst Mitglied der DDP, sodann bis Oktober 1932 der SPD und gehörte dem Republikanischen Richterbund an. Anders als seine Richterbundkollegen Citron und Schrader trat er, wenn auch vermutlich nur in einem einzigen – allerdings bemerkenswerten – Fall, politisch nach außen in Erscheinung. Es waren die Ereignisse im Zusammenhang mit dem so genannten Preußenschlag am 20. Juli 1932 und der für den 31. Juli 1932 bevorstehenden Reichstagswahl, die Strucksberg im Juli 1932 neben Dr. König (Erster Staatsanwalt, Wiesbaden) und Dr. Kunz I (Rechtsanwalt, Berlin) zur Unterzeichnung einer Denkschrift veranlassten. Dieses an die Richter, Staatsanwälte und Rechtsanwälte Preußens verschickte Schreiben enthielt eine Zusammenstellung von Äußerungen der nationalsozialistischen Abgeordneten Kube, Fraktionsvorsitzender der NSDAP im Preußischen Landtag, und Dr. Freisler, ebenfalls im Fraktionsvorstand der Partei und Leiter der Gruppe Preußen des nationalsozialistischen Juristenbundes. Die protokollierten Wortbeiträge im Preußischen Landtag aus den Sitzungen von Mai bis Juli 1932 sollten das wahre Gesicht der NSDAP entlarven und die Kollegen wachrütteln. Die „Juristenwelt" sollte, so hieß es im Vorspann, „angesichts der öffentlichen Bedeutung dieser Partei ..., etwas unbedingt Authentisches über die Stellung der NSDAP zur Justiz ... erfahren"[11].

Mit Blick auf die Staatsanwaltschaft wurde Kube etwa mit der Feststellung zitiert, *„daß gegen Nationalsozialisten ... aus politischen Gründen das Zehnfache an Strafe beantragt wird wie in andern gleichartigen Fällen ... Die preußische Staatsanwaltschaft ist zu 90 Proz. wert, selbst in den Anklagezustand wegen Rechtsbruchs versetzt zu werden."*

---

7 Königliches Kammergericht, Personalakten, Schreiben des Präsidenten des LG Stade an den Präsidenten des OLG Celle vom 28. November 1918, Bl. 124.

8 Königliches Kammergericht, Personalakten, Bl. 129, 132 f., 139, 142; Personalakten Kammergerichtspräsident 1946, Lebenslauf vom 22. Mai 1945, Bl. 2a; aus dem Juristischen Landesprüfungsamt schied er auf eigenen Wunsch am 30. Juni 1928 aus, Präs.-Reg. Pr. Oberverwaltungsgericht, S. Nr. 31 Bd. I, Bl. 19.

9 Präs.-Reg. Pr. Oberverwaltungsgericht, S. Nr. 31 Bd. I, Bl. 2.

10 Präs.-Reg. Pr. Oberverwaltungsgericht, S. Nr. 31 Bd. I, Bl. 27, zum Wahlprüfungsgericht s. Kapitel „Max Kürten".

11 Präs.-Reg. Pr. Oberverwaltungsgericht, S. Nr. 31 Bd. I, Bl. 32 ff., 32.

Über die Rechtsanwälte äußerte Kube unter anderem:
„Wir werden Ihnen weiter sagen: In Ihren Anwaltskammern sind derartig viel – ich gebrauche absichtlich das Wort – Judenjungen hemmungslosester Art, daß wir diesen Burschen nach keiner Richtung hin das Recht einräumen, über einen von uns zu Gericht zu sitzen."
Zum deutschen Richterstand erklärte Kube:
„Wir Nationalsozialisten denken gar nicht daran, den deutschen Richterstand auf die Dauer zum Gegenstand unserer Angriffe zu machen; aber wir werden ihn zum Gegenstand unserer Erziehung machen." Ferner: *„Ich erkläre im Namen von 8 Millionen Volksgenossen in Preußen, daß wir die preußischen Gerichte in ihrer gegenwärtigen Zusammensetzung für die ungeeignetsten Verwalter des Rechtes halten, die wir uns denken können."*
Und – nachdem der Vertreter des Preußischen Justizministeriums zum Zeichen des Protestes den Sitzungssaal verlassen hatte –
„... meine Herren, wenn das Hinausgehen dieses Beamten des Ministeriums eben ein Beispiel war, dann möchte ich nur sagen; vivant sequentes – macht, daß Ihr bald alle wegkommt!"[12]
Noch am Tag der Reichstagswahlen übersandte Strucksberg mit Schreiben vom 30. Juli 1932 die Denkschrift vorsorglich an Drews mit dem Hinweis, er sei
„um Mitunterzeichnung gebeten worden, weil interessierte Kreise einen politisch nach außen nicht hervorgetretenen Richter als Mitkämpfer wünschten. Meines Erachtens bietet der Inhalt der Druckschrift in keiner Hinsicht Anlass zu Bedenken. Nach Abgang der Schrift rief mich ein Amtsgerichtsrat aus Schöneberg (angeblich) an, dessen Namen ich nicht genau verstand, und drohte mir unter anderem auch mit einer Beschwerde bei der vorgesetzten Dienstbehörde. Aus diesem Grunde überreiche ich Euer Excellenz bereits im Voraus das Material. Ich wäre dankbar, wenn Euer Excellenz mir demnächst Gelegenheit geben würden, auch mündlich noch den Tatbestand, soweit erforderlich, aufzuklären"[13].
Ob Beschwerde erhoben wurde oder es zu dem angebotenen Gespräch kam, ist nicht ersichtlich. Schreiben und Anlage wurden kommentarlos mit Verfügung des Präsidenten zur Akte genommen.[14]
Bis zur Machtübergabe an die Nationalsozialisten dauerte es danach noch genau sechs Monate, die Vertreibung der jüdischen und politisch unliebsamen Richter begann acht Monate später. Dazwischen lag die „normale" Verteilung der Geschäfte durch das Präsidium des Oberverwaltungsgerichts für das Geschäftsjahr 1933, die ohne Besonderheiten verlief. Es verblieb im Wesentlichen bei der bisherigen (für 1932 bestimmten) Besetzung der Senate. Für den 4. Senat übernahm Strucksberg die Vertretung „in gewöhnlichen Behinderungsfällen"[15]. Nach seiner eigenen Einschätzung stand er nach fast zehnjähriger Tätigkeit am Oberverwaltungsgericht „1933 vor der Ernennung zum Senatspräsidenten"[16].

12 Ebd., Bl. 32 ff., 32 R, 33.
13 Ebd., Bl. 30.
14 Kipp (2008), S. 10.
15 Präs.-Reg. Pr. Oberverwaltungsgericht, S. Nr. 31 Bd. I, Bl. 34, Beschluss des Präsidiums vom 17. Dezember 1932.
16 Personalakten Kammergerichtspräsident 1946, Lebenslauf vom 22. Mai 1945, Bl. 2a.

2. NS-Zeit

„Ich war vor 1933 nicht nur Mitglied der SPD, sondern auch Mitglied des Republikanischen Richterbundes und des Reichsbanners. Außerdem hatte ich mich 1932 in einer Denkschrift...scharf gegen die Nazis, insbesondere die Herren Freisler und Kube gewandt. All dieses führte zu meiner sofortigen Dienstentlassung im Jahre 1933 nach der Machtübernahme durch die Nazis".

Mit diesen Worten analysierte Strucksberg im März 1946 rückblickend seine Lage auf Befragen des Military Government of Germany.[17]

Im Fragebogen zur Durchführung des BBG hatte Strucksberg am 29. Mai 1933 unter Ziffer 5 angegeben, „bis zum Herbst 1926 überhaupt keiner Partei" angehört zu haben, danach „etwa bis August 1930 der demokratischen, von etwa September 1930 bis Oktober 1932 der sozialdemokratischen Partei" und aus „beiden Parteien durch ausdrückliche Erklärung ... ausgetreten" zu sein. 1931 sei er für eine knappes Jahr „Mitglied (nur zahlendes) des Reichsbanners" gewesen. Ferner erklärte er:

„Ich war Mitglied des Republikanischen Richterbundes von etwa Herbst 1930 bis in die ersten Tage des Januar 1933 (genauer Zeitpunkt ist mir nicht mehr erinnerlich, er lag aber vor dem 30. Januar 1933). Aus beiden Organisationen bin ich durch ausdrückliche Erklärung ... ausgeschieden. In sämtlichen 4 Parteien habe ich mich in keiner Weise für die Partei betätigt"[18].

In seinem Bericht an das Innenministerium über die Auswertung der Fragebögen vom 5. Juli 1933 subsumierte Gerichtspräsident Drews die Personalie Strucksberg – wie zuvor Citron und Schrader – ebenfalls unter § 5 Abs. 1 BBG, falls „die frühere Zugehörigkeit zu Linksparteien und -verbänden einen Grund für die Anwendung" der Vorschrift darstelle. Es folgte – wiederum wie in den Fällen der Mitglieder des Republikanischen Richterbundes Citron und (zunächst) Schrader – die Anwendung der Entlassungsvorschrift § 4 BBG. Die von Strucksberg noch im Juli 1933 nachdrücklich geäußerte Bitte, ihm die Mitarbeit im jetzigen Staat nicht zu versagen, blieb erfolglos. Seine Argumente, die Familie von Raumer, die Herkunftsfamilie seiner Mutter, habe dem Staate seit jeher viele aktive Offiziere und Beamte gestellt und auch er gehöre nicht zu den antinationalen Beamten, die § 4 des Gesetzes treffen wolle, führten im Ergebnis ebenso wenig weiter wie seine Erklärung, er habe zwar in der Vergangenheit die nationalsozialistische Bewegung verstandesgemäß nicht begreifen können, bejahe aber jetzt die nationale Erhebung. Schließlich fand auch sein Hinweis kein Gehör, das Plenum des Oberverwaltungsgerichts habe ihn seinerzeit auf Grund seiner Ausführungen zum Mitglied des Ausschusses gewählt, der gegen die Beförderung des damaligen Landgerichtsdirektors Kroner zum Oberverwaltungsgerichtsrat eine Protesterklärung an das Staatsministerium entworfen habe.[19] Die Entscheidung über Strucksbergs berufliche Zukunft war längst gefallen und irreversibel. Mit Verfügung des Preußischen Minister des Innern vom 24. November 1933 – zugestellt am 28. November 1933 – wurde er mit sofortiger Wirkung aus dem Dienst entlassen.[20]

17 Landesarchiv Berlin, C Rep. 301 Nr. 1803, Fragebogen vom 6. März 1946.

18 Präs.-Reg. Pr. Oberverwaltungsgericht, S. Nr. 31 Bd. I, Bl. 54 R.

19 Personalakten Kammergerichtgerichtspräsident 1946, Abschrift des Schreibens von Strucksberg an Drews vom 25. Juli 1933; zur Protesterklärung Näheres im Kapitel „Wilhelm Kroner".

20 Präs.-Reg. Pr. Oberverwaltungsgericht, S. Nr. 31 Bd. I, Bl. 40 f., unterzeichnet von Grauert.

Drei Monate später bemühte sich Strucksberg unter Berufung auf Art. I Nr. 1 b Abs. 3 des Vierten Gesetzes zur Änderung des Gesetzes zur Wiederherstellung des Berufsbeamtentums vom 22. März 1934[21] vergeblich auf dem Dienstweg um die Rücknahme oder Änderung der Verfügung „aus Billigkeitsgründen". Er begründete seinen Vorstoß maßgeblich mit dem Umstand, dass die beiden Mitunterzeichner der Denkschrift noch in ihren Ämtern seien. Der ehemalige Erste Staatsanwalt König sei nun als Staatsanwaltsrat in Berlin tätig und Rechtsanwalt Kunz amtiere nach wie vor auch als Notar. Dies habe seinerzeit – im November 1933 – nicht berücksichtigt werden können und lasse seine Entlassung als besonders hart erscheinen. Drews leitete das Gesuch vom 28. März 1934 mit dem Bemerken an den Preußischen Minister des Innern weiter, „daß die dienstlichen Leistungen des OVGRats Dr. Strucksberg durchaus befriedigt" hätten. Vermutlich hatte Strucksberg insoweit mehr Unterstützung von seinem früheren Präsidenten erwartet, als er ihn in seinem Anschreiben höflich gebeten hatte, im Rahmen der Weiterleitung des Gesuchs „einige befürwortende Bemerkungen bezüglich meines Charakters, meiner früheren Leistungen, sowie des Grades meiner Zuverlässigkeit" hinzuzufügen. Dazu konnte sich Drews jedoch offenbar nicht durchringen. Trotz der ergänzenden und wohl verfahrensangepassten Versicherung Strucksbergs an das Ministerium, bei der Abfassung der Denkschrift nicht beteiligt gewesen zu sein, sie nicht einmal selbst unterzeichnet zu haben und „als Beamter... jederzeit rückhaltlos für die nationale Bewegung eintreten" zu wollen, beschied ihn Schellen im Auftrage des Ministers förmlich knapp: *„Zu meinem Bedauern sehe ich mich nicht in der Lage, meinen Bescheid vom 24. November 1933 aufzuheben oder abzuändern."*[22]

Strucksberg war fortan bis Kriegsende nach eigenen Angaben „freiberuflich und späterhin im Dienst der Sterbglas G.m.b.H. in Berlin als juristischer Gutachter tätig" (dort wohl ab 1942).[23]

3. Nachkriegszeit

Bereits ab Mitte Mai 1945 bemühte sich Strucksberg um eine Wiedereinstellung als Richter. „Ich beherrsche dank meiner Vorbildung das Zivilrecht, Strafrecht sowie Verwaltungsrecht. Ich bitte meine Stellung möglichst meiner früheren anzugleichen."[24] Dem Angleichungswunsch wurde zwar nicht sogleich, aber sehr bald entsprochen. Zunächst trat Strucksberg am 10. August 1945 seinen Dienst als Richter am Amtsgericht Charlottenburg an[25], wobei er offenbar schon nach wenigen Tagen aus Anlass der Arbeitsunfähigkeit des Amtsgerichtsdirektors Dr. Kamps dessen Vertretung übernahm.

Nur gute sechs Wochen später begann seine Nachkriegskarriere. Am 1. Oktober 1945 erhielt Strucksberg ein Schreiben von der Rechtsabteilung der britischen Militärregierung vom 29. September 1945, mit dem ihm unter dem Betreff „German Courts" folgender Auftrag erteilt wurde:

21 RGBl. I S. 203.

22 Präs.-Reg. Pr. Oberverwaltungsgericht, S. Nr. 31 Bd. I, Bl. 48 ff.

23 Personalakten Kammergerichtspräsident 1946, Lebenslauf vom 22. Mai 1945, Bl. 2 b.

24 Ebd.

25 Ebd., Bl. 3 und 4.

„1. You will form with: – Dr. VANHUSEN of Berlin-Grunewald,... and Dr. FREGE of Berlin-Lichterfelde,... and one representive to be nominated by the Oberbürgermeister, a Committee of which you will be chairman.
2. Your Committee will submit to the Legal Committee of the Kommandatura by 15 October, 1945 a detailed scheme for the re-organisation of Verwaltungsgerichte in Berlin."[26]
Strucksberg, der nach eigenen Angaben neben Latein und Griechisch auch Französisch und Englisch zumindest „schriftlich ziemlich perfekt" beherrschte[27], antwortete prompt:
„I have duly received your letter from 29 th September 1945 and shall perform your order exactly and prec(i)sely."[28]
Unter dem 5. Oktober 1945 meldete er dem Kammergerichtspräsidenten dienstlich, sich „diesem Ersuchen...nicht gut entziehen" zu können:
„Die Prüfung im Reichsverwaltungsgericht wird sich meines Erachtens im wesentlichen auf die politische Zuverlässigkeit der Richter an der Hand der Fragebogen erstrecken. Es ist möglich, daß auch die sonstige Geeignetheit erörtert wird."[29]

Mit Frege und „Vanhusen" gehörten dem Komitee zudem kenntnisreiche Mitstreiter an, die ebenfalls ohne weiteres in der Lage waren, ein Konzept für die Reorganisation der Verwaltungsgerichte in Berlin vorzulegen:
Dr. Ludwig Frege (1884–1964) war 1932 und damit ein Jahr vor der Entlassung Strucksbergs richterliches Mitglied des Preußischen Oberverwaltungsgerichts geworden. Er wurde – noch unter Drews – Präsidialrichter. Die Funktion wurde ihm wegen politischer Unbotmäßigkeit 1940 entzogen.[30] Der Übernahme Freges in eine Planstelle als Oberverwaltungsrichter beim Reichsverwaltungsgericht stimmte die NSDAP nicht zu. Frege habe sich – so Martin Bormann in seinem Schreiben an den Reichsminister des Innern vom 5. November 1941[31] – offenbar mit Rücksicht auf die langjährige Zugehörigkeit zu einer „Systempartei" (DVP) nicht entschließen können, eine engere Fühlung mit der NSDAP zu suchen. Ihm fehle seit der Machtübernahme jede Verbindung mit dem politischen Leben. Anlässlich seiner Versetzung in den Wartestand im Frühjahr 1942 bat Frege davon abzusehen, ihn wieder im unmittelbaren oder mittelbaren Reichsdienst zu beschäftigen; er beabsichtige, seine Arbeitskraft der Industrie zur Verfügung zu stellen.[32] Im November 1945 ernannte ihn die amerikanische Militärregierung zum Präsidenten des in Berlin Zehlendorf gelegenen Bezirksverwaltungsgerichts im amerikanischen Sektor und nach Errichtung des Bundesverwaltungsgerichts wurde er 1953 dessen erster Präsident.

26 Personalakten Amtsgericht Charlottenburg, 1. A. 4., Bl. 6.
27 Landesarchiv Berlin, C Rep. 301 Nr. 1803.
28 Personalakten Kammergerichtspräsident 1946, Bl. 8 R, zitiert aus Strucksbergs Schreiben an den Präsidenten des Stadtgerichts vom 2. Oktober 1945.
29 Personalakten Kammergerichtspräsident 1946, Bl. 7.
30 Franßen, DVBl. 1998, 413 ff., 414 f.; Schorn, S. 159, S. 248 ff.
31 BArch R 1501 Nr. 206387.
32 Ebd., Schreiben des Präsidenten des Reichsverwaltungsgerichts an den Reichsminister des Innern vom 14. April 1942.
33 So schon Kipp (2008), S. 21.

Bei „Vanhusen" handelte es sich mit großer Sicherheit um Dr. Paulus van Husen (1891–1971)[33]. Er kam erst 1934 als Richter an das Preußische Oberverwaltungsgericht, schloss sich nach Kriegsbeginn (1941) dem Kreisauer Kreis an, wurde wegen Unwürdigkeit aus dem Richteramt entfernt, durch den Volksgerichtshof verurteilt, von den Russen aus dem Zuchthaus Plötzensee befreit und später der erste Präsident des Oberverwaltungsgerichts für das Land Nordrhein-Westfalen.[34]

Doch zurück zu Strucksberg: Der weitere berufliche Lebensweg des inzwischen 61-jährigen gestaltete sich nach der Berufung als „Vertrauensperson der Controller"[35], durchaus abwechslungsreich. Mit Wirkung vom 11. Oktober 1945 bestellte ihn die Alliierte Kommandantur zum Vizepräsidenten des Kammergerichts und mit Wirkung vom 1. Februar 1946 ernannte sie ihn zum Präsidenten des Kammergerichts.[36] Einzelheiten aus seiner Amtsführung einschließlich seiner Rolle während der Justizspaltung in Berlin im Februar 1949 hat Kipp in seinem ausführlichen Strucksberg-Portrait schlaglichtartig dargestellt.[37] Darauf sei an dieser Stelle verwiesen. Aber auch für ehemalige Kollegen aus dem Preußischen Oberverwaltungsgericht setzte er sich als Kammergerichtspräsident ein. So unterstützte er etwa den wegen seiner nach 1933 verfassten Bücher und Schriften stark umstrittenen Senatspräsidenten Dr. Franz Scholz in dessen Berufungsverfahren vor der Entnazifizierungskommission beim Magistrat von Groß-Berlin – Juristenkommission. Scholz, der nach wenigen Monaten die Leitung des Bezirksverwaltungsgerichts in der britischen Zone an Schrader abgeben musste[38], war erstinstanzlich mit Blick auf die Verherrlichung des Nationalsozialismus in seinen Schriften nicht entnazifiziert worden. Strucksberg bat die Kommission mit Schreiben vom 10. März 1949 nicht nur um beschleunigte Antragsbearbeitung, weil er beabsichtige, Scholz, einen „der hervorragendsten Juristen Groß-Berlins", nach erfolgter Entnazifizierung der Alliierten Kommandantur zur Wiedereinstellung als Richter vorzuschlagen, um „seine wertvolle Kraft im Dienst der Justiz möglichst bald zu verwenden"[39]. Er trat auch als Entlastungszeuge auf, räumte im Termin zwar ein, dass der Eindruck der Schriften verheerend sei, Scholz zum Vielschreiben neige, es sich jedoch nur um Entgleisungen gehandelt haben könne, die nicht seiner eigentlichen Einstellung entsprochen hätten.[40] Die Kommission befürwortete im Ergebnis den Antrag des Appellanten[41]. Der zu diesem Zeitpunkt bereits 76-jährige Scholz ist indes – soweit ersichtlich – nicht mehr in den Justizdienst eingetreten.
Im Juni 1949 vollendete Strucksberg sein 65. Lebensjahr. Es gelang ihm, seine bereits eingeleitete Versetzung in den Ruhestand zunächst bis Ende Juni 1950 hinauszuschieben.[42] Er amtierte schließlich bis zum Eintritt in den Wartestand mit

34 Franßen, a.a.O., 413 f. m.w.N., insbes. zu van Husens Widerstand im „Dritten Reich"; vgl. auch Schorn, S. 291 ff.
35 Personalakten Kammergerichtspräsident 1946, Bl. 7.
36 Ebd., Bl. 10, 17, 22, 40; Landesarchiv Berlin F Rep. 280 Nr. 12471 und 12501.
37 Kipp (2008), S. 22–29.
38 Dazu Kapitel „Hans-Wilhelm Schrader".
39 Landesarchiv Berlin, B Rep. 031-01-02 Nr. 1260, Schreiben vom10. März 1949.
40 Ebd., Verhandlungsprotokoll vom 11. Oktober 1949.
41 Ebd., Beschluss vom 11. Oktober 1949.
42 Personalakten Kammergerichtspräsident 1946, Bl. 56 f.

Ablauf des 31. Mai 1951[43]. Die dadurch verordnete Ruhe sollte jedoch ein Intermezzo bleiben.
Mit Schreiben vom 22. November 1952 teilte Strucksberg dem neuen Kammergerichtspräsidenten mit, dass das Entschädigungsamt Berlin mit Wiedergutmachungsbescheid vom 18. November 1952 sein Recht auf Weiterbeschäftigung bis zum 13. August 1960 – volle Dienstfähigkeit vorausgesetzt – anerkannt habe, die Zeit seiner Entlassung vom 25. November 1933 bis zum Zeitpunkt der Weiterbeschäftigung auf das Dienstalter anzurechnen und ihm die Stellung eines Senatspräsidenten beim Oberverwaltungsgericht zuzubilligen sei.[44] Die von Strucksberg weiter beantragte Beförderung zum Präsidenten des Oberverwaltungsgerichts lehnte das Entschädigungsamt in den Gründen seiner Entscheidung ab. Bei regelmäßiger Gestaltung seiner Dienstlaufbahn wäre er am 1. Oktober 1936 zwar Senatspräsident geworden, Anhaltspunkte dafür, dass er bei regelmäßigem Verlauf auch die Stellung des Gerichtspräsidenten erreicht hätte, lägen jedoch nicht vor.[45]
Nachdem Strucksberg auf Rechtsmittel gegen den Bescheid verzichtet hatte, war der Weg frei für eine erneute Tätigkeit in der Verwaltungsgerichtsbarkeit. Strucksberg übernahm den Vorsitz des 4. Senats des Oberverwaltungsgerichts Berlin. Mitte 1955 wurde er zusätzlich zum Präsidenten des bei dem Oberverwaltungsgericht gebildeten Dienststrafsenats ernannt, obwohl kurz zuvor eine gegen ihn gerichtete Dienstaufsichtsbeschwerde des damaligen Senators für Volksbildung, Prof. Dr. Joachim Tiburtius, im Hinblick auf eine beanstandete wörtliche Äußerung Strucksbergs in einer mündlichen Verhandlung des 4. Senats für begründet erklärt und missbilligt worden war.[46]
Am 13. August 1960, genau ein Jahr vor dem Mauerbau, trat Strucksberg im Alter von 76 Jahren in den Ruhestand. Er verstarb am 13. Februar 1965 in Berlin.[47]

43 Ebd., Bl. 65, 67.
44 Ebd., Bl. 91.
45 Personalakten Kammergerichtspräsident 1946, Bl. 98.
46 Der Präsident des Oberverwaltungsgerichts hielt es für erwiesen, dass Strucksberg mit Blick auf vorgelegte Akten der Senatsverwaltung geäußert habe: „Irgendein Idiot hat da geschrieben ..." und es ihm außerdem unverständlich sei, „wie die Senatsverwaltung einen völlig unaufgeklärten Fall durch die Instanzen habe treiben können", vgl. zu den Einzelheiten Kipp (2008), S. 1 f., 30 f. sowie *Der Kurier* vom 29. August 1955, „Beförderung nach Mißbilligung".
47 OVGE 5, S. 227; Kipp (2008), S. 31; telefonische Auskunft von Helga Strucksberg.

Annex

Die gelbe Karte

von Christoph David Piorkowski

Ich habe lange überlegt, ob ich diese Geschichte aus den Studententagen meines verstorbenen Großvaters erzählen soll: als zusammengebasteltes Experiment eines Enkelsohnes, der den altersdementen Vater seiner Mutter nie wirklich kennengelernt hat, weil das aufkeimende Interesse an Philosophie und Literatur bloß noch auf langzeiterinnerte, poetische Gemeinplätze stieß. Eine Geschichte, die Otto C., wenn überhaupt, wohl ganz anders erzählt hätte.

Als mein Großvater 1934 nach Bern ging, weil die Begrenzung auf 1,5 Prozent Studenten „nichtarischer" Abkunft an deutschen Hochschulen eine Einschreibung in Berlin quasi unmöglich machte, ahnte – vielleicht außer dem Meister in Deutschland – noch niemand das Ausmaß der in die Geschichte hinein treibenden Katastrophe. Für Otto war die Lage auch so schon denkbar schlecht. Er, dessen Großeltern ihre Söhne bereits hatten taufen lassen, dessen Heimat die deutsche Sprache war, der begeistert Nietzsche in sich aufsog und über E.T.A. Hoffmann zu promovieren gedachte, verstand nicht, weshalb er auf einmal zu den unerwünschten land- und „artfremden" Elementen gezählt wurde.

Obwohl ihm das Praktische nicht unbedingt gelegen war, wie auch aus seiner Korrespondenz mit der Familie herauszulesen ist, von der er sammelwütig jeden einzelnen Brief (auch die lebensgefährlichen) durch die Zeit getragen hat, „fuchste" er sich mit energischem Pragmatismus zurück in die Hochschullandschaft des Landes, das sein Land war und das ihn nicht einmal auf dem selben Planeten akzeptierte.

Er war in Bern zum Schriftführer der „Deutschen Studentenschaft" avanciert und kultivierte sein romantisches Deutschtum, trotz Demütigung und Stigma. Durch die Vermittlung eines Pfarrers der Bekennenden Kirche, der mit Ottos Onkel 1914 im Feld gestanden hatte, gelang ihm im April 1935 der Wechsel nach Tübingen.

Otto ist also in Tübingen. Ich sehe ihn, wie er die Stadt in einsamen Spaziergängen erkundet. Otto weiß mit Kierkegaard, dass der romantische Ironiker das ist, was er sein will, und Otto will nicht jüdisch sein, Otto will überhaupt nichts sein, was ihn ein für alle Mal festnagelt. Er wohnt zur Untermiete bei Rechtsanwalt Jäger, dessen Schwester ihn mit breitem Schwäbisch vollsalbadert, aber rührselig bemuttert.

Es ist die Zeit kurz vor den Gesetzen von Nürnberg. Otto weiß nicht, dass das ein' oder andere Achtel vermeintlichen Blutes bald den schmalen Grat ausmacht zwischen unterprivilegiertem Leben und Auschwitz-Birkenau. Also gibt er alles korrekt an: drei Großelternteile „nicht arisch", Max und Wanda C., geb. Seligsohn, Rosa Furbach, geb. Heimann. Großvater mütterlicherseits arisch, Hans Furbach, dessen Sohn, ebenfalls Hans, sich 1914 freiwillig zur Front gemeldet hat und an der Seite jenes Pfarrers gefallen ist, auf dessen Engagement Otto überhaupt zu den 1,5 Prozent derjenigen gehört, die nach dem Ahnennachweis anstelle des kackbraunen einen gelben Studentenausweis in die Schublade legen.

Doch das ist Otto erst mal egal – gelb oder braun. Studieren, hier, in Deutschland, Promotion, akademische Karriere, auf zu neuen Morgenröten!

Ich sehe ihn, wie er die Pakete mit Süßigkeiten auspackt, die ihm seine Mutter aus Berlin geschickt hat. Wie er auf dem Fußboden sitzt, zwischen Bett, Ofen und Bücherregal, wie er die etwas betulichen Briefe aus dem Bayerischen Viertel überschwänglich beantwortet, mit Resten von Omas Pfingstkuchen zwischen den Zähnen. Er isst in der Mensa und im Hotel Krone für ein paar Pfennige und manchmal schmiert ihm Frau Jäger eine Stulle. Er liest Rilke und Jean Paul und nur bei der Rückmeldung zum neuen Semester brandmarkt ihn das gelbe Heftchen mit dem Signum: Du gehörst nicht dazu.
Aber Otto gehört ja dazu. Und ich weiß noch, wie er mir mit Ende Achtzig – geistig schon etwas zerfallen – ein paar Fotos gezeigt hat, und ich damals erschrocken bin, als er doch tatsächlich laut sinnierte, die 30er seien eine ganz phantastische Zeit gewesen.
Mit seiner gewinnenden Art findet Otto bald Anschluss. Im April 1936 – die Nürnberger Rassengesetze haben ihn längst zur Gruppe Gaskammer/Krematorium gemendelt – lernt Otto ein bisschen die Liebe kennen. Die Kursfahrt, auf der er der schöngeistigen Gudrun Gladow näher kommt, macht bestimmt die Schlacht ums Deutschtum für einen Moment vergessen. Ich sehe ihn, wie er sich nachts hinausschleicht, an den Schlafenden vorbei, wie er im Mondschein, abseits des Klosters Maulbronn, der nordischen Gudrun seine Verse vorträgt.
Und Otto macht Leibesübungen; gemeinsam mit seinem Freund Fritz Grütter, auch Germanist, der ihn beim Fechten zum Vorführobjekt degradiert. Schon früher einmal hat ihn die Mutter für ein paar Tage in einen Boxverein gesteckt, den der kleine Otto, zur Leselampe fliehend, verlässt.
Mit Fritz und Gudrun zieht er durch Tübingen. Gemeinsam besuchen sie die Seminare von Carlo Schmid und Graf Uxkull-Gyllenband, beide Anhänger des George-Kreises. Otto wird zum Protegé dieser Lichtgestalten in der ansonsten gleichgeschalteten Führerakademie. Stefan George und seine prophetische Lyrik müssen Otto begeistern, der gebannt in den erlauchten Kreis hineinwächst. Und wenn ich seine Briefe lese, in denen er die Tagesnotwendigkeit der George-Gemeinschaft schildert, pocht meine nostalgische Ader für den Bruchteil einer Sekunde – und dann weiß ich wieder, dass es wenig romantisch gewesen sein muss, als „Dreiviertel-Jude" im Mai 1936 zur Musterung bestellt zu werden.
Otto hat eine Heidenangst. Seine jetzt weniger freimütigen Angaben müssen mehr retten als den akademischen Werdegang. Natürlich hat Otto kein Reichsbürgerrecht, wird aber für tauglich befunden und ist nun vor allem durch den vaterländischen Spring-ins-Feld-Onkel von 1914 zumindest militärbürokratisch den übrigen Kandidaten gleichgestellt. Otto ist hin- und hergerissen, Arbeitsdienst im April 38 und Möglichkeit auf reichsbürgerliche Rechte oder Zurückstellungsantrag, fertig studieren, vielleicht eine Dissertation zur deutschen Romantik, vielleicht auch nicht, weil dezidierte Kenntnisse von Hyperion und Blütenstaubfragmenten nichts wert sind, wenn man das falsche Blut hat. Erst mal abwarten.
Ich sehe ihn, wie er weiter seine schmutzige Wäsche verpackt und diese zusammen mit mal kryptischen, mal gefährlich konkreten Briefen an seine Mutter schickt. Es brennt ihm unter den Nägeln, doch bleibt ihm nichts, als die Wirklichkeit zu fliehen und sich in Luftschlösser zu flüchten. Und während er sich an Professor Kluckhohn die Zähne ausbeißt, weil dieser die Durchsicht seiner Seminararbeit schleifen lässt, passiert das Unglaubliche: Die deutsche Bürokratie, die manische Formular- und Zettelwirtschaft, der Stempel aus der Maschine macht

einen Fehler – vielleicht ist jemand farbenblind im Sekretariat der Eberhard-Karls-Universität – doch bei seiner Rückmeldung zum Sommersemester 1937 erhält Otto C. ganz unverhofft anstelle der gelben die braune Studentenkarte.
Er hält das Papier in den Händen, das sich so wenig von dem alten unterscheidet und doch so anders ist. Otto ist einundzwanzig, wie soll er ahnen, dass bald die Züge rollen. Er starrt auf die Karte, die die Bedingungen, aber nicht sein Selbstverständnis verändert. Er legt den Ausweis in die Schublade seines Nachttischs und löscht das Licht. Lange liegt er auf dem Bett im Dunkeln und starrt zur Decke. Ja, er ist jetzt auch formal ein deutscher Student. Otto weiß – auch, wenn er das braune Heft wie selbstverständlich eingesteckt hat –, dass da ein Fehler passiert ist. „Ich bitte euch, meine veränderte Studentenqualität mit Vorsicht anderen mitzuteilen.", schreibt er nach Hause und erzählt dann vom Fahrradfahren und den Schwierigkeiten mit Kluckhohn. Der Professor weigert sich sein Dissertationsthema anzunehmen. Die narzisstische Kränkung drängt ihn zur Entscheidung: Ohne Respekt vor der mit Gewissheit erneut anstehenden Ahnennachweis-Arie entschließt sich Otto, in Tübingen die Zelte abzubrechen. Er wechselt nach Bonn; das Tübinger Studentensekretariat soll den Bonnern seinen Status als „Halbarier" bestätigen.
Der Schwindel fliegt auf.
Als man im Wintersemester 1937/38 ein Disziplinarverfahren gegen diesen Traumtänzer ins Rollen brachte, weil er nicht händeringend auf seiner gelben Studentenkarte bestanden hatte, rettete ihm ein Realist das Leben. Ottos Vater, den das Regime bereits 1933 aus seinem Richteramt am Preußischen Oberverwaltungsgericht gejagt hatte, entwickelte eine lupenreine verwaltungsrechtliche Argumentation. Otto habe vor den Gesetzen von Nürnberg seinen Nachweis erbracht, zu einem Zeitpunkt, als es eine Unterteilung in viertel, halbe, dreiviertel und wie auch immer geachtelte Juden noch nicht gab. Seine Großmutter Rosa sei in Wirklichkeit bloß „halbjüdisch" gewesen, was damals unter „nichtarisch" lief. Ob Otto C. nun zu drei Vierteln oder lediglich zu fünf Achteln „verdammt" war, blieb für die Nazis im Dunkeln. Trotzdem wurde es jetzt auch dem Romantiker Otto zu gefährlich. Er verließ die Hörsäle und Seminarräume, um unterzutauchen in der grauen Uniform. Und während Familie C. seine Schwester kurz nach dem 9. November 1938 allein nach England schickte und sich sein Vater, der Realist, am ersten Weihnachtsfeiertag das Leben nahm, ging mein Großvater zur Wehrmacht. Er kämpfte nicht dagegen, sondern dafür. Manchmal wünsche ich ihn mir als einen Jean Améry, der, auf sein Judentum gestoßen, der Résistance beitritt, der annimmt, worauf man ihn festnageln will, und trotzig auf sein Deutschtum spuckt. Und dann weiß ich wieder, dass ich das nicht verlangen kann und froh sein muss, dass mir sein Leugnen dieses Achtels das Leben geschenkt hat, ein Achtel, auf das ich Wert lege und das mich emotional mit dem verbindet, was Otto C. Zeit seines Lebens von sich gewiesen hat. Als es bloß noch Schollen von Erinnerung gab und Otto nachts schweißgebadet schrie: „Ich bin nichtarisch!" – zu einem Zeitpunkt, als er seinen Enkel nicht mehr erkannte –, wurde deutlich, dass ihn das Stigma mehr geprägt hatte, als er zugeben konnte.